HEYNE<

DER AUTOR

Jürgen Roth, geboren 1945, ist einer der bekanntesten investigativen Journalisten in Deutschland. Seit 1971 veröffentlicht er brisante TV-Dokumentationen und aufsehenerregende Bücher über die organisierte Kriminalität in Osteuropa und Deutschland sowie den internationalen Terrorismus, zuletzt *Der Oligarch* (2001), *Die Gangster aus dem Osten* (2003) und *Ermitteln verboten* (2004).

JÜRGEN ROTH

Der Deutschland Clan

**Das skrupellose Netzwerk
aus Politikern, Top-Managern
und Justiz**

WILHELM HEYNE VERLAG
MÜNCHEN

Verlagsgruppe Random House FSC-DEU-0100
Das für dieses Buch verwendete
FSC-zertifizierte Papier *München Super*
liefert Mochenwangen.

5. Auflage
Aktualisierte Taschenbucherstausgabe 06/2007
Copyright © Eichborn AG, Frankfurt am Main, Mai 2006
Der Wilhelm Heyne Verlag, München, ist ein Verlag der
Verlagsgruppe Random House GmbH
www.heyne.de
Printed in Germany 2007
Umschlaggestaltung: Hauptmann & Kompanie
Werbeagentur, München–Zürich, nach einer Idee von Susanne Reeh
Satz: C. Schaber Datentechnik, Wels
Druck und Bindung: GGP Media GmbH, Pößneck

ISBN: 978-3-453-62020-9

Inhalt

Vorwort zur aktualisierten Taschenbuchausgabe ... 9

1. Der schleichende Niedergang der demokratischen Kultur in Deutschland 25

Einleitung 25
Wie selbstverständlich die
Verfassung gebrochen wird 27
Einige Irritationen über die unabhängige Justiz 29
Annäherungen an den Deutschland-Clan 36
Wo Dracula sein Unwesen treiben soll –
die Wege von Rumänien und Bulgarien in die EU ... 43
Nordrhein-Westfalen: Eine deutsche Bank
hält sich eine deutsche Landesregierung 54
Wer Wasser predigt und Champagner trinkt 69

2. Gekaufte Politiker, selbstherrliche Richter und ein einzigartiges Biotop – Mecklenburg-Vorpommern .. 81

Wie Staatsanwälte in Mecklenburg-
Vorpommern arbeiten 84
Die CDU und seltsame Querverbindungen 89

Was alles im Tunnel verschwindet 105
Wenn eine Sparkasse ein Monopol hat
und sich alle ducken müssen 115
Die Pleitegeier, die Milchfabrik und
ein vom Rechtsstaat Enttäuschter 122
Für Angela Merkel ein Ort der Stille – Hiddensee ... 127

3. Über Bankrotteure, Finanzhaie und Gaunerkartelle 132

Der Banker aus Bayern 135
Das Würzburger Erfolgsmodell 139
Wie Bürger in Berlin ausgetrickst werden 146
Die Affäre Phoenix 151

4. Der voreingenommene Senat des Bundesgerichtshofs und das absolute Recht von Banken 156

Verleumdungen und Lügen oder wie Scientology
den deutschen Immobilienmarkt erobert haben soll .. 159
Wie der XI. Zivilsenat des
Bundesgerichtshofs arbeitet 163
Ablehnung einer Strafanzeige 170

5. Die Spätzle-Connection, ein Senator h. c. oder ein Netzwerk der besonderen Klasse 175

Unbekannte Hintergründe eines
Wirtschaftskrimis 176

Die Spuren heißen Geldes und
der 11. September 2001 179
Die Karriere eines Hamburger Ehrensenators 184
Märchen aus Marbella 185
Der Ehrensenator und seine cleveren Anwälte 190
Der große Spender 198
Ein stellvertretender Ministerpräsident
stellt sich selbst ein Bein 201

6. Über ein politisch-kriminelles Netzwerk nicht nur in Norddeutschland 207

Die politische Rückendeckung 214
Auf dem Weg zum ersten Mafia-Staat in Europa 215
Die Freiheitskämpfer und die Mafia 219
Wenn Kriminelle, die von der Bundesregierung einst
gefördert wurden, einen Bürgerkrieg inszenieren ... 228

7. Putin – Schröder, Gas und Öl: die Hintergründe eines schillernden West-Ost-Netzwerkes 235

Die Vertuschung eines Deals 237
Der Banker und der Präsident –
alle Wege führen nach Sankt Petersburg 247
Die Sankt-Petersburg-Connection 252
Was weiß Schröder über Putins Vergangenheit 257
Die Mafia-Connection aus Sankt Petersburg 261
Die deutschen Banken und Wladimir Putin 264
Der undurchsichtige Energieriese Gasprom 268
Der turkmenische Despot und die
deutschen Freunde 275

Gasprom und der Einfluss von
kriminellen Banden 279
Verfahren eingestellt – Verfahren blockiert 284

Nachwort 291

Dank 299

Anmerkungen 301

Literatur 311

Personenregister 313

Vorwort zur aktualisierten Taschenbuchausgabe

Nach Erscheinen der Hardcoverausgabe von *Der Deutschland-Clan* erhielt ich ungewöhnlich viele Zuschriften. Manager und Unternehmer, Hartz-IV-Empfänger und Arbeitnehmer, Ärzte, Rechtsanwälte, Polizeibeamte, Banker, Gewerkschafter und Handwerker berichteten, wie sie betrogen und belogen wurden. Sie schilderten entweder ihre Ohnmacht oder ihren Zorn über eine Gesellschaft, in der anscheinend alles und jeder käuflich ist. Ihr Vertrauen in die politische und wirtschaftliche Führungselite ist vollkommen abhandengekommen. Ich wiederum spürte aufgrund der Zuschriften meine eigene Ohnmacht und totale Hilflosigkeit. Die häufigsten Reaktionen der Leserinnen und Leser waren Aussagen wie diese: »Müssen wir zusehen, wie unser Staat immer mehr im Sumpf versinkt, die ›Großen‹ in Deutschland sich nach Strich und Faden bereichern, den Strafverfolgungsbehörden geschickt ausweichen und wie die ›Kleinen‹ die Zeche bezahlen?« Oder: »Als Otto Normalverbraucher und ›Steuerzahler online‹ kann man es einfach nicht glauben, was da so in diesem ›unserem Land‹ passiert, obwohl man es ständig vermutet.« Nicht wenige berichteten von Erfahrungen wie dieser: »Ich bin durch die betrügerischen Geschäfte eines sogenannten ›Finanzdienstleisters‹ mittlerweile in Privatinsolvenz getrieben worden und habe mit unserem ›Rechtsstaat‹ (fällt mir schwer, dieses Wort noch auszuschreiben) und seinen korrupten Erfüllungsgehilfen in vielfältiger Form schlechte Erfahrungen machen müssen.« Aus Mecklenburg-Vorpommern bekam ich besonders viel Post. Zum Beispiel diese Nachricht: »Für mich ist es inzwischen unerträglich geworden, wie besonders die Politmafia in Mecklenburg-Vorpommern jeglichen Ansatz einer demokratischen Rechtsordnung ungestraft aushebeln kann. Ich habe leider nicht den Personenkreis um mich wie Sie, der Sie so vorzüglich unterstützt.« Meine Hilflosigkeit war dann besonders groß, wenn ich Zuschriften wie die folgende erhielt: »Ich bin ein Betroffener einer Entlassungswelle des neuen ›Großen Riesen‹, ehemals ›Alt-DHLer‹, seit 2004 von der Deutschen Post Worldnet AG übernommen, ausgeschlachtet und weggeworfen. Meine Arbeit (DHL-Kurierfahrer seit 2000) wird von ungelernten, der deutschen Sprache kaum mächtigen Lohndumping-Fahrern ausgeführt, ich und meine Kollegen zwangsweise freigestellt, nun gekündigt.«

Der Tenor vieler Zuschriften war: »Ich denke, es wird Zeit für einen Aufstand, damit zumindest die Ansätze einer demokratischen Rechtsordnung in Deutschland gewahrt bleiben.« Oder: »Was ist aus diesem Land geworden? Wie dumm ›darf‹ oder muss ein Volk sein, um von solchen Leuten regiert zu werden?«

Ein leitender Mitarbeiter der ehemaligen Treuhandanstalt, die nach dem Zusammenbruch der DDR für die Privatisierung der Staatsbetriebe verantwortlich war, klagte an: »Mit Auflösung der Treuhand wurde ein Kassensturz veranlasst. Und es stellte sich heraus, dass dreißig Milliarden D-Mark unauffindbar waren. Diejenigen, die sich deshalb von Berufs wegen auf die Suche nach den verschwundenen Geldern machen wollten, wurden (wie ihre Mitarbeiter) ohne Abfindung umgehend fristlos entlassen. Aus Führungskräften mit großem Dienstwagen und einem Monatsgehalt von 30 000 D-Mark wurden innerhalb weniger Minuten Arbeitslosengeld-Empfänger. Damit nur ja nichts von den verschwundenen Milliarden an die Öffentlichkeit dringen konnte, wurde den Controllern noch eine massive Drohung mit auf den Weg gegeben.« Von einem Arzt für Allgemeinmedizin erhielt ich folgenden Brief: »Vielen Dank für den Mut, diese mittlerweile Bananenrepublik anzuprangern. Ich war 25 Jahre Arzt in diesem Land und werde jetzt mit Mitte 50 in die Schweiz gehen. Ihr Buch hat mich in meiner Entscheidung noch bestärkt. Ich bin nicht der einzige Kollege, dem es so geht.«

Es gab Leser wie Peter H., ein Unternehmer der von Banken um 14 Millionen Euro betrogen wurde. Seine Reaktion war Rache: »Ich berate nun Unternehmen, die deutsche Konkurrenten gern vom Markt haben wollen und mein Preis ist 600 Euro pro abgebautem Arbeitsplatz als Kopfprämie. Darin bin ich mittlerweile ganz gut – ich treibe die Firmen in die Insolvenz.«

Aufbauender waren dagegen Zuschriften wie die von Michael M.: »Das Buch spornt mich an, weiterhin mit offenen Augen und ›zwischen den Zeilen lesend‹ durch das Leben zu gehen. Es spornt mich an, den Kopf nicht in den Sand zu stecken.« Doch solche Aussagen waren die Ausnahme. Eines hatten die Zuschriften jedoch alle gemeinsam: die völlige Verachtung, ja, den Hass gegenüber der politischen und wirtschaftlichen Führungselite in Deutschland und eine erschreckende Demokratiemüdigkeit. Es handelt sich nicht um rechtsextreme Spinner, sondern um einst engagierte Bürger, die jedoch den Glauben an den demokratischen Rechtsstaat und die Glaubwürdigkeit der Politiker verloren haben.

Zur Erinnerung: Mitte September 2006 wurde öffentlich bekannt, was der ungarische Premierminister Ferenc Gyurcsány einige Monate zuvor vor der Führungsriege seiner Sozialistischen Partei ausgeplaudert hatte. Diese ehrlichen Aussagen machte er kurz nach dem Amtsantritt der neuen Regierung nach deren Wiederwahl im Frühjahr 2006. Um bei der Wahl im Amt bestätigt zu werden, hatten er und seine Partei die Wähler im Wahlkampf massiv belogen: »Wir haben offenkundig die letzten eineinhalb, zwei Jahre durchgelogen. Es war ganz klar, dass nicht wahr ist, was wir sagen.«[1] Dieses offene

Bekenntnis führte zu massiven Ausschreitungen in Budapest. Dabei ist es in Deutschland, was die Lügen gegenüber den Bürgern angeht, nun wirklich nicht viel besser.

In Deutschland leben inzwischen Millionen von Bürgern, denen Politiker und Unternehmerverbände massive soziale Einschränkungen abfordern, Bürger die in ihrer menschlichen Würde zutiefst gedemütigt werden. Einer von ihnen ist ein 62-jähriger Hartz-IV-Empfänger. Er wollte, dass das Sozialamt die Kosten für eine Parodontose-Behandlung übernimmt. Er wurde vom Gesundheitsamt Landkreis Northeim vorgeladen und sollte den Sozialbürokraten vorführen, dass er seine Zähne richtig putzen kann. Als er nach dieser unwürdigen Aktion keinen Bescheid über die Kostenübernahme erhielt und deshalb nachfragte, musste er nochmals zum Zähneputzen im Gesundheitsamt antreten.

Auf der anderen Seite können jene Politiker, die für die Materialisierung des gesamten Lebens, für Hungerlöhne, prekäre Arbeitsverhältnisse und fehlende Zukunftsaussichten breiter Schichten der Bevölkerung politisch verantwortlich sind, Champagner und Austern schlürfen. Vom Prinzip der Günstlingswirtschaft ist die Rede, das in Deutschland derweil flächendeckend vorhanden ist. Fester Bestandteil der Günstlingswirtschaft ist die moralische Käuflichkeit der politischen Führungselite. Wäre diese justitiabel, könnten prinzipienfeste Staatsanwälte genügend Beweismaterial finden. Moralische Käuflichkeit ist im juristischen Sinne jedoch nicht strafbar. Was wenig daran ändert, dass das Verhalten der politischen Führungselite, unter anderem die Nutzung ihres überlegenen Wissens aufgrund der vorhergehenden politischen Tätigkeit für persönliche Vorteile, zweifellos zur Verluderung jeglicher öffentlicher Moral beiträgt. Sie sind verantwortlich dafür, dass wir heute in einer Gesellschaft leben, »in der sich die Führungseliten dem Diktat hedonistischer Pudel beugen, deren Selbstverständnis sich in der Gewinnmaximierung erschöpft, in der beträchtliche Teile der Wirtschaft und der Politik sich in einer Koalition der Inkompetenz und der Anmaßung verkoppelt haben, in der jedes Gefühl für den Zusammenhang von Arbeit und Leistung verloren geht, in der Gemeinschaftssinn und soziale Verantwortung wie Narrenschellen wirken«. Das schreibt Wolfgang Hetzer, der persönliche Berater des Generaldirektors der Europäischen Antibetrugsbehörde (OLAF), in einem Vortrag für die Katholische Akademie in Trier.[2]

Neues über das System der Doppelmoral eines abgewählten Exbundeskanzlers

Fast scheint es vergessen, dass der ehemalige Bundeskanzler a.D., Helmut Kohl, einräumte, über Jahre hinweg Millionen D-Mark angenommen zu haben, über die er nach eigenem Gutdünken verfügte. Entgegen dem Gesetz, dem Parteiengesetz, verschweigt er bis heute, wer ihm das Geld gegeben hat. Er habe dies für die Partei getan, argumentiert Helmut Kohl und schweigt vornehm weiter.

Etwas anders ist der Fall seines Nachfolgers, des Sozialdemokraten Gerhard Schröder zu sehen, obwohl auch hier die Frage der politischen Moral und Glaubwürdigkeit im Mittelpunkt steht, beziehungsweise wie verletzlich sie inzwischen ist – und die Bürger deshalb in die Verzweiflung treibt.

Gerhard Schröder ist zweifellos politisch dafür mitverantwortlich, dass das soziale Klima in Deutschland eisig geworden ist, Armut und Hoffnungslosigkeit gewachsen sind. Im Grundsatzprogramm seines SPD-Parteibuches steht: »Mit ihrer durch Kartelle und Verbände noch gesteigerten Macht gewinnen die führenden Männer der Großwirtschaft einen Einfluss auf Staat und Politik, der mit demokratischen Grundsätzen nicht vereinbar ist. Diese Entwicklung ist eine Herausforderung an alle, für die Freiheit und Menschenwürde, Gerechtigkeit und soziale Sicherheit die Grundlagen der menschlichen Gesellschaft sind.«

Und was macht der Besitzer des SPD-Parteibuches? Er wurde, kurz nachdem er das Bundeskanzleramt verlassen musste, Aufsichtsratsvorsitzender eines Tochterunternehmens des höchst undurchsichtigen russischen Energieriesen Gasprom, ein Konzern auf den all das zutrifft, was nach dem SPD-Parteiprogramm eigentlich bekämpft werden soll. Dafür kassiert die einstige Leitfigur der Sozialdemokratischen Partei – offiziell – ein eher mickriges Jahressalär von 250 000 Euro. Seine Partei stört das bis zum heutigen Tag nicht. Aber seinen Exaußenminister Joschka Fischer. Der klagte gegenüber der Unternehmensberaterin Professor Gertrud Höhler: »Das Schlimmste was passiert ist, das ist diese Gasprom-Geschichte von Herrn Schröder.« Deshalb ist es wichtig, einige Hintergründe aufzuzeigen. Und diese führen zu höchst problematischen Beziehungsgeflechten.

Im Spätherbst 2006 stellte der sozialdemokratische Altbundeskanzler ein, was den Seitenumfang betraf, voluminöses, vom Inhalt her eher flaches Buch während einer Pressekonferenz in Berlin vor. Die *Frankfurter Allgemeine Sonntagszeitung* kommentierte das Buch mit den Worten: »Mit seinen Memoiren *Entscheidungen* hat Gerhard Schröder ein Werk voller Fehler und Banalitäten vorgelegt.«[3]

Gerhard Schröder, auch »Putins Musterschüler«[4] genannt, verteidigte darin wieder einmal Wladimir Putin, den »lupenreinen Demokraten«. Er rühmte den Ex-KGB-Agenten, der stolz darauf ist, dem KGB angehört zu haben, als ob der KGB nicht Millionen Menschen auf dem Gewissen hätte: »Und jetzt erleben wir den Anfang der Auferstehung Russlands aus dem Verfall unter einem Jahrzehnte währenden Regime und dem Chaos der Zwischenzeit unter Boris Jelzin.«[5] Unter Boris Jelzin war Wladimir Putin immerhin Chef des mächtigen Geheimdienstes FSB. Solche Feinheiten muss ein Memoirenschreiber von der Statur des Altbundeskanzlers jedoch nicht beachten.

In dem Vorwort zu einem anderen Buch, dem der ermordeten russischen Journalistin Anna Politkovskaja, schreibt die deutsche Journalistin Sonia Mikich über das Russland unter Wladimir Putin: »Die Demokratie ist nicht nur ›gelenkt‹, wie der russische Präsident es zynisch nennt. Sie ist nicht nur gefährdet, wie einige Mahner im Westen befürchten. Sie ist todkrank.«[6]

Anna Politkovskaja berichtete über ihre Erfahrungen in Russland vom Dezember 2003 bis Ende August 2005, also jene Zeit, in der Gerhard Schröder Bundeskanzler war und mit Putin turtelte. Sie schildert detailliert die Aktivitäten der Todesschwadronen im Auftrag des Kreml, berichtet von politischen Morden, Entführungen, bestialischer Folter, von der diktatorischen Herrschaft des KGB bzw. des heutigen FSB-Geheimdienstes, von Willküraktionen von Putin, einem gekauften Parlament, einer korrupten Justiz, der fast totalen Zensur der Medien, der Zerschlagung jeglicher demokratischer Bewegungen und der Rückkehr zur sowjetimperialen Herrschaft. Am Ende ihres bewegenden Buches zieht sie ein Fazit: »Unsere Staatsmacht heutzutage – das ist einfach die Möglichkeit, gutes Geld zu verdienen. Mehr nicht. Alles Übrige interessiert sie nicht.«[7]

Am 7. Oktober 2006 wurde Anna Politkovskaja in Moskau erschossen. Die Killer sind bis heute nicht gefasst. Seit dem Amtsantritt von Wladimir Putin wurden 21 Journalisten ermordet, der letzte, Iwan Safronow, Anfang März 2007 in Moskau. Kein einziger der Mordfälle wurde aufgeklärt.

Gerhard Schröder lässt sich hingegen weiter bewundern. Eigentlich müsste er, sofern ein Mindestmaß an moralisch-politischer Empfindsamkeit vorhanden wäre, nach der Lektüre des Buches von Anna Politkovskaja seine Memoiren in Bezug auf Putin neu schreiben, seinen Aufsichtsratsposten bei der Gasprom-Tochtergesellschaft Nord-Stream niederlegen und die obszöne Freundschaft mit Wladimir Putin demonstrativ beenden. Das wäre politische Größe und ein Zeichen dafür, dass die politische Klasse sich irgendwie doch noch an ethischen Wertmaßstäben orientiert. Der Altbundeskanzler könnte sich ein wenig an seiner Nachfolgerin, Bundeskanzlerin Angela Merkel (CDU), orientieren, die weitaus zurückhaltender gegenüber Wladimir Putin agiert und die Menschenrechts- und Demokratiefrage in Russland nicht ausblendet. Doch das Gegenteil ist der Fall. Als »Senior Consultant« für die Rothschild-Bank hielt sich Gerhard Schröder Ende Dezember 2006 in den Vereinigten Arabischen Emiraten auf, zusammen mit David Rothschild, dem Vorsitzenden der Rothschild Contiuation Holdings. Es hätte angesichts der verschiedenen Beratertätigkeiten Schröders nicht übermäßig verwundert, wenn er diese verknüpft hätte, und es bei den Gesprächen auch um die Kapitalzufuhr arabischen Geldes für die Erschließung und Erneuerung von Gasfeldern in Russland gegangen wäre. Das hätte dann aber bedeutet, dass Gerhard Schröder den Machterhalt von Putin und insbesondere der Geheimdienstclique Russlands weiter stärken würde. Um zu klären, ob eine solche Verquickung seiner Tätigkeiten tatsächlich stattgefunden hatte, schickte ich am 7. März 2007 eine E-Mail an das Berliner Büro des Bundeskanzlers a.D., mit der Bitte um Aufklärung. Meine Frage war unter anderem: »Hat Gerhard Schröder in den Vereinigten Arabischen Emiraten im Zusammenhang mit Kapitalzufuhr für Gasprom in Russland Gespräche geführt?«

Bereits am nächsten Tag erhielt ich die Antwort des stellvertretenden Leiters des Büros von Gerhard Schröder. Sie war kurz und bündig: »Bundeskanzler a.D. Gerhard Schröder hat nicht die Absicht, mit Ihnen zu kommunizieren. Gegen die Verbreitung von Unwahrheiten wird er sich gerichtlich zur Wehr setzen.« Der tatsächliche Inhalt der Gespräche in Dubai bleibt angesichts dieser Mitteilung aus Schröders Büro weiterhin ungeklärt.

Die Art der Antwort lässt sich damit erklären, dass der Altbundeskanzler so gesehen und behandelt werden will, wie im Gemälde von Jörg Immendorf. Das wird künftig in der Ahnengalerie im Bundeskanzleramt zu bewundern sein. In der

Süddeutschen Zeitung wurde der Altbundeskanzler deshalb »Gold-Schröder« genannt. Ein Wort mit doppelter Bedeutung. Was das Gemälde angeht, erinnert es den Kommentator in der *Süddeutschen Zeitung* »sowohl an Renaissance-Medaillons wie an die Denkmäler des Sozialistischen Realismus. Ausgerechnet der ›Medienkanzler‹ erscheint auf diese Weise als Herrscher vormoderner Prägung.«[8]

Küsschen rechts, Küsschen links, mein Lieber, meine Liebe – in der Berliner Politschickeria zu sehen, wenn zum Beispiel Wladimir Kotenew, der Botschafter Russlands, der Medien-First-Lady Sabine Christiansen begegnet, wie am 10. Dezember 2006 bei der sonntäglichen Talkshow zum Thema Russland. Dann darf der Botschafter aus dem Reich des Wladimir Putin vor einem Millionenpublikum gerne verkünden, wie demokratisch es in Russland unter Wladimir Putin zugeht. Diese Botschaft verbreitete er genauso souverän, wie er während seiner Zeit als Gesandter der UdSSR, Anfang der Achtzigerjahre, im Sowjetischen Generalkonsulat in Westberlin das kommunistische System verherrlicht hatte. Es ist ein offenes Geheimnis, dass dieses Generalkonsulat einst ein Außenposten des KGB war. Als Ex-spionagechef Markus Wolf starb, kam zu seiner Beerdigung auch Wladimir Kotenew. Schließlich kannte man sich aus der Zeit des DDR-Unrechtssystems. Und was sagte der russische Botschafter in seiner Begräbnisrede über Markus Wolf, der in den letzten Jahren profitable Geschäfte mit Moskau gemacht hatte: »Deutschland hat einen seiner bedeutenden Söhne und Russland einen seiner besten Freunde verloren.«

Wladimir Kotenew ist heute in der schicken Berliner Politszene trotzdem ein beliebter Partygast, der »Darling der Berliner Oberklasse«, schrieb das Magazin *Stern*. Unternehmensberater Roland Berger, einen Repräsentanten des Deutschland-Clans, kennt er besonders gut, so wie den Porsche-Chef Wendelin Wiedeking oder Matthias Platzeck, Brandenburgs Ministerpräsidenten. Ihnen ist es anscheinend gleichgültig, wenn der Botschafter aus seinem Herzen keine Mördergrube macht und Artikel über Menschenrechtsverletzungen in Russland als »hysterische Berichterstattung« abqualifiziert und die Berichterstattung deutscher Journalisten über die Gleichschaltung der russischen Medien »als an den Haaren herbeigezogen«[9] bezeichnet.

Bei dem Deutsch-Russischen Wirtschaftsball in der Botschaft, zu dem der Botschafter eingeladen hatte, kredenzte die Bedienung Champagner für über 1000 Gäste, von der BASF gesponsert. Übrigens soll in Vorbereitung für die Sendung mit Sabine Christiansen die russische Botschaft verhindert haben, dass Garri Kasparow, einer der letzten noch lebenden Kritiker des Putin-Systems, den deutschen Zuschauern seine Erfahrungen mitteilen konnte. Deshalb fragte mich ein Journalist aus Moskau nach der Talkshow: »Was soll ein russischer Botschafter mit Geheimdiensterfahrung zum Thema anderes als Propaganda beitragen? Einen deutschen Handelsvertreter zu befragen, bringt an Neuigkeiten bestenfalls dies: Die Delegation der deutschen Wirtschaft in Moskau dominiert längst die deutsche Botschaft und verbreitet in Russland wie Deutschland mit Vorliebe das Horrorbild von deutschen Saboteuren in der deutschen Korrespondentenszene.«

Die Journalisten haben noch nicht so schlechte Karten wie ein deutscher Unternehmer aus Berlin. Er initiierte Ende November 2006 einen offenen Brief von Bundestagsabgeordneten an den russischen Botschafter. Es ging darum, auf die Situation des ehemaligen Yukos-Firmenchefs Michail Chodorkowski aufmerksam zu machen, der nach einem Schauprozess in ein Arbeitslager nach Sibirien verbannt und dessen gesamtes Vermögen vom Kreml geraubt wurde. Unterschrieben wurde der offene Brief von 30 Bundestagsabgeordneten, darunter zwei SPD-Abgeordnete. In dem offenen Brief fordert Ruprecht Polenz, der stellvertretende CDU-Vorsitzende: »Ich wünsche mir, dass sich nicht nur die Politik, sondern auch die deutsche Wirtschaft kritisch mit dem Fall auseinandersetzt. Die Missachtung der Menschenrechte, wofür der Fall Chodorkowski exemplarisch steht, schwächt nicht nur Russlands Ansehen in der Welt, sondern auch die Institutionen des Landes.« Wenige Tage nachdem das Schreiben dem russischen Botschafter übergeben wurde, kam es zu zwei Attentaten auf den Überbringer der Nachricht, den Unternehmer Armin H. Sie gingen nur mit viel Glück nicht tödlich aus.

Von einem anderen Brief, den Gerhard Schröders Parteigenosse, der Thüringer DGB-Gewerkschaftssekretär Klaus Schüller bereits im Oktober 2004 schrieb, erwähnt Gerhard Schröder in seinen voluminösen Memoiren übrigens kein einziges Wort. Obwohl er an diesem Fall hätte zeigen können, wie ernst es ihm mit den Sorgen und Nöten der Menschen ist, die ihn einst gewählt hatten. Der Vater von Anja Schüller hatte mir diesen Brief persönlich übergeben, weil ich in meinem Buch den Selbstmord seiner Tochter Anja erwähnte und die Gründe, die zu dem Selbstmord führten.

Anja Schüller wurde durch falsche Versprechungen zum Kauf einer Schrottimmobilie verleitet und damit in eine Schuldenfalle getrieben, aus der sie glaubte, keinen Ausweg mehr zu finden. Deshalb nahm sich die junge Frau am 17. September 2004 das Leben. Die Verantwortlichen für den Vertrieb der Schrottimmobilien, die Bausparkasse Badenia, beziehungsweise der AMB-Generali als Mutterkonzern, haben bekanntlich nicht nur Anja Schüller indirekt in den Tod, sondern Zehntausende in den finanziellen Ruin getrieben – bis heute aufgrund der guten politischen Beziehungen mehr oder weniger ungestraft.

Gerhard Baum, Rechtsanwalt und ehemaliger Innenminister, der in der Kanzlei Reiter & Collegen in Düsseldorf arbeitet – von ihr werden viele Badenia-Opfer vertreten – schrieb nach dem Selbstmord Anja Schüllers an ihren Vater: »Die Umstände des Todes Ihrer Tochter bringen uns zu dem Schluss: Ihre Tochter ist ein Badenia-Opfer. Mindestens drei weitere Selbstmorde hat der Badenia-Skandal verursacht.« Und wie schützen die Politiker die Opfer von Schrottimmobilien? Überhaupt nicht. Bis zum heutigen Tag.

In dem Brief von Anja Schüllers Vater an seinen Parteifreund und damals amtierenden Bundeskanzler Gerhard Schröder, steht unter anderem: »Wofür haben wir gekämpft? Wo sind wir gelandet? Darf das Streben nach Renditen, Profiten und Gewinnen dazu führen, dass junge Menschen als wehrlose Opfer dafür herhalten müssen? Eine Altersversorgung untergejubelt zu bekommen, die sich statt geplanter Altersvorsorge als wahrer Albtraum herausstellt? Ich habe leider auch erfahren müssen, dass unter unserer Führung nichts für diese Menschen getan worden ist. Mit großer Traurigkeit habe ich sogar im Internet lesen müssen, dass aus unserem eigenen Bundesministerium der Finanzen im Frühjahr eine Stellungnahme vor dem Europäischen Gerichtshof abgegeben wurde, wonach die Betrugsopfer selbst schuld seien.«

Verzweifelt appellierte er an das »Herz von Gerhard Schröder als Sozialdemokrat und Vater«, bat ihn alles zu unternehmen, »dass wir Sozialdemokraten Gesetze auf den Weg bringen, die verhindern, dass unschuldige Menschen durch solche Machenschaften, im guten Glauben für eine staatlich sogar eingeforderte Altersvorsorge, ein Leben lang büßen müssen.« Eine Antwort hat er nie erhalten.

Und entsprechende Gesetze, die den Verbraucher vor den Verkäufern und Hintermännern der Schrottimmobilien schützen, wurden ebenfalls nicht verabschiedet.

Geprägt von politischer Prinzipientreue samt Vorbildcharakter ist Exbundeskanzler Gerhard Schröder auch in einem anderen Bereich. Im Frühjahr 2005 entfachte sein SPD-Fraktionsvorsitzender Franz Müntefering die »Heuschreckendiskussion«. Nach seinen Worten verschwenden Finanzinvestoren »keinen Gedanken an die Menschen, deren Arbeitsplätze sie vernichten. Sie bleiben anonym, haben kein Gesicht, fallen wie die Heuschreckenschwärme über die Unternehmen her und ziehen weiter.«

Die Reaktion folgte sofort. Das sei »Klassenkampf« *(Spiegel)*, »Kriegsrhetorik« *(Süddeutsche Zeitung)* und »der muss in eine Gummizelle« *(Wirtschaftswoche)* lauteten die Schlagzeilen. Der Sozialethiker Friedhelm Hengsbach meinte hingegen: »Das ist doch viel harmloser als das, was die vergangenen Päpste seit 50 Jahren gegenüber dem kapitalistischen Wirtschaftssystem geäußert haben.« Ex-CDU-Generalsekretär Heiner Geißler warnte noch drastischer als der SPD-Fraktionsvorsitzende Müntefering: »Diese weltweit operierenden Unternehmen können genauso frei agieren wie die Mafia, die Drogendealer, die Terroristen.« Ob die Einsicht des Franz Müntefering damit zusammenhing, dass er die an ihrer Partei verzweifelnden Mitglieder mobilisieren wollte, sei dahingestellt. Schließlich hatte das Bundesfinanzministerium (SPD) bereits am 21. November 2001 an einen dieser kritisierten Fonds, Apax Partners Worldwide, die staatliche Berliner Bundesdruckerei verscherbelt. Gefeiert wurde das bei Rieslingsüppchen mit Räucheraalen und geröstetem Hummer. Mit dabei war auch der damalige Bundesfinanzminister Hans Eichel (SPD). Wahrscheinlich ist ihm verborgen geblieben, was das erfahrene Journalistengespann Heide und Rainer Schwochow nach langen Recherchen herausgefunden hatte: wohin das Geld der Steuerzahler geflossen ist. Eine Milliarde Euro allein wurden für Gutachten, Beratungen und Abfindungen an mehrere Geschäftsführer bezahlt. Die Honorare an das Bankhaus Metzler und die Anwaltskanzlei Clifford Chance addierten sie auf mehr als 50 Millionen Mark. »Dem Staatsminister im Auswärtigen Amt a.D., Ludger Volmer (Bündnis90/Die Grünen), zahlte die Bundesdruckerei an Spesen und Honoraren für seine nebenberufliche Beratungstätigkeit 400 000 Euro in zwei Jahren.«[10] Diese Privatisierung führte neben der Verschleuderung von Steuergeldern zu einer massiven Arbeitsplatzvernichtung. Als die nun privatisierte Bundesdruckerei kurz vor der Pleite stand, stieg Apax Partners Worldwide aus und verkaufte das inzwischen marode Unternehmen für einen

Euro an eine Auffanggesellschaft der Hessischen Landesbank (Heleba). »Ihr Geld sahen das Finanzministerium und die Heleba bislang nicht wieder.«[11] Inzwischen deckte das Politmagazin *Report Mainz* auf, dass eine Mitarbeiterin des Bundesverbandes Investment und Asset Management e.V. im Finanzministerium an dem Entwurf des Gesetzes zu den Hedgefonds mitgearbeitet hatte.

Um auf Gerhard Schröder zurückzukommen: Im März 2006, ein Jahr nach Franz Münteferings harscher Kritik an den »Heuschrecken«, kam er, inzwischen Altbundeskanzler, als prominenter Ehrengast und Festredner anlässlich einer großen Jubiläumsgala in die Wiener Hofburg. Sie war 600 Jahre lang die Residenz der Habsburger Monarchie und ist berühmt für die Kaiserappartements wie das Sisi-Museum. Veranstalter der Jubiläumsgala war ein Hedgefonds-Anbieter. Das Honorar für seinen glamourösen Auftritt wird Altkanzler Gerhard Schröder wahrscheinlich an eine deutsche Arbeitsloseninitiative überwiesen haben.

Ist er ein Einzelfall? Nein, er dürfte nur ein prominentes Beispiel dafür sein, warum immer mehr Bürger den Glauben an den demokratischen Rechtsstaat verlieren. Dazu trägt bei, dass der designierte Spitzenkandidat für die Hamburger Bürgerschaftswahl 2008, Michael Naumann, tatsächlich Anfang März 2007 noch stolz verkündete: »Ich halte Gerhard Schröder für einen der besten Wahlkämpfer, den die Bundesrepublik je erlebt hat.«[12]

Wolfgang Clement, Exbundeswirtschaftsminister, wurde am 8. Dezember 2005, nachdem er seinen Ministerposten verloren hatte, übrigens auch in den Aufsichtsrat des Dienstleistungskonzerns Dussmann berufen. Ein Konzern, in dem die Löhne und Gehälter der Arbeiter und Angestellten eher dürftig sind. Der Hamburger SPD-Bundestagsabgeordnete Johannes Kahrs wiederum erhielt Geld von Rüstungsfirmen für seinen Wahlkampf – 20 000 Euro. Johannes Kahrs argumentierte: »Firmen spenden, weil sie mich und meine Arbeit gut finden.« Wahrscheinlich meint er seine Arbeit im Haushaltsausschuss des Bundestags, dort ist der Abgeordnete für Rüstungsgeschäfte zuständig. Der Fall Siemens ist nicht weniger anstößig. Während Heinrich von Pierer als Vorstandsvorsitzender von Siemens hochgelobter Berater der rot-grünen Bundesregierung war, wurden in seinem Unternehmen die Wörter Korruption oder Schmiergeld zwar nicht laut ausgesprochen, Korruption trotzdem beherzt praktiziert – und zwar mit allen Finessen, die hochkarätige Wirtschaftskriminelle beherrschen. Verantwortlich dafür fühlt sich der ehemalige Siemens-Vorstandsvorsitzende und jetzige Aufsichtsratsvorsitzende Heinrich von Pierer trotzdem nicht. Ende März 2007 wurde publik, dass ein Siemens-Vorstandsmitglied dem Vorsitzenden einer unternehmerfreundlichen Gewerkschaft mindestens 15 Millionen Euro überwiesen hatte. Das Geld kassierte Wilhelm Schelsky, der Bundesvorsitzende der Arbeitsgemeinschaft Unabhängiger Betriebsangehöriger (AUB). Vornehmste Aufgabe dieser finanzstarken Organisation war und ist, die Arbeitnehmer zu spalten und insbesondere die IG Metall bei Siemens zu schwächen. Pflegeleichte Arbeitnehmerinteressenvertreter – das ist das höchste Glück bestimmter Unternehmer. Die AUB wirbt auf ihrer Webseite mit den Schlagworten »Unabhängig, ideologiefrei und zukunftsorientiert«. Und der Chef der Arbeitnehmerorganisation selbst hielt Reden, die geradezu Programm waren, so zum Beispiel: »Regierung darf kein Spielball der Gewerkschaften mehr sein«, »IG Metall gefährdet Arbeitsplätze und Flächentarif«, »DGB gefährdet Arbeitsplätze von Leiharbeitnehmern« oder »Gesetzlicher Mindestlohn ist gefährlich«. Von all diesen Machenschaften will Heinrich von Pierer, inzwischen auch Chefberater für Wirtschaftsfragen der Großen Koalition, nichts gewusst haben?

Wer es bisher nicht wusste, der wurde spätestens im Herbst 2006 darüber aufgeklärt, wer denn eigentlich die Politik in Berlin mitbestimmt – und wahrscheinlich die Karrieren führender Politiker, die nach ihrer Abwahl neue Arbeitsplätze suchen. Durch Recherchen der Journalisten Sascha Adamek und Kim Otto des Politmagazins *Monitor* wurde Mitte Oktober 2006 bekannt, dass Industrievertreter direkt in einigen Berliner Ministerien arbeiten. Später stellte sich heraus, dass in einigen Ministerien diese Angestellten aus der Privatwirtschaft sogar an Gesetzesvorlagen mitgearbeitet hatten. Da wundert es nicht, dass im Wirtschaftsministerium von Rheinland-Pfalz Elfriede Z. arbeitet, eine hochkarätige Angehörige der Scientology-Sekte. Im Landeskriminalamt Baden-Württemberg wiederum konnte sich eine fundamentalistische sektenartige Kirche, die Neuapostolische Kirche (NAK), bis in die Führungspositionen der Polizei hinein ausbreiten. Niemanden scheint das im Innenministerium in Stuttgart zu stören. Im Innenministerium von Sachsen wiederum stört sich niemand daran, dass im dortigen Landeskriminalamt 50 ehemalige Stasi-Angehörige arbeiten. Das wirkt sich besonders negativ auf die Ermittlungsarbeit aus, wenn eigentlich gegen führende Politiker und Juristen in Sachsen ermittelt werden müsste. Dann wird in einem Maß vertuscht, dass sich der rechtsgläubige Bürger nur entsetzt abwenden kann. Dabei geht es nicht um kriminelle Kinkerlitzchen, sondern zum Beispiel um Drogenkonsum oder Kinderprostitution. Da mag ein Zeuge gegenüber der Polizeidirektion Dresden zu Protokoll geben, dass er einem bekannten Landespolitiker und Exminister Kokain verkaufte – doch nichts geschah. In Leipzig wissen kundige Ermittler, dass ein leitender Staatsanwalt mit besten Beziehungen zu Politikern und ins Rotlichtmilieu Videos besitzt, die den sexuellen Missbrauch von Kindern zeigen, und die er im Panzerschrank seines Dienstzimmers aufbewahrt. Außerdem soll er enge Kontakte zu einem Dr. M. unterhalten haben, der sich bis zum heutigen Tag, unter anderem in Leipzig, mit Kindern »vergnügt«, wie in einem mir vorliegenden Polizeiprotokoll zu lesen ist. Wieder ist nichts geschehen. Für den normalen Bürger sind das unhaltbare Zustände.

1. Der schleichende Niedergang der demokratischen Kultur in Deutschland

Einleitung

Sie sind die Einzigen in Deutschland, die eine blendende Zukunftsperspektive haben: »Die großen Steuer- und Subventionsbetrüger, die Schmiergeldzahler, die Politiker und Parteien kaufen, Parlamentarier auf ihren Gehaltslisten führen, die nichts anderes tun, als für Gesetze zu stimmen, die der Wirtschaft Vorteile, Machtzuwachs und Gewinne bringen, und Gesetze verhindern, die dem Ziel dienen, Natur, Gesundheit, Leben zu schützen, aber Gewinne schmälern könnten.«[1] Zu dieser bitteren Erkenntnis kam Professor Hans See, der Gründer der Bürger- und Menschenrechtsorganisation »Business Crime Control«[2].

Die Rede ist vom Deutschland-Clan. Ihn verbindet keine schriftliche Vereinbarung, es gibt keine beschwörenden Formeln, die mit Blut besiegelt werden wie bei der italienischen Cosa Nostra. Besiegelt werden die Bündnisse im Geiste, nonverbal. Den Deutschland-Clan vereint vielmehr das neoliberale Gedankenkonstrukt, in dem Gemeinsinn durch puren Egoismus und Moral durch Anhäufung von möglichst viel Kapital, durch blanke Geldgier ersetzt wurden. Soziale und gesellschaftliche Verantwortung spielen für die Mitglieder des Deutschland-Clans keine Rolle mehr.

Abgesehen von der Ideologie verbindet den Deutschland-Clan noch etwas, nämlich Netzwerke skrupelloser Politiker,

Topunternehmer und – leider – auch Staatsanwälte und Richter. Und diese Personen haben wenig Interesse daran, dass von ihren wahren Motiven etwas bekannt wird. Deshalb wurde die Lüge, eigentlich ein moralischer Begriff, zur politischen Allzweckwaffe, um die realen Seilschaften und Machtverhältnisse in diesem Land zu verschleiern.

Pessimisten erkennen dahinter ein System, um Korruption und Komplizenschaft mit kriminellen Strukturen und Betrug zu verbergen. Anders ausgedrückt: Die demokratische Legitimation des politischen Systems in Deutschland wird nicht nur durch ökonomische und gesellschaftliche Ausgrenzungen immer größerer Bevölkerungskreise infrage gestellt, sondern auch durch die Handlungsweisen der politischen und wirtschaftlichen Eliten.

»Eine schon fast dramatische Schlussfolgerung drängt sich auf: Ein Gemeinwesen, das von einer Machtclique geführt wird, die nicht mehr begreift, dass sie mit der Demütigung von Mitmenschen ihre Legitimation verliert, hat jeden Anspruch auf Loyalität verwirkt.« Das sagte Wolfgang Hetzer am 15. März 2006 auf einer Studientagung für Polizeibeamte, Richter und Staatsanwälte, die sich mit dem Thema Korruption befasste und von der Katholischen Akademie Trier veranstaltet wurde.

Beim Deutschland-Clan geht es zwangsläufig nicht um bedauerliche Einzelfälle mafioser Strukturen in Teilen der deutschen Politik, Wirtschaft und Justiz. Und schon gar nicht um irgendwelche Verschwörungstheorien. Das wäre viel zu simpel. Es gibt ja auch nicht das eine Netzwerk, sondern es sind Bündnisse ganz unterschiedlicher Art auf mannigfachen Ebenen – sowohl auf kommunaler, Landes- und Bundesebene als auch auf dem internationalen Parkett. Verbunden sind sie jedoch durch ein zentrales Bindeglied – die soziale und gesellschaftliche Verantwortungslosigkeit. Da gibt es Topunternehmer und Politiker, die mit kriminellen und korrupten Strukturen auf dem Balkan oder in der Ex-UdSSR zusammenarbeiten. Gleichzeitig üben sie maßgeblichen Einfluss auf politische und wirtschaftliche Entscheidungsprozesse in Deutschland und Europa aus. Es gibt deutsche Konzerne, deren Vorstandschefs gerne im Regierungsflugzeug mitfliegen, Despoten mit Millionen schmieren und in Deutschland gleichzeitig Tausende Arbeitnehmer auf die Straße setzen. Und auch Teile der vermeintlich unabhängigen Justiz in Gestalt von Staatsanwälten und Richtern sind bestens mit dem Deutschland-Clan liiert.

Und sie bewirken alle das Gleiche: dass nämlich die demokratischen Entfaltungsmöglichkeiten des »normalen« Bürgers erstickt werden und das Verfassungsprinzip des Gemeinwohls ad absurdum geführt wird.

Oder, wie es der Soziologieprofessor Hans Jürgen Krysmanski von der Universität Münster analysiert: »Wir erleben derzeit einen Zusammenbruch der Steuerungsinstanzen der bürgerlich-kapitalistischen Welt, dass die in diesem System erworbenen Positionsvorteile, Klassenprivilegien etc. – so lange es noch geht – zur immer rücksichtsloseren Akkumulation von Geld, bis hin zur systematischen Korruption, eingesetzt werden und dass in diesem Prozess der räuberischen Akkumulation von Geldmacht auch das Thema der Privatisierung von Macht, und zwar ganz konkret, beschlossen ist.«[3]

Wie selbstverständlich die Verfassung gebrochen wird

Gern wird von den »Vorbildern« für die Demokratie gesprochen. Dazu gehört sicher ein ehemaliger Innenminister wie Manfred Kanther (CDU), der kraft Amtes die Verfassung schützen soll, jedoch nachweislich Geldwäsche betrieben hat. Oder Otto Schily, ein anderer Exinnenminister (SPD), der sich dem Verdacht aussetzt, die Verfassung zu brechen, indem er elementare Grundrechte unter dem Vorwand aushebelt, den internationalen Terrorismus zu bekämpfen. Gleichzeitig wird, ohne dass von ihm großer Widerstand zu registrieren war, die Pressefreiheit immer weiter eingeschränkt.

Bekanntlich waren es in der Vergangenheit Journalisten, die dazu beigetragen haben, dass politische Skandale überhaupt aufgedeckt wurden. In einer Anhörung der FDP-Bundestagsfraktion kamen im Herbst 2005 Rechtswissenschaftler und Pressevertreter übereinstimmend zu dem Urteil, dass in Deutschland die Pressefreiheit ernsthaft gefährdet sei. Die Kriminalwissenschaftlerin Ursula Nelles sprach sogar von »Symptomen für den Versuch, einen umfassenden Präventivstaat zu errichten«.[4] Gegen wen eigentlich? Um die Bürger oder um die Privilegien der Elite zu schützen?

Etwa weil »unter Geltung eines neoliberalen Paradigmas der Staat mit seinem strafrechtlichen Instrumentarium zunehmend auf die Aufrechterhaltung repressiv strukturierter politischer Stabilität zurückgeschraubt wird, um die Bedingungen zu gewährleisten, die für unternehmerisches Handeln auf den Weltmärkten notwendig sind«. Das sieht zumindest Wolfgang Hetzer so, ein Mann, der einst im Bundeskanzleramt arbeitete und jetzt beim Europäischen Amt für Betrugsbekämpfung OLAF (nach der französischen Bezeichnung »Office Européen de Lutte Anti-Fraude«) für strategische Analysen zuständig ist.

So Unrecht dürfte er nicht haben, liest man eine Rede Professor Udo di Fabios (der auf Vorschlag der CDU im Jahr 1999 zum Bundesverfassungsrichter ernannt wurde), vorgetragen auf dem Juristentag in Bonn im September 2004. Dort stellte er dem kundigen Publikum eine »Verfassungstheorie für Neoliberalismus und Globalisierung« vor. Sie hat das Ziel, Verbraucher- und Umweltschutz als schädliche gesetzgeberische Modeerscheinungen zu betrachten, und fordert von der Politik, auf Gesellschaftsgestaltung durch Gesetzgebung letztlich zu verzichten.

Der Publizist und Journalist Heribert Prantl dazu: »Sein Plädoyer war ein Abschied von einer auch vom Verfassungsgericht geprägten Rechtsentwicklung, die sich bemüht hat, Schwache und Minderheiten zu schützen und Ungleichheiten auszugleichen. Für di Fabio sind aber die ›Differenzen, die das gesellschaftliche Leben hervorbringt, ... Ergebnis der Freiheit‹.« Und um diese Freiheit geht es dem Deutschland-Clan, und zwar zielgerichtet.

Das führt immerhin dazu, dass eine Richterin am Bundesverfassungsgericht, Christine Hohmann-Dennhardt, warnt: »Nicht nur die Grundrechte werden so entwertet, sondern den Bürgern auch Entscheidungsalternativen vorenthalten, sodass ihnen Wahlen mehr und mehr als sinnloses Unterfangen zu erscheinen drohen. Noch mehr aber muss beunruhigen, dass die Grundrechte immer häufiger im politischen Geschäft als störend empfunden werden, als Hemmschuhe auf dem Weg in die Moderne.«[5]

Einige Irritationen über die unabhängige Justiz

So gibt es deutsche Kommunen, in denen ein Netzwerk von Politikern, Bankern, Topunternehmern und Staatsanwälten existiert, die sich nicht scheuen, auch mit Topkriminellen ins Boot zu steigen. Einzelne Staatsanwälte sind abhängig von Betrügern, weil diese ihnen Schwarzgeld übergeben haben. Der Schlüssel des mafiosen Systems, wie anderswo auch, steht in enger Verbindung mit den jeweiligen Abhängigkeiten.

In Mecklenburg-Vorpommern versickern Fördergelder in dreistelliger Millionenhöhe in dunklen Kanälen, gleichzeitig ist Rechtsbeugung im »übergeordneten Interesse« nicht unbedingt ein Fremdwort. Im Klartext heißt das, Geld kaufte die Justiz.

Geradezu harmlos ist dagegen, dass sich Richter, Anwälte und Politiker von Luxusprostituierten in Nachtclubs kostenlos bedienen lassen – und natürlich dafür irgendwann einmal auf die eine oder andere Art und Weise die Rechnung präsentiert bekommen. Ausführlich wird darüber im zweiten Kapitel berichtet.

Bürger verzweifeln unterdessen. Wie Wolfgang Scheffelmeier. Sein Sohn Samuel, ein Marinesoldat, ertrank am 6. März 2002 während des Nato-Manövers »Strong Resolve« in der Pommerschen Bucht. Die Staatsanwaltschaft wie das Verteidigungsministerium hatten kein Interesse, die wahren Hintergründe des Unfalls aufzuklären. Denn es bestanden erhebliche Sicherheits- und Führungsmängel auf dem Schiff, der Fregatte Mecklenburg-Vorpommern. Für das Verteidigungsministerium und die Staatsanwaltschaft Oldenburg war der Marinesoldat selbst verantwortlich. Er habe die Schwimmweste nicht richtig angezogen.

Doch die Untersuchungsergebnisse der britischen Marine, die mit einem Schiff an dem Manöver beteiligt war, führten zu ganz anderen Erkenntnissen. Und zwar stellten sie erhebliche Mängel bei der Sicherheitsausrüstung der Soldaten fest sowie schwerwiegende Versäumnisse des Kapitäns. Wolfgang Scheffelmeier wollte sich mit dem offiziellen Ergebnis der Staatsanwaltschaft Oldenburg nicht zufriedengeben. Er erreichte zwar ein Klageerzwingungsverfahren gegen den verantwortlichen Kapitän des deutschen Schiffes. Aber wieder wurde nur mangelhaft ermittelt und das Verfahren wurde eingestellt. Es sollte ein bedauernswerter Unglücksfall bleiben.

Anfang Januar 2006 hat er nun eine Strafanzeige gegen die ermittelnden Staatsanwälte gestellt: wegen Rechtsbeugung und Strafvereitelung im Amt. Ob dadurch der Skandal um den Tod seines Sohnes aufgeklärt werden wird, ist eher unwahrscheinlich. Nicht aufklären, vertuschen – das ist auch ein Gesicht von Teilen der deutschen Justiz.

Waren uns bislang bestimmte Verhältnisse nur aus Italien bekannt, so ist inzwischen auch für Deutschland zu registrieren: Politiker als die eigentlichen Gesetzgeber lassen sich heute offenkundig manipulieren, kaufen oder entmachten. Das zumindest belegt das Beispiel des von der alten rot-grünen

Bundesregierung gepuschten Investmentmodernisierungsgesetzes, das am 1. Januar 2004 in Kraft trat. Politisches Ziel war es, die Hedgefonds, denen durch dieses Gesetz die Tore nach Deutschland geöffnet wurden, hierzulande zu etablieren. Den Bürgern wurde das Gesetz mit dem Versprechen verkauft, neue Arbeitsplätze und Investitionen zu schaffen – in Wirklichkeit wurden Arbeitsplätze bisher mehrheitlich zerstört.

In der Vorbereitungsphase um den Wortlaut des Gesetzes durften die zuständigen Beamten des Finanzministeriums gerade mal Kopierdienste leisten. Dafür haben große Anwaltskanzleien den Gesetzestext mitformuliert, der es ihnen ermöglichte, ihre eigenen wirtschaftlichen Interessen und die ihrer kapitalkräftigen Mandanten durchzusetzen.

Und die politisch Verantwortlichen können bis heute nicht mehr unterscheiden, ob hier eine Täuschung der Wähler oder ein Selbstbetrug vorliegt. Das bezieht sich insbesondere auf die von Franz Müntefering losgetretene »Heuschreckendebatte«, als er im Frühjahr 2005 die Finanzinvestoren von Private-Equity-Gesellschaften und Hedgefonds als »Heuschrecken« bezeichnete, die alles leer fressen. Dabei war es seine Partei, die genau diesen »Heuschrecken« in Deutschland größtmöglichen Spielraum eröffnete. Wolfgang Hetzer dazu: »Nun ist bewiesen, dass die Zoologie zwangsläufig zur Domäne der politischen Führungselite dieses Landes werden musste. Der insoweit erforderliche Sachverstand ist offensichtlich vorhanden.«

In Karlsruhe entscheiden höchste Richter im Bundesgerichtshof ziemlich parteiisch zugunsten deutscher Großbanken, weil es dubiose Abhängigkeiten gibt, auf die später ausführlich eingegangen wird. Millionen- wenn nicht Milliardenprofite ziehen die einen aus dieser Melange und entsprechende Verluste die anderen, die kleinen Anleger, die ihr Geld für eine gesicherte Zukunft in vermeintlich profitable Fonds investierten.

In Augsburg wiederum verbeugt sich der Vorsitzende Richter Maximilian Hofmeister nach der Urteilsverkündung am 12. August 2005 ungewöhnlich servil vor Ludwig-Holger Pfahls, dem ehemaligen Staatssekretär im Verteidigungsministerium und Exchef des Bundesamtes für Verfassungsschutz (BfV): Nach einem Deal zwischen Pfahls' Verteidiger und dem Gericht hatte Richter Hofmeister Pfahls für magere zwei Jahre und drei Monate Haft wegen Vorteilsannahme und Steuerhinterziehung verurteilt. Das Gericht ging davon aus, dass er 3,8 Millionen Mark Schmiergeld ohne Gegenleistung kassierte.

Der Augsburger Staatsanwalt Winfried Maier, der das Verfahren überhaupt in Gang brachte und wegen seines unbeirrbaren Glaubens an die Rechtsstaatlichkeit inzwischen abgesetzt wurde, fragte sich im Zusammenhang mit der Schmiergeldaffäre um Karlheinz Schreiber, Holger Pfahls und Max Strauß: »Wer kann gegen korrupte Regierungen ermitteln, wenn der Staatsanwalt von eben dieser Regierung abhängig und weisungsgebunden ist.«[6]

Und Maier erinnert sich an die Situation, als er den Sohn des alten bayerischen Paten Franz Josef Strauß, den Anwalt Max Strauß, im Justizministerium vernehmen wollte. »Er betrat dort das Vernehmungszimmer grußlos. Ich sage: ›Ich grüße Sie.‹ Er ging ins benachbarte Zimmer und legte seinen Mantel ab. Ich schaute verdutzt. ›Sind Sie hier zu Hause?‹ – ›Mehr als Sie‹, antwortete der mir.«[7]

Eine Hausdurchsuchung bei Max Strauß wurde monatelang durch den Generalstaatsanwalt verzögert, und als dann doch durchsucht werden konnte, war natürlich nichts Belastendes mehr zu finden.

Es war damals Oberstaatsanwalt Jörg Hillinger, der am 26. April 1999 den Haftbefehl gegen Holger Pfahls beantragte. Der wurde jedoch vom bayerischen Generalstaatsanwalt Hermann Froschauer abgelehnt. Als Hillinger zwei Tage später nach Augsburg zurückfuhr, verunglückte er auf der Fahrt tödlich in einem nagelneuen Dienstwagen. Bis heute ist der Unfallhergang übrigens nicht geklärt, ein Unfall, bei dem der Mann zu Tode kam, der seit 1995 das Ermittlungsverfahren gegen den Waffenhändler Karlheinz Schreiber, den Exstaatssekretär Holger Pfahls, den Strauß-Sohn Max und den früheren CDU-Schatzmeister Walther Leisler Kiep sowie zwei Thyssen-Manager leitete.

»Für mich war es ein Schock. Für mich war klar, dass ich dieses Verfahren fortführen werde, weil ich wusste, wenn Jörg Hillinger ein Vermächtnis hinterlassen hatte, dann dass die Ermittlungen fortgeführt werden«[8], so der wegen seines Engagements bei der bayerischen Justiz in Verruf geratene Staatsanwalt Winfried Maier. Die politischen Hürden, die Ermittlungen ohne Beeinflussungen durchzuführen, waren jedoch enorm, Hürden, die wenig mit Rechtsstaatlichkeit zu tun hatten, aber viel mit dem Einfluss des Deutschland-Clans.

Und der von dem Vorsitzenden Richter Hofmeister so ausnehmend freundlich behandelte Angeklagte Holger Pfahls? Der war nach der Urteilsverkündung gegen ihn seltsam gut gelaunt, ja er wirkte geradezu glücklich. Vielleicht deshalb, weil er in der Zukunft ein zufriedenes Leben ohne Geldsorgen führen wird. Denn Holger Pfahls, so ergaben Recherchen der Journalisten Klaus Wiendl und Rudolf Lambrecht, besaß »eine eigene Firma«, die INVALL, »in der mehr als 100 Millionen Mark steckten«.[9]

Mit hoher Wahrscheinlichkeit handelte es sich um Schmiergeld, um dessen Herkunft sich bislang jedoch weder Staatsanwaltschaft noch Gericht kümmern wollten. Und auch in den Medien bestand kein Interesse mehr, diese Recherchen der Journalisten einer breiteren Öffentlichkeit bekannt zu machen. Man war des Themas Schmiergeld überdrüssig. Da grenzt es geradezu an zynische Unverfrorenheit, dass Holger Pfahls juristisch erfolgreich gegen Journalisten vorging, die nach seiner Festnahme erste Fotos von ihm aus dem Gefängnis La Santé veröffentlichten. Sein Vorwurf: Seine Privatsphäre sei durch diese Fotos verletzt worden.

Viele Seltsamkeiten wies übrigens auch der parlamentarische Schreiber-Untersuchungsausschuss in München auf, der im Sommer 2002 abgeschlossen wurde. Damit fand ein Justizkrimi um Waffengeschäfte, Parteispenden und Beziehungen des Waffenlobbyisten Karlheinz Schreiber zu führenden bayerischen CSU-Politikern und deren Familienangehörigen ein vorläufiges Ende. Der SPD-Abgeordnete Harald Güller damals: »Der Schreiber-Untersuchungsausschuss hat uns deutlich gemacht, dass die Spitze der bayerischen Justiz immer dann Einfluss auf die Ermittlungen im Fall Schreiber genommen hat, wenn es darum ging, CSU-Spezis wie Karlheinz Schreiber, Holger Pfahls oder Max Strauß zu schützen.« Für sich alleine genommen mögen die folgenden Details Zufälligkeiten, banale Versäumnisse oder individuelle Fehler sein. Im Zusammenhang betrachtet, lässt sich jedoch ein System erkennen.

Im Verfahren gegen Max Strauß war dessen von der Staatsanwaltschaft Augsburg beschlagnahmte Computerfestplatte verschwunden. Zuvor hatte das Bayerische Landeskriminalamt (LKA) gegenüber der Staatsanwaltschaft Augsburg jede Mithilfe bei der Wiederherstellung der Daten auf der Festplatte verweigert. Der Staatsanwaltschaft wurde die Amtshilfe verweigert, obwohl dem LKA ein entsprechender Auftrag der Staatsanwaltschaft Augsburg vorlag. Um die Verweigerung der Amtshilfe zu kaschieren, machten drei vom Untersuchungsausschuss vernommene Zeugen des LKA in einer ersten Vernehmung übereinstimmend falsche Angaben: Ihnen habe kein Auftrag der Staatsanwaltschaft Augsburg vorgelegen. Der Behördenleiter der Staatsanwaltschaft Augsburg verhinderte außerdem ein bereits von ihm genehmigtes Informationsgespräch zwischen dem damals ermittelnden Staatsanwalt Maier und zwei Beamten des Bundeskriminalamts (BKA), und zwar auf Anweisung der Generalstaatsanwaltschaft und des bayerischen Justizministeriums.

Besonders aufschlussreich ist die Rolle des bayerischen Generalstaatsanwalts Hermann Froschauer, der weniger das Recht als die politischen Seilschaften im Kopf zu haben schien. Berichte missliebigen Inhalts ließ er an die Augsburger Staatsanwaltschaft zurückreichen und verlangte, dass die Berichte in bestimmten Punkten abgeändert werden sollten; manchmal wurde auch ein genau konkretisierter neuer Inhalt gewünscht. Die geforderten Änderungen liefen zum Teil den Auffassungen der Augsburger Behörde diametral entgegen. Bevor Berichtsakten zum Verfahren gegen Pfahls und andere an den Untersuchungsausschuss übergeben wurden, sonderte die Staatsanwaltschaft beim Oberlandesgericht München eine große Anzahl von Dokumenten aus.

Die servile Verbeugung des Augsburger Richters Maximilian Hofmeister vor dem Exstaatssekretär machte das juristische Desinteresse an einer völligen Aufklärung, von wem für was und wie viel Schmiergeld wirklich gezahlt wurde, überdeutlich und dokumentierte die wahren Machtverhältnisse in dieser Region Deutschlands.

Immerhin erhielt der wegen seiner engagierten Ermittlungstätigkeit als Staatsanwalt abgesetzte Winfried Maier eine Ehrung: den Preis »Aufrechter Gang 2002« der Humanistischen Union. In seiner Laudatio gab der Journalist Michael Stiller noch eine nette Anekdote zum Besten: »Ich erinnere mich an Steuerfahnder, die im Untersuchungsausschuss ausgesagt haben, wie sie in den Kellern des Zwick'schen Geländes Unterlagen gefunden haben, die darauf hinweisen, dass die Warnung des Justizministeriums per Telex ergangen war an den Beschuldigten Zwick, da werde durchsucht. Und wie der ermittelnde Staatsanwalt, der von den Steuerfahndern begleitet wurde, den Steuerfahndern diese Unterlagen entzogen hat und sie hat verschwinden lassen. Und welche Schwierigkeiten diese Beamten bekommen haben, als sie darüber nur Aussage machten im Untersuchungsausschuss.«[10]

Bei der Zwickaffäre ging es um Steuerhinterziehung eines Strauß-Amigos. Der Bad Füssinger Bäderunternehmer Eduard Zwick hatte über mehrere Jahre eine Steuerschuld von 70 Millionen Mark angehäuft und sich auf Anraten seiner politischen Gönner in München in die Schweiz abgesetzt. Im Wege der »Niederschlagung« des Verfahrens verzichtete der Freistaat 1990 auf die Steuerschuld. Der Deal wurde ausgehandelt, als Gerold Tandler Finanzminister wurde. Zwick hatte zuvor dem hochverschuldeten stellvertretenden CSU-Vorsitzenden Tandler finanziell geholfen und ihm im Jahr 1976 ein Darlehen über insgesamt 700 000 Mark gewährt.

Annäherungen an den Deutschland-Clan

»Dem Inhaber einer einflussreichen Position werden in der Regel eine ganze Anzahl von Nebentätigkeiten angedient. Ihr Einkommen erhöht sich auf diesem Wege in einer für Außenstehende schwer durchschaubaren Weise oft beträchtlich. Die Nachteile dieser Entwicklung liegen auf der Hand. Einmal entsteht durch die überaus vielseitige Verwendung Einzelner eine Fülle von Verflechtungen zwischen den verschiedenen Organen, Unternehmen und Instanzen. Ihre Kontrolle wird dadurch erschwert, und es ergeben sich Gelegenheiten zu Geschäften auf Gegenseitigkeit. Mit der Machtkonzentration wächst zudem die Neigung der Abhängigen, sich des Einflusses durch Gefälligkeiten aller Art zu versichern. Auch die finanzielle Begehrlichkeit wird durch eine Dotierung aus den verschiedensten Töpfen nicht unbedenklich gesteigert ...«

Das sagte Exbundeskanzler Gerhard Schröder vor vielen, vielen Jahren, nämlich im Jahr 1977.

Knapp dreißig Jahre später ist das natürlich alles vergessen. Diejenigen, die Wählerstimmen mit dem Argument ködern, sie seien dem Gemeinwohl verpflichtet, haben keine Skrupel, egoistische Partikularinteressen immer häufiger und offener in den Vordergrund zu schieben. Dazu gehören höchste Repräsentanten dieses Staates, die sich – über die Motive kann man lange spekulieren – sogar mit mafiosen Strukturen verbünden. Zum Beispiel in Russland, wo zwischen Gangstern, Politikern und Unternehmern nur schwer ein Unterschied zu finden ist.

Exbundeskanzler Gerhard Schröder (SPD) herzt zum Beispiel offensichtlich bedenken- und gewissenlos den Träger dieses Systems, Wladimir Wladimirowitsch Putin, und adelt ihn sogar als »lupenreinen Demokraten«. Im Dezember 2004 hatten die deutsch-russischen Beziehungen nach Ansicht von Gerhard Schröder – damit meinte er wohl die zwischen Putin und ihm – »eine Tiefe erreicht, wie sie noch nie da war«[11]. Das waren geradezu prophetische Worte.

Der »lupenreine Demokrat« und »gute Freund«, der sich mit allen Mitteln bemüht, die ihm dienlichen kriminellen Strukturen in Russland zu schützen, vermittelte Schröder wiederum, sozusagen als einen schon klassischen Gunstbeweis eines Paten, unter anderem den verdienstvollen Job als Aufsichtsratsvorsitzender beim russisch-deutschen Gaspipeline-Konsortium NEGP (Nordeuropäische Gaspipeline), mit Sitz im schweizerischen Steuerparadies Zug. An dem Konsortium ist mit 51 Prozent ein Konzern beteiligt, der in den russischen Medien für viele undurchsichtige Verflechtungen berüchtigt ist: Gasprom.

In Wirklichkeit handelt es sich dabei um einen unglaublich skandalösen Vorgang, in dem Lügen, Verdrehungen und Intrigen die Hauptrolle in einem Drama von geradezu kafkaeskem Ausmaß spielen. Mehr dazu im Kapitel »Putin – Schröder, Öl und Gas – die Hintergründe eines schillernden West-Ost-Netzwerkes«.

In diesem politischen Skandal wurde und wird Gerhard Schröder von seinen SPD-Genossen heftig verteidigt. So äußerte sich Vizekanzler Franz Müntefering während einer von der FDP beantragten aktuellen Stunde am 15. Dezember 2005 im Bundestag, die von einer SPD-Abgeordneten als »Juxveranstaltung« diffamiert wurde: »Ich bin froh, dass Schröder das gemacht hat. Weil es ein starkes Projekt für ganz Europa ist.«

Jetzt weiß der Bürger also aus berufenem Mund, dass internationale Konzerne wie E.ON-Ruhrgas, BASF oder Gasprom nicht an ihre Aktionäre, sondern an das Wohl Europas und dessen Bürger denken.

Altbundeskanzler Schröder selbst sah es ja »als eine Ehrensache, bei dem Pipelineprojekt mitzumachen«. Und Henning Voscherau (SPD), einstiger Erster Bürgermeister der Stadt Hamburg, klagte in einer Talkshow tatsächlich, die Deutschen verstünden die russische Seele nicht und das Angebot an Gerhard Schröder sei doch ein Beispiel für die »Warmherzigkeit« Wladimir Putins.

Schröder erhielt also das Angebot eines warmherzigen Russen, in einem Konzern eine führende Rolle zu übernehmen. Dass hinter dem Konzern in Wirklichkeit der russische Präsident Putin mit seinem gesamten Ex-KGB-Apparat steht, wird geflissentlich verschwiegen. Ob das nun wirklich »die größte Korruptionsaffäre in Europa sei«[12], wie es eine polnische Zeitung beschrieb, mag dahingestellt sein. Auf jeden Fall dürften die bereits beschädigten Dämme der politischen Moral in Deutschland seitdem endgültig gebrochen sein, ob Schröder den Posten annimmt oder nicht.

Dieser Vorgang macht jedoch etwas sichtbar, was bislang schwer vermittelbar war. Und ohne diesen Zusammenhang ist auch das Tête-à-Tête zwischen Schröder und Putin nicht zu verstehen. Er wirft nämlich die Frage auf, wie sich die Schröder-Fischer-Bundesregierung in der Vergangenheit gegenüber den despotischen Staatsoberhäuptern in den Nachfolgestaaten der Ex-UdSSR, den sogenannten GUS-Staaten (Gemeinschaft unabhängiger Staaten), verhalten hat. In diesen Staaten herrschen überwiegend die Diktatoren der alten Nomenklatura, die eng mit Putin verbunden sind und gleichzeitig über die wichtigen Rohstoffe wie Öl und Erdgas verfügen.

In Kasachstan zum Beispiel regiert seit Jahrzehnten der Clan von Nursultan Nasarbajew. Die Bundesregierung hatte es stets abgelehnt, dort die demokratische Opposition zu unterstützen. Im Gegenteil: Hauptunterstützer des diktatorischen Systems waren bislang natürlich Russland und Deutschland. Denn, so die Argumentation des Auswärtigen Amtes: »Nasarbajew ist Garant für Demokratie und Stabilität, deshalb unterstützen wir keine anderen demokratischen Strukturen.«

Die staatlichen Medien in Kasachstan werden von Nasarbajews hübscher Tochter Dariga kontrolliert. Sie hielt sich im November 2003 in Deutschland auf, umhegt nicht nur von der Bundesregierung. Im Gegensatz zu kasachischen Menschenrechtsvertretern erhielt sie hier eine besonders fürsorgliche Betreuung. Und zwar durch Alexander Rahr, seines Zeichens Berater der Bundesregierung über das Körber-Zentrum Russland, als dessen Programmdirektor er zudem fungiert. Das Körber-Zentrum Russland ist eine gemeinsame Einrichtung der Körber-Stiftung, Hamburg, und der deutschen Gesellschaft für Auswärtige Politik (DGAP), wo Rahr ebenfalls Mitglied ist.[13]

Allerdings lehnte es der Ehrenprofessor an der Moskauer Staatsuniversität für internationale Beziehungen, Alexander Rahr, damals im November 2003 ab, einen der führenden kasachischen Menschenrechtler in Berlin zu treffen. Denn, so ließ er in einer mir vorliegenden E-Mail wissen: »Wir haben die Tochter von Nasarbajew zurzeit hier, und ich mache die PR für sie.« Vielleicht wird er ja von den Geldern bezahlt, die Nursultan Nasarbajew in der Schweiz deponiert hat. Von mindestens 48 Millionen US-Dollar ist die Rede. Andererseits verhinderte eine CDU-Europaabgeordnete im Europäischen Parlament eine kritische Resolution gegen den Nasarbajew-Clan im Vorfeld der manipulierten Präsidentschaftswahlen im Jahr 2005.

Denn worum geht es in Wirklichkeit? Um den Zugang zu den Rohstoffressourcen.

Deshalb war Deutschland auch das einzige europäische Land, das Sakir Almatow, dem Innenminister Usbekistans, die Einreise erlaubte. Almatow wird von Menschenrechtsorganisationen auch der »Schlächter von Andijan« genannt, weil er einer der Hauptverantwortlichen für das Massaker an demonstrierenden Usbeken am 13. Mai 2005 war. Alle anderen europäischen Länder hatten das abgelehnt und ihm sogar die Einreise in die EU verboten. Doch die Bundesregierung kümmerte das nicht.

An jenem 13. Mai 2005 demonstrierten auf dem Bobur-Platz in Andijan Zehntausende Usbeken gegen den Diktator Islam Karimow und forderten Freiheit und Demokratie und protestierten gegen die wachsende Armut und Unterdrückung. Nach Oppositionsangaben starben über 700 usbekische Bürger, nachdem die Truppen des Diktators mit allen ihnen zur Verfügung stehenden Waffen auf die Menschen gefeuert hatten. Grund für die Demonstration war ein Gerichtsverfahren gegen 23 lokale Unternehmer, die beschuldigt wurden, einer islamistisch-terroristischen Organisation anzugehören. Die Vorwürfe hatten die Angeklagten bestritten und als frei erfunden bezeichnet. Der Staatsanwalt erklärte ihnen gegenüber: »Ich fordere Gefängnisstrafen nicht für das, was sie getan haben, sondern das, was sie zukünftig tun könnten.«

Die Regierung von Usbekistan ist nicht nur für Folter bekannt, sondern auch für Zensur und Unterdrückung. »Bisherige Menschenrechtsverletzungen blieben ungestraft«, klagte Kenneth Roth, der Direktor der US-Menschenrechtsorganisation Human Rights Watch. »Die Behörden haben ganz klar versucht, das wahre Ausmaß und die Hintergründe der tödlichen Schüsse zu vertuschen. Eine parlamentarische Untersuchung wäre, selbst mit internationaler Teilnahme, nicht sehr glaubhaft.«[14]

Hohe Polizeibeamte, die sich an dem Massaker beteiligen mussten, klagten übrigens gegenüber dem »Institute for War and Peace Reporting« (IWPR), London, dass bei dem Massaker weitaus mehr als 700 Menschen ums Leben gekommen seien. Sie sprechen von 4500 Toten, nachdem mit Maschinengewehren Kaliber 14,5 mm in die Menge geschossen wurde und Panik ausbrach. »Zuerst vergruben sie zwei Leichen in jedes Grab, später begannen sie, 50 Körper in Massengräber zu verscharren«, so einer der Polizeioffiziere.[15] Und derjenige, der dafür verantwortlich ist, der usbekische Innenminister Sakir Almatow, wurde in einem hannoverischen Krankenhaus pfleglich behandelt. Aber, wie gesagt, auch Usbekistan – wie Kasachstan – verfügt über wichtige Rohstoffe, und große deutsche Konzerne machen dort gute Geschäfte.

Sinnigerweise ist an dem russischen Konzern Gasprom, der natürlich auch in Kasachstan aktiv im Geschäft ist, der deutsche Energiekonzern E.ON-Ruhrgas beteiligt. Als beide noch getrennte Unternehmen waren, hatte sich Alfred Tacke (SPD), damals beamteter Staatssekretär im Bundeswirtschaftsministerium und enger Vertrauter Gerhard Schröders, massiv für eine Fusion der beiden Konzerne eingesetzt. Denn als der im Jahr 2002 aus der Fusion zwischen Veba (Vereinigte Elektrizitäts- und Bergwerks AG) und Viag (Vereinigte Industrieunternehmen AG) hervorgegangene Energiekonzern E.ON auch noch den größten europäischen Gasversorger Ruhrgas übernehmen wollte, untersagte das Kartellamt den Zusammenschluss, und die Monopolkommission warnte eindringlich vor den Schäden für den Wettbewerb.

Die Bundesregierung interessierte das alles nicht. Der damalige Wirtschaftsminister Werner Müller – er hatte vor seinem politischen Amt jahrelang für Veba gearbeitet – kündigte eine Ministerentscheidung an. Den entsprechenden Vorgang musste er aufgrund des naheliegenden Verdachts der Befangenheit an seinen weisungsabhängigen Staatssekretär Tacke weiterreichen. Der exekutierte dann den Willen seines Chefs. Auf der Strecke, so die *Frankfurter Allgemeine Zeitung*, »blieben Teile des Wettbewerbs im Energiemarkt, eine beschädigte

Kartellbehörde, das missbrauchte Instrument der Ministerentscheidung und günstige Gaspreise.«[16]

Das Ausmaß der Schieberei offenbarte sich wenig später, als der amtsmüde gewordene Minister Müller auf den Chefsessel der RAG Aktiengesellschaft (früher Ruhrkohle AG) wechselte, die wiederum eine Beteiligungsgesellschaft des Fusionsgewinners E.ON und früheren Arbeitgebers von Müller ist. Und auch Alfred Tacke wechselte den Arbeitgeber und stieg bei der STEAG ein. »In seinem neuen Job wird Tacke seinem früheren Minister wieder begegnen: Die STEAG ist eine Tochter des Essener Chemie- und Bergbau-Konzerns RAG.«[17] Und hier sollte Alfred Tacke nun geschätzte 500 000 bis 600 000 Euro jährlich verdienen.

Als der Wechsel eines der mächtigsten Strippenzieher der Bundesregierung in die Privatindustrie öffentlich wurde, klagte der FDP-Vorsitzende Guido Westerwelle, dass »das nach Filz und Klüngel« rieche. Und CDU-Fraktionsgeschäftsführer Volker Kauder kündigte ein Nachspiel vor dem Wirtschaftsausschuss des Bundestages an. Zu klären sei, seit wann sich Tacke mit dem Absprung beschäftigt habe. Aber dazu sollte es dann doch nicht kommen, denn der CDU-Abgeordnete Reinhard Göhner setzte sich im Wirtschaftsausschuss vehement für Tacke ein. »Der Wechsel ist in Ordnung«[18], verkündete danach der damalige stellvertretende CDU-Fraktionsvorsitzende Friedrich Merz. Und damit war der Fall erledigt.

Wer jedoch ist der CDU-Abgeordnete Reinhard Göhner? Zu Zeiten von Helmut Kohl war er Staatssekretär im Justiz- und später im Wirtschaftsministerium. Ihm selbst wurde immer wieder vorgeworfen, er würde Privat- und andere Interessen miteinander verquicken. Schließlich ist er auch Hauptgeschäftsführer der Bundesvereinigung der Deutschen Arbeitgeberverbände und Mitglied im ZDF-Fernsehrat.

In diesen Zusammenhang passt auch eine Meldung vom 11. Februar 2006. Demnach hat Exbundeskanzler Gerhard Schröder noch eine unentgeltliche Beratertätigkeit für den Essener Energiekonzern Ruhrkohle AG (RAG) übernommen, deren Chef der ehemalige Wirtschaftsminister Werner Müller ist. Gerhard Schröder war im Jahr 2005 als Bundeskanzler mit dem Börsengang der RAG und ihrem geplanten Ausstieg aus der Steinkohle befasst gewesen. »Wenn er nun wenige Monate nach seinem Ausscheiden die Seiten wechselt«, so Jochen Bäumel von Transparency International, »sei dies ein falsches Signal.«[19] Das ist ungewöhnlich zurückhaltend formuliert.

Die Bürger dagegen beschweren sich derweil über die undurchsichtige Strom- und Gaspreisgestaltung der Energiemonopole und über die ständigen Preiserhöhungen – dank der inzwischen abgedankten rot-grünen Regierung unter Führung von Gerhard Schröder. Allerdings gab es auch vonseiten der CDU in der Vergangenheit keinen nennenswerten Widerstand gegen diese Machenschaften.

Wo Dracula sein Unwesen treiben soll – die Wege von Rumänien und Bulgarien in die EU

Ein weiteres Mitglied im Deutschland-Clan ist Bodo Hombach. Der Topmedienmanager wird als eine schillernde Figur beschrieben, der eigentlich gar keinen Standpunkt habe. Ehemalige Freunde von ihm bezeichnen ihn als »bauernschlau, von sehr schneller Auffassungsgabe und extrem eloquent dazu. Außerdem hat er zwischenzeitlich gelernt, wo die fettesten Töpfe stehen und wie man sich die aneignet. Wenn man ihn nicht kennt, glaubt man anfangs stets, der könne kein Wässerchen trüben, so jovial kommt er daher.« Als Wahlkampfmanager für Ministerpräsident Rau in Nordrhein-Westfalen prägte er 1986 fantasiereiche Slogans wie »Versöhnen statt spalten« oder »Wir in NRW«.[20] Seine steile Karriere verdankt er natürlich Seilschaften.

Sein unaufhaltsamer Aufstieg in die Sphären der Konzerne begann 1991, als er für mehrere Jahre Erfahrungen in der Industrie sammelte. Bei der Salzgitter Stahl AG, die seit 1989 zur Preussag AG (Preußische Bergwerks- und Hütten-Aktiengesellschaft) gehörte, wurde er Direktor des Bereichs Marketing, Organisation und Unternehmensstrategie. 1992 wechselte er in die Geschäftsführung der Preussag Handel GmbH, um schließlich auf der Grundlage seiner bis dahin gesammelten Erfahrungen in der Industrie 1998 das nordrhein-westfälische Wirtschaftsministerium unter dem neuen Ministerpräsidenten Clement zu übernehmen und sich unter anderem für die »Pflege der Großindustrie« einzusetzen. Daneben war Hombach Aufsichtsratsmitglied bei der Ruhrkohle AG (RAG), der Ruhrwasser AG und Mitglied des RWE-Wirtschaftsbeirats (Rheinisch-Westfälische Elektrizitätswerk AG). Nicht zuletzt war er im Wahlkampf 1998 auch Berater von Gerhard Schröder. Von Hombach stammt der Begriff der Orientierung auf die »Neue Mitte«, der die Ausrichtung der SPD für die Übernahme der Regierungsgeschäfte auf den Punkt brachte.

Nachdem sein Freund Gerhard Schröder Bundeskanzler wurde, sollten sich die »Investitionen« in Hombachs Karriere für die Industrie bezahlt machen. Er übernahm die Führung der Schaltzentrale zur Koordinierung der Regierungspolitik: das Bundeskanzleramt. Während Hombach sich vehement dafür einsetzte, »den Reformstau aufzulösen, der sich in 16 Jahren Kohl-Regierung aufgetürmt hat«; und man dabei auch nicht umhin käme, »in Privilegien und Gewohnheiten von Menschen« einzugreifen, sprach er sich in dem weitgehend von ihm ausgearbeiteten Schröder-Blair-Papier dafür aus, »in einer Welt immer rascherer Globalisierung und wissenschaftlicher Veränderungen Bedingungen zu schaffen, in denen bestehende Unternehmen prosperieren und sich entwickeln und neue Unternehmen entstehen und wachsen können«.[21]

Dann wurde Hombachs Karriere kurzfristig gestoppt. Denn etwas offenkundig Anrüchiges aus der Vergangenheit wurde durch die Medien bekannt. 1986 hatte der ehemalige Arbeitsdirektor der Ruhrkohle AG und SPD-Landesschatzmeister, Fritz Ziegler, den Vorstandschef der VEBA-Immobilien, Ludwig Staender, um Hilfe beim Bau des luxuriösen Hauses für Bodo Hombach gebeten, der zu jener Zeit gerade mal 34 Jahre alt war. Vorstandschef Staender sagte gegenüber der Staatsanwaltschaft aus: »Herr Ziegler signalisierte mir, dass ein solcher Gefallen auch für uns von Vorteil sein könnte.« Er sei damals zu der Auffassung gelangt, dass es sich bei Hombach »um einen kommenden Politiker handelte«. Staender beauftragte nun die zuständigen Konzernmanager, »die Rechnungen passend« zu machen und die notwendigen »Manipulationen vorzunehmen«. Auch der Bauleiter des Hausprojektes gab schließlich zu, was er zunächst mit einem Meineid vor Gericht bestritten hatte: dass nämlich Bodo Hombach Kosten in Höhe von mindestens 200 000 D-Mark von der VEBA erlassen wurden. Hombach sei auf »immer neue architektonische Ideen« gekommen, wurde der Bauleiter in den Medien zitiert.

Diese überaus netten »Gefälligkeiten« für Hombach waren Bestandteil eines »VIP-Service« der VEBA-Immobilien, die sie auch anderen Politikern beim privaten Hausbau angedeihen ließ. Während sich so auch VEBA-Vorstandsmitglieder ihre Wintergärten, Teichanlagen und Weinkeller bauen ließen, wurden Tausenden Mietern Leistungen in Rechnung gestellt, die diese nie erhalten hatten. Doch Schröder hatte, nachdem der Skandal durch Presseveröffentlichungen ruchbar wurde, einen persönlichen Rat für Hombach parat: »Junge, das stehst du durch!«[22]

Rechtzeitig bevor der Meineidprozess gegen Hombachs Bauleiter begann, opferte Bundeskanzler Schröder seinen »besten Mann« und »beförderte« ihn auf den Posten des Koordinators für den Balkan-Stabilitätspakt. Belohnt wurde er zusätzlich noch mit der Verdoppelung seines Gehalts auf 70 000 D-Mark pro Monat.

Nach dem Ende seiner Tätigkeit auf dem Balkan kehrte Hombach nach Deutschland zurück. Und hier fiel sein Name im Zusammenhang mit seiner Rolle in Rumänien, und zwar als Repräsentant der Mediengruppe WAZ (Westdeutsche Allgemeine Zeitung). In Rumänien, das ist sicher, herrschen bis heute, ob in Politik, Wirtschaft oder den meisten Medien, die ehemaligen Führungspersonen des einst gefürchteten Geheimdienstes Securitate (dt. Staatssicherheit). Und Bodo Hombach galt als enger Freund des ehemaligen rumänischen Premierministers Adrian Nastase, unter dessen Regierung (2000–2004) Korruption und Mafia nicht gerade eingedämmt wurden – im Gegenteil.

Rumäniens Hauptstadt Bukarest ist eine ziemlich triste Metropole. Doch Silvester 2007, da strahlte sie wie eine glitzernde Wunderkerze. Gelbe und blaue EU-Sternchen funkelten in der Innenstadt. Gefeiert wurde die lang ersehnte Aufnahme in die Europäische Union (EU). Wenige Wochen nach dem EU-Beitritt erklärte Justizministerin Monica Macovei, dass bereits vor dem EU-Beitritt die Maßnahmen gegen Korruption immer unerwünschter gewesen seien. Der Grund dafür sei, dass das Parlament ständig versuche, die Abstimmung der Gesetze für die Ethikagentur zu verhindern, die Korruption von Politikern und Beamten bekämpfen soll. Sie fand ungewöhnlich klare Worte: »Rumänien hat eine politische Klasse, die in den letzten 16 Jahren nicht untersucht und kontrolliert wurde und diese Klasse will diese Situation erhalten.«[23]

Nicht anders ist es in dem Land, das ebenfalls seit 2007 Mitglied der EU ist – Bulgarien. In Sofia wurde der Beitritt mit einem prächtigen Festkonzert eingeleitet, organisiert vom Produzenten der Reality-Show *Big Brother*. Einen Tag später, in Brüssel, präsentierte die bulgarische Regierung in den Räumen des Europäischen Parlaments voller Stolz eine dem Anlass entsprechende symbolträchtige Ausstellung. Das Motto: »Glanz und Glorie Bulgariens«. Die einzigartigen antiken und unermesslich kostbaren Kunstwerke waren eine Leihgabe des bulgarischen Unternehmers Wasil Boschkov. Den illustren Gästen der Ausstellungseröffnung wurde er mit den Worten vorgestellt: »Das ist der Mann, der sich um die Bewahrung der in diesem Saal gezeigten Kunstgegenstände und um die Erhaltung des kulturhistorischen Erbes Bulgariens besonders verdient gemacht hat.« Wasil Boschkov ist Besitzer der Holding Nove, der meisten Kasinos in Bulgarien, vieler Hotels und eines Schießklubs. Außerdem unterstützt er den Fußballklub ZSKA Sofia mit jährlich zehn Millionen Euro. Bis Mitte der Neunzigerjahre war er in Sofia sicher kein sehr vermögender Mann. Sein Spitzname lautete damals »Der Totenkopf«.[24] Er überlebte ein Attentat, sein Geschäftspartner wurde später von Scharfschützen erschossen. Dass Wasil Boschkov, wie von einigen Journalisten kühn behauptet, zu dem im November 2004 in Amsterdam erschossenen Konstantin Dimitrov (einem der größten bulgarischen Drogenhändler und Kunstschmuggler) Kontakte hatte, ist wahrscheinlich ein böses Gerücht.

Zur Herkunft der Kunstschätze sagte Wasil Boschkov, er habe sie geerbt und sie befänden sich seit Generationen im Besitz seiner Familie. Außerdem habe er vieles auf dem Schwarzmarkt aufgekauft, um zu verhindern, dass die Kunstgegenstände ins Ausland geschmuggelt werden. Unzweifelhaft hingegen ist: »Wasil Boschkov hat sein Business mit Devisenhandel, Glücksspielveranstaltungen und Sportwetten begonnen«, schreibt Betty Ganeva, Chefredakteurin der deutschsprachigen, in Sofia herausgegebenen Zeitung *Wirtschaftsblatt*.

Ein wahrer Glücksbringer waren seine exzellenten Beziehungen zur politischen Führung: »Seit einigen Jahren werden praktisch alle staatlichen Aufträge für den Bau und für die Instandsetzung von Verkehrsstraßen an Boschkov bzw. an von ihm kontrollierte Firmen vergeben. Damit ist er der größte Auftragnehmer in dieser Wirtschaftssparte.«[25] Mit anderen bulgarischen Unternehmern hatte er den Klub »Wiedergeburt« gegründet. »Journalisten halten das Gremium für eine Art inoffiziellen Wirtschaftsrat.«[26]

Mir gegenüber erklärte ein Staatsanwalt in Sofia: »Natürlich konnte man mit Glücksspiel, dem Import von Waren wie Bekleidung, oder dem Vertrieb von Videokassetten in den Neunzigerjahren reich werden. Aber das funktionierte nur mit dem Schutz der Staatssicherheit und des Innenministeriums.« Schutz – das ist die zurückhaltende Umschreibung für finanzielle Beteiligungen. Ein offenes Geheimnis ist, dass in Bulgarien ehemalige Geheimdienstmitarbeiter, von ihnen abhängige Wirtschafts- und Finanzmagnaten, Altkommunisten und Mafiosi in der Politik auch jetzt noch der bestimmende Machtfaktor sind. Begonnen hatte alles Ende der Achtzigerjahre, Anfang der Neunzigerjahre, nach der Auflösung der Sowjetunion und der politischen Unabhängigkeit Bulgariens. Zwei Machtblöcke blieben bestehen: Die Nomenklatura der alten kommunistischen Partei und der berüchtigte bulgarische Nachrichtendienst, brüderlich eng mit dem sowjetischen KGB verbunden. Alexander Andreev, bulgarischer Journalist und Schriftsteller, veröffentlichte ein bedeutendes Buch *(Die Spionenverschwörung)* über die Entstehungsgeschichte der mafiosen Nomenklatura und die Errichtung ihrer Herrschaft: »Schon kurz nach der Wende wurden die Befürchtungen laut und tauchten viele Indizien auf, dass sich die politische Macht der kommunistischen Herrscher sehr schnell und unkontrolliert in den wirtschaftlichen Bereich verlagerte. Diese mit der Zeit langsam Gestalt gewinnende Machttransformation, die die marktwirtschaftlichen Reformen schwer beeinträchtigte, geschah mit der entscheidenden Hilfe ehemaliger Geheimdienstler aus unterschiedlichen, noch existierenden oder formell aufgelösten Abteilungen der Staatssicherheit.«[27]

Gleichzeitig entstanden neue mächtige, kriminelle Gruppierungen. Bekannt waren insbesondere die »Kraftsportler«, vor allem Ringer, die während der Sowjetzeiten bei den

Olympischen Spielen und internationalen Wettkämpfen Spitzenleistungen erzielten und entsprechend geachtet und hofiert wurden. Nach dem Zusammenbruch des Kommunismus mussten sie Alternativen finden, um ihren bisherigen privilegierten Lebensstil fortführen zu können. Ihr Kapital war ganz sicher nicht ihre Intelligenz, sondern ihre Muskelkraft. Deshalb konzentrierten sie sich auf die Gründung von Sicherheitsfirmen und auf illegale Geschäfte wie Autoschieberei, Drogenhandel, Prostitution, Schmuggel, Glücksspiel oder Schutzgelderpressung. Im Jahr 1994 waren bereits Tausende dieser Sicherheitsfirmen registriert, überwiegend von »Ringer-Brigaden« geleitet. Mit dem erwirtschafteten Kapital gründeten sie Wirtschafts- und Finanzgruppen, die zum Teil in kriminelle Machenschaften involviert waren, sich gleichzeitig aber als legale Unternehmen präsentierten. Ziel war die Privatisierung von Staatsfirmen. Den Transformationsprozess hatten sie jedenfalls schnell begriffen – bedrohen, abkassieren und ausbeuten solange es geht.

Einen der Ringer, der von Anfang an dabei war und einer der wenigen Mafiaführer ist, der die blutigen Machtkämpfe der letzten 15 Jahre überlebt hat, traf ich Anfang Februar 2007 in einem kleinen schicken Restaurant in Sofia. Georgi, knapp 42 Jahre alt, entsprach exakt dem Stereotyp eines Mannes aus dieser Szene: schwarze Lederjacke, ein Hüne, zwei Meter groß und mindestens 150 Kilo schwer, muskelbepackt, einer dem man möglichst nicht widerspricht. »In Zeiten des Kommunismus waren wir Helden, nach dem Zusammenbruch standen wir vor dem Aus. Das Einzige was wir hatten, war unsere Kraft. Wir boten den Unternehmen unseren ›Schutz‹ an. Und nach den ersten Millionen glaubte man sich alles leisten zu können, dachte, unsterblich zu sein.« Welche Rolle die Nachrichtendienste spielten, wollte ich wissen. »Für uns waren die Mitarbeiter der Nachrichtendienste die Ideologen. Sie haben uns angeführt und uns gesagt: ›Ein Baum braucht einen Wald‹«. Und warum wurde er nie verhaftet bzw. warum lebt er überhaupt noch? »Weil ich Geld gezahlt habe, damit ich meine Ruhe habe.« Und was die Bestechung heute angeht? »Ob bei Polizei, Staatsanwälten oder Richtern – das hängt davon ab, was die für uns machen sollen. Es ist eine Frage des Preises.«

Nach diesem Gespräch traf ich in der Redaktion der Tageszeitung *Dnevnik* einen der wenigen nicht korrupten Staatsanwälte. Er berichtete mir von seinen Erfahrungen in seinem Amtsbereich in Varna, dieser schönen Stadt an der Schwarzmeerküste. Das heutige Touristenparadies ist wichtigstes europäisches Standbein russischer Mafiabanden. Der Staatsanwalt spricht davon, dass dort das russische international agierende kriminelle Syndikat Solnzevskaja aus Moskau das Sagen hat und erwähnt eine weitere russische Organisation. Sie wurde Anfang der Neunzigerjahre gegründet und bestand aus Marinesoldaten der ehemaligen Sowjetunion. Schließlich spricht er ein bulgarisches Unternehmen an, die 1993 in Varna gegründete TIM-Gruppe. Der Firmenname besteht aus den Vornamen der Firmengründer: Tihomir Mitev, Ivo Kamenov und Marin Mitev. Sie waren zu Zeiten der Sowjetunion in der bulgarischen Marine Angehörige der geheimen Spezialeinheit Tihina, die dem bulgarischen Militärgeheimdienst unterstellt war. Aus dem Nichts heraus haben die drei Männer, zusammen mit sieben weiteren Exsoldaten der Tihina-Einheit, später ein wirtschaftliches Imperium aufbauen können. Der Staatsanwalt dazu: »Sie hatten praktisch keine Ausbildung und gleichzeitig beschäftigten sie sich mit Banken, Versicherungen, der Privatisierung großer Transportunternehmen und überhaupt gibt es für mich keine Erklärung des Erfolges ihres Imperiums.« Der Verdacht liegt nahe, so der Staatsanwalt, dass hinter der TIM-Gruppe der Militärische Nachrichtendienst stand: »Ich vermute, dass die Gruppe eigenständig gegründet und danach geschützt wurde. Und sie erhielten wahrscheinlich Geld aus geheimen Fonds.« Die Führungsmannschaft der TIM-Gruppe rekrutierte sich jedenfalls aus

Angehörigen der Marinesondereinheit. So war das Vorstandsmitglied eines ihrer Unternehmen zuvor Ivo Kamerows Fahrer und Bodyguard. Der ehemalige Karatelehrer und Chef der Marinedivision in Varna wurde Leiter von zwei Sicherheitsfirmen. Inzwischen besitzen die Exangehörigen der geheimen Spezialeinheit unter anderem noch eine Fluggesellschaft, Getreide- und Fischunternehmen, einen Fernsehsender, eine Bank und eine Versicherungsgesellschaft. Ein Unternehmer aus Varna erzählte mir: »Sie sind mit Dutzenden von Anwälten und Bodyguards umgeben. Alle haben eine Heidenangst vor ihnen. Niemand wagt es, nach dem Ursprung des großen Vermögens zu fragen.« Der Staatsanwalt bestätigt diese Wahrnehmung des Unternehmers: »Manchmal wurde in Varna Gewalt angewandt, um die Konkurrenten auszuschalten.«

Am 16. Oktober 2005 fand im bulgarischen Innenministerium in Anwesenheit des Hauptsekretärs im Innenministerium, General Ilija Iliev, und des Direktors der Nationalen Polizei, General Valentin Petrov, eine Pressekonferenz statt. Erhebliche Fortschritte seien im Kampf gegen das organisierte Verbrechen erzielt worden, behauptete General Valentin Petrov. Man könne die Gruppen inzwischen an den Fingern einer Hand abzählen. Ihre Namen wollte er nicht nennen. Auf die Frage eines Journalisten zu den mächtigsten kriminellen Syndikaten antwortete General Ilija Illev spontan: »Es gibt auch ›TIM‹«, ohne weiter zu erklären, was er damit meinte. Nikolaj Nikolaev von der TIM-Gruppe in Varna reagierte auf diese Beschuldigung recht eigenwillig: »Der General muss erklären, was er sagen wollte. Heute ist einer da, morgen kommt ein anderer. Generäle werden ausgewechselt.«[28]

Im Sommer 2006 gelang es der TIM-Gruppe, sich wieder einmal an einem profitträchtigen Geschäft zu beteiligen, durch welche Methoden auch immer. Wie sagte mir Georgi, der einstige Ringer, Mafiaboss und heutige Finanzinvestor: »Die Angst muss bleiben. Die Menschen müssen wissen, dass wir noch da sind.«

Im Mittelpunkt stand die Ausschreibung für den Ausbau und Betrieb der beiden Schwarzmeer-Flughäfen Varna und Bourgas. Den Zuschlag hatte bereits die Flughafengesellschaft Kopenhagen Airport erhalten. Doch dann änderte sich alles und ein deutsches Konkurrenzunternehmen siegte. »Von massivem Druck aus Varna« sprechen hinter vorgehaltener Hand hohe Angestellte des Bewerbers aus Kopenhagen. Das Oberste Verwaltungsgericht hatte unerwartet die Ausschreibung für nichtig erklärt, da nicht alle Kandidaten, einschließlich der dänischen Gesellschaft, die Bedingung langjähriger Erfahrungen im Betrieb des Flughafenmanagements erfüllt hätten. Seit 1998 ist Kopenhagen Airport in Mexiko, China und Großbritannien im Flughafenmanagement erfolgreich tätig. Vergeben wurde der lukrative Zuschlag stattdessen an die Flughafenbetreibergesellschaft Fraport in Frankfurt am Main. Größte Aktionäre von Fraport sind das Land Hessen und die Stadt Frankfurt am Main. Fraport und das Unternehmen BM-Star aus Varna, eine Tochtergesellschaft der TIM-Gruppe, werden nun, verbunden durch ein Joint Venture, die Flughäfen Varna und Bourgas betreiben und erweitern.

Bulgarien in der Europäischen Gemeinschaft, wie war das möglich? Bekanntlich wurde den skeptischen europäischen Politikern versprochen, dass die Regierung in Sofia alles dafür tun werde, damit europäische Rechtsnormen eingehalten werden, die organisierte Kriminalität und Korruption bekämpft werden. Tatsächlich hielten sich in den Jahren vor dem EU-Beitritt zahlreiche Politiker und Spitzenfunktionäre aus Brüssel in Sofia auf, um die Fortschritte dieser Versprechen zu überprüfen. Evaluierungsprozess wurde das genannt. Keiner bestreitet, dass die Regierung gegen die unteren Strukturen der Verbrecherwelt vorgegangen ist. »Hauptaufgabe war ja«, so ein hoher Beamter des bulgarischen Innenministeriums mir gegenüber, »einen positiven Eindruck zu vermitteln. Deshalb haben wir sehr genau beobachtet, welche Straftaten im

Westen interessant sind und welche die westliche öffentliche Meinung beeinflussen. Zum Beispiel Geldfälschungen, Menschenhandel und Produktpiraterie. Aber die Köpfe dieser Gruppen haben wir natürlich nicht verfolgt.«

Der Staatsanwalt aus Varna bestätigt diese Politik des Vertuschens, und er wundert sich über die Blindheit der westlichen Beobachter: »Alles wurde in rosafarbenem Licht dargestellt. Seit sieben Jahren kenne ich Boyko Kotzev, den Staatssekretär im Innenministerium, dessen Vater die erste Hauptabteilung der Staatssicherheit geleitet hat und für die ausländische Aufklärung zuständig war. Boyko Kotzev selbst absolvierte in Moskau erfolgreich das Staatsinstitut für ausländische Beziehungen. Und jetzt hat er sich darauf spezialisiert, die westlichen Gäste willkommen zu heißen. Ich weiß, wie die Berichte für die europäischen Beobachter manipuliert wurden, um über die wahren Verhältnisse nichts bekannt werden zu lassen.« Die einen lassen sich täuschen, die anderen schweigen und profitieren – die Bürger werden früher oder später die Zeche bezahlen. Der amtierende bulgarische Innenminister war vor dem EU-Beitritt Bulgariens über Bundeskanzlerin Merkel verärgert, weil sie den Beitritt nicht bedingungslos unterstützte. Gegenüber einer deutschen Journalistin sagte er, off record: »Die Deutschen werden sich wundern, sollten sie gegen den Beitritt stimmen. Dann werden ab dem 1. Januar 2007 alle deutschen Firmen in Bulgarien gefilzt und man lässt sie wegen Korruption hochgehen. Dass die alle viel Dreck am Stecken haben, das weiß ja jeder. In Bulgarien hält man nur still, weil eine Hand die andere wäscht.«

So ist es auch bei dem nun folgenden Skandal. Das seien alte Geschichten, wird mancher sagen. Aber die Vorgänge in Nordrhein-Westfalen demonstrieren trefflich die Tradition des Lügens und der Täuschung der Menschen. Beteiligt sind prominente deutsche Politiker, die bis heute teilweise in Amt und Würden sind und die das wirtschaftliche und gesellschaftliche Klima in Deutschland entscheidend geprägt haben.

Nordrhein-Westfalen: Eine deutsche Bank hält sich eine deutsche Landesregierung

Die Spuren führen zur mächtigen Westdeutschen Landesbank (WestLB) und zu großen deutschen Industrieunternehmen, unter anderem der Preussag AG und Salzgitter AG.

Das waren noch anständige Zeiten, als Ludwig Poullain Chef der Westdeutschen Landesbank war (1969–1977). Er wagte es sogar, den in dieser Zeit regierenden Bundeskanzler Helmut Schmidt zu kritisieren. »Als ich vom damaligen Ministerpräsidenten meines Landes [Heinz Kühn] – der schon vor geraumer Zeit verstorben ist – aufgefordert wurde, als Chef einer öffentlich-rechtlichen Bank, an der das Land Nordrhein-Westfalen maßgeblich beteiligt sei, kritische Äußerungen gegenüber der Wirtschaftspolitik des damaligen Bundeskanzlers Helmut Schmidt zu unterlassen, fühlte ich mich weniger in meinen Rechten beeinträchtigt als vielmehr an der Ausübung meiner Pflichten gehindert.«[29] Ein solches demokratisches Selbstverständnis hatten seine Nachfolger nicht.

Immer an entscheidender Stelle mit dabei, um Politiker für seine Geschäfte einzuspannen, war nun Friedel Neuber, SPD-Mitglied seit den Fünfzigerjahren, von 1962–1975 nordrhein-westfälischer Landtagsabgeordneter und nach diversen anderen Stationen und Funktionen schließlich von 1981–2001 Vorstandsvorsitzender der Westdeutschen Landesbank (WestLB). Ende Oktober 2004 verstarb er im Alter von 69 Jahren an einem Herzversagen. Thomas Fischer, der Chef der WestLB, würdigte ihn als »überragende Unternehmerpersönlichkeit, die wie kaum ein anderer in den vergangenen 20 Jahren die Entwicklung der öffentlich-rechtlichen Kreditwirtschaft in Deutschland geprägt«[30] habe. Der Vorstandsvorsitzende des Energiekonzerns RWE, Harry Roels, nannte ihn eine »herausragende unternehmerisch und politisch denkende Persönlichkeit, die weit über die Grenzen seiner

Heimatregion Nordrhein-Westfalen wirkte und geschätzt wurde«.[31]

Wenn Friedel Neuber – auch der »rote Pate« genannt – ein solch grandioses Vorbild für Teile der deutschen Wirtschaft war, lohnt es sich, einmal näher hinzuschauen und zu untersuchen, worin und für wen diese Vorbildfunktion bestand. Bundeskanzler Schröder soll Neuber, so wurde in den Medien kolportiert, immerhin einen »allgemein bekannten Schwerstkriminellen« genannt haben, »der allerdings nicht zu packen ist, da er alle im Sack hat«.

Aber das war auch noch in seinen wilden Jahren, als Schröder das so drastisch formuliert haben soll. Später holte er diejenigen, die von Friedel Neuber einst prächtig profitierten, prompt in seine Regierungsmannschaft.

Zwanzig Jahre hatte der Manager und Banker jedenfalls uneingeschränkt in Nordrhein-Westfalen geherrscht. Er jonglierte mit milliardenschweren Finanz- und Industriebeteiligungen und schuf ein engmaschiges Geflecht von Abhängigkeiten zwischen der Bank, Politik und Industrie.

Der CDU-Abgeordnete im Düsseldorfer Landtag Michael Breuer wiederum äußert sich zur Rolle der mit Neuber verbundenen Politiker Wolfgang Clement und Johannes Rau – Letzterer auch bekannt als der gute Mensch von Wuppertal –: »Rau und Clement haben in dem letzten Jahrzehnt, aber wahrscheinlich Rau allein in den letzten drei Jahrzehnten, ein System von Abhängigkeiten geschaffen. Da wird mit der WestLB, der Bank der Bürger des Landes Nordrhein-Westfalen, auch über das Land hinaus Politik gemacht, Abhängigkeiten geschaffen, Staatsanwälte eingeladen, Finanzbeamte, Feten organisiert, tolle Essen auf Schlössern gegeben, bestimmte Positionen an Politiker gegeben.«

Da kam es schon mal vor, dass sich Justizgrößen aus Düsseldorf in dem zum Imperium der WestLB gehörenden Schloss Krickenbeck zu »Fachgesprächen« trafen. Im Jahr 1996 hörten die schönen Feste auf, weil nun beherzte

Staatsanwälte gegen die WestLB ermittelten wegen des Verdachts auf Steuerhinterziehung. Heraus kam nichts, weil die belastenden Unterlagen glücklicherweise rechtzeitig verschwunden waren, wie aus internen Quellen der WestLB bekannt wurde. Was nichts daran änderte, dass Neuber und seine Freunde die Bank weiter für politische Zwecke einsetzten.

Der *Spiegel* berichtete Anfang 2000 in seiner Reportage über die WestLB, die für viel Aufregung sorgte und massive Versuche auslöste, die Berichterstattung zu verhindern: »Wer eine Bank zur geheimen Nebenkasse des Landes macht, handelt undemokratisch, wenn auch eleganter als derjenige, der seine Partei aus schwarzen Kassen finanziert. Wer Staatsamt und Parteiamt, Reisen für seine Regierung und Reisen in den Wahlkampf nicht säuberlich trennt, bricht die Verfassung. Wer Regierungsarbeit aus Quellen finanziert, die das Parlament nicht kennt und kontrolliert, missachtet das Budgetrecht der Volksvertretung, das höchste Gut der parlamentarischen Demokratie.«[32]

Die im *Spiegel*-Bericht genannten Protagonisten dieses Systems waren übrigens der damalige Ministerpräsident Johannes Rau und sein Nachfolger Wolfgang Clement.

Der eine wurde bekanntlich trotz dieser Machenschaften, oder vielleicht gerade deshalb, deutscher Bundespräsident; der andere Bundeswirtschaftsminister, berüchtigt für seine Ausfälle gegen Arbeitslose. Der *Spiegel* ist in seinem journalistisch herausragenden Bericht noch weiter gegangen: »Wo immer die Regierung Rau einen Coup an Verfassung oder Parlament vorbei landen wollte – ›Friedel macht das‹, hieß es in der Staatskanzlei, deren Chef jahrelang Wolfgang Clement war. Clement war beteiligt an solchen Finanzierungsmodellen, ebenso wie der wegen seiner Flugreisen zurückgetretene nordrhein-westfälische Finanzminister Heinz Schleußer. An Schleußers Landeshaushalt vorbei, aber mit dem Wissen des Finanzministers, bauten Clement und sein Vorgänger Vertretungen Nordrhein-Westfalens auf, deren Mitarbeiter ihr Gehalt von der WestLB bezogen.«

Friedel Neuber fuhr auch gerne auf Kreuzfahrtschiffen. Und er fand heraus, dass es auf einem solchen Schiff noch schöner ist, wenn man die Eignersuite bewohnen kann. Dazu musste man aber erst einmal das Unternehmen besitzen. Und so investierte die Landesbank in Tourismus. Hans-Joachim Selenz, der Insider, erzählte mir: »Wenn so ein Experiment mal scheiterte, stand immer noch Intimfreund Johannes parat. Wenn Friedel sich verspekulierte, half Bruder Johannes, der Landesvater, mit der Landeskasse aus. Dafür half ihm Friedel an vielen anderen Stellen und aus so mancher Not. Das war schon mal einen Orden wert. Das scheinbar ungleiche Duo: ›der Gangster im Nadelstreifen‹ und der ›heilige‹ Johannes. Was davon war Schein?«

In diesem Zusammenhang ist es bedeutsam zu erkennen, dass in der schattenhaften Welt zwischen Politik, Wirtschaft und Ganoventum nicht nur die klassischen kriminellen Gruppierungen das lukrative Geschäft der Erpressung beherrschen, sondern auch demokratisch gewählte Politiker.

So gab es ab Dezember 1997 den Versuch, die Preussag Stahl AG, ein Unternehmen mit Sitz im niedersächsischen Salzgitter und 12 000 Beschäftigten, an die österreichische Voest-Alpine Stahl AG zu verkaufen. Erst im Jahr 1989 hatte die Preussag AG – deren Mehrheitsaktionär die WestLB war und als deren Aufsichtsratsvorsitzender selbstverständlich Friedel Neuber fungierte – die im Besitz des Bundes befindliche Salzgitter AG für den mageren Kaufpreis von 2,5 Milliarden D-Mark erworben (1992 wurde der Stahlbereich der Salzgitter AG in Preussag Stahl AG umbenannt), obwohl das Unternehmen mindestens 15 Milliarden D-Mark wert war. Das war genau der Betrag, den die Preussag AG in der Salzgitter-Kasse fand. Allein das staatliche Immobilienvermögen der Salzgitter AG war mit 10,2 Milliarden D-Mark versichert. Danach wurden die milliardenschweren Erlöse geplündert und in einem unübersichtlichen Firmengeflecht der Preussag AG verteilt. Und das erwirtschaftete nun Verluste in Milliardenhöhe. Bereits damals gab es Hinweise auf krumme Geschäfte, über die auch die Strafverfolgungsbehörden informiert waren.

Doch, so Hans-Joachim Selenz in einer Aussage vor der Generalstaatsanwaltschaft Celle am 26. Februar 2002: »Die Landesregierung war über diese hohen Verluste in den beiden Geschäftsbereichen des Konzerns durch eigene Recherchen ebenfalls im Detail informiert. Der Eingriff staatlicher Strafverfolgungsbehörden unterblieb bisher, da der Konzern mit Abzug des Konzernsitzes nach Düsseldorf bzw. Berlin droht.«

Um den Verkauf des Werkes in Salzgitter abzusichern, wurden den Vorstandsmitgliedern Millionen an Schmiergeld angeboten – aus schwarzen Kassen der WestLB.

Und das soll so abgelaufen sein: Nach einem gemeinsamen Gespräch mit Vertretern von Voest-Alpine auf dem Frankfurter Flughafen am 5. Dezember 1997 klingelte bei Preussag-Vorstandschef Michael Frenzel das Handy. Friedel Neuber war am Apparat. Im Anschluss an dieses Gespräch machte Frenzel dem Vorstandsmitglied der Preussag Stahl AG Hans-Joachim Selenz ein Angebot: Wenn der Vorstand der Preussag Stahl AG einem Verkauf des Unternehmens an British Steel (BSC) zustimme, bekomme jedes Vorstandsmitglied eine Million auf die Hand. Ein Verkauf an die österreichische Voest-Alpine Stahl AG würde mit 500 000 D-Mark Schmiergeld honoriert werden.

Grund: Die WestLB und Preussag AG brauchten das Geld aus dem Werksverkauf in Salzgitter, um ihre Milliardeninvestitionen in den Tourismusmarkt zu finanzieren. Die Schmiergelder sollten, schrieb Hans-Joachim Selenz in einem Brief an den damaligen niedersächsischen Ministerpräsidenten Gerhard Schröder, »aus schwarzen Kassen des WestLB-Chefs außerhalb des offiziellen Rechenwerks der Bank kommen«.

Das Angebot Michael Frenzels an den Vorstand – das schreibt Selenz in einer Aktennotiz am 5. Dezember 1997 – lautete:

»Herr Dr. Frenzel unterbreitet mir nach einem längeren Telefonat mit Herrn Neuber im Anschluss an ein Gespräch mit Herren des Vorstandes der Voest-Alpine Stahl im Frankfurter Flughafen folgendes Angebot: ›Jedes Vorstandsmitglied der PSAG (Preussag Stahl AG) erhält bei einem Verkauf des Unternehmens an BSC 1,0 Millionen Mark, an Voest-Alpine 500 000 Mark.‹ Das ›Kick-off-Meeting‹ zur Vorbereitung des Börsenganges des Unternehmens hatte unter der Beteiligung von Goldman Sachs, den Investmentbankern der WestLB, und einer Vielzahl von Anwälten am 3. Dezember 1997 im Gebäude der Preussag AG stattgefunden. Das Angebot wurde von mir sofort und strikt abgelehnt, gleichwohl den Kollegen noch am selben Tag in einer gesonderten Besprechung vorgetragen. In dieser in meinem Büro erfolgten Besprechung wiesen die Kollegen das Angebot ebenso einmütig wie befremdet ab.«

Bedenklich ist an diesem Vorgang Folgendes. Zum einen waren bei dem Bestechungsversuch »zahlreiche Anwälte« dabei, und kein Staatsanwalt hat sich je wirklich um Aufklärung dieses kriminellen Angebots bemüht. Auch der spätere Ministerpräsident Glogowski nicht, der am 17. November 1998 schriftlich über den Vorgang informiert wurde.

Dem damaligen im niedersächsischen Wahlkampf stehenden Ministerpräsidenten Schröder drohte allerdings ein Desaster, sollte das Stahlwerk in Salzgitter in private Hände verkauft werden. Immerhin versicherte Gerhard Schröder den um ihre Arbeitsplätze bangenden Stahlarbeitern: »Wir haben keinen Grund, daran zu zweifeln, dass Verkaufspläne nicht bestehen.« Und weiter: »Jeder muss wissen, der was zu entscheiden hat, wer den Wind des Ausverkaufs der Stahlarbeitsplätze in dieser Region sät, wird den Sturm des Widerstandes aus der Region ernten.«

Das änderte nichts daran, dass die Preussag AG am 30. Dezember 1997 in aller Stille ein Grundsatzübereinkommen über den Verkauf des Werks in Salzgitter beschlossen hatte. Kaufsumme: 1,275 Milliarden D-Mark. Am 8. Januar 1998 beschloss der Vorstand der Preussag AG, laut Vorstandsprotokoll Nr. 1113, mit einer Gegenstimme (der von Selenz) offiziell den Verkauf. Am 9. Januar 1998 sollte der Vertrag unterschrieben werden. Als Schröder davon erfuhr, raste er am 9. Januar 1998 mit dem damaligen Vorstandsvorsitzenden der Preussag Stahl AG, Hans-Joachim Selenz, und Staatssekretär Tacke nach Düsseldorf ins Chefbüro im vierten Stock zu Friedel Neuber, dem Banker, der bisher die Taschen vieler SPD-Politiker füllte.

Schröder drohte dem Chef der WestLB, daran erinnert sich Hans-Joachim Selenz, dass er Friedel Neuber, sollte dieser den Verkauf nicht sofort rückgängig machen, die Staatsanwälte auf den Hals hetzen würde wegen Bilanzbetrugs bei der Preussag AG.

Die Wirtschaftsprüfer wiederum, die das einträgliche Vergnügen hatten, die Bilanz bei der Preussag AG zu prüfen, und nichts Ungesetzliches bei dem Jahresabschluss finden konnten, wurden von der Preussag AG besonders liebevoll betreut. So wurden für die Vorstandsmitglieder des Wirtschaftsprüfungsunternehmens und deren Ehefrauen Reisen zu den Olympischen Spielen nach Atlanta bezahlt, zwischen 30 000 und 40 000 D-Mark pro Wirtschaftsprüfer-Ehepaar. Es ist das gleiche Wirtschaftsprüfungsunternehmen, das auch heute noch die Jahresabschlüsse der Preussag AG, der WestLB und des Touristikunternehmens TUI AG prüft. Da kommt man schon ins Grübeln.

Konsequent stellte das Wirtschaftsprüfungsunternehmen fest, dass es keinerlei Bilanzbetrug gegeben hatte. Den jedoch hatte Hans-Joachim Selenz – es ging um die Summe von 2,5 Milliarden Mark – angeprangert. Bereits am 28. November 1997 wurde im Ausschuss für Wirtschaft und Verkehr des niedersächsischen Landtages protokolliert, dass die Preussag AG Bilanzmanipulationen in Höhe des Kaufpreises der Salzgitter AG von 2,5 Milliarden D-Mark vorgenommen hatte, um finanzielle Löcher zu stopfen. Niemand kümmerte das.

Der Verkauf an die Voest-Alpine AG wurde nach dieser Drohung Schröders gegenüber dem Chef der WestLB Friedel Neuber – man könnte sie genauso gut auch Erpressung nennen – von Letzterem innerhalb einer Stunde rückgängig gemacht. Neuber hatte nach seiner Entscheidung mit dem österreichischen Exbundeskanzler Franz Vranitzky telefoniert, um die Österreicher zu beruhigen.

Die Freundschaft zwischen Vranitzky und dem Banker Neuber war allgemein bekannt. Allein zwischen 1989 und 1994, so stellte die Düsseldorfer Steuerfahndung später fest, seien knapp 15 Vranitzky-Flüge von der WestLB bezahlt worden. Zur damaligen Zeit war Vranitzky österreichischer Bundeskanzler. Nach seinem Rücktritt wurde er unter anderem Berater für die WestLB, mit einem fürstlichen Gehalt.

Wäre damals der Düsseldorfer Coup gelungen, »hätten die mitten in der heißen Wahlkampfphase einen Clown aus Schröder gemacht, und die Arbeiter hätten ihm zu Recht die Stahlbarren in die Fenster der Staatskanzlei geschmissen«, wird Bodo Hombach vom *Stern* zitiert.[33] Denn sowohl Friedel Neuber als auch der damalige amtierende nordrhein-westfälische Ministerpräsident Johannes Rau waren zu jener Zeit nicht gerade Freunde des Newcomers Gerhard Schröder.

Nachdem der Verkauf der Preussag Stahl AG glücklich abgewendet wurde, kauften die NordLB und das Land Niedersachsen das Unternehmen und gingen damit an die Börse. Der Börsengang wurde von der NordLB als »Erfolg« dargestellt. Tatsächlich war der Börsengang nur deshalb ein »Erfolg«, weil die NordLB in sehr großem Umfang Aktien zurückgekauft hatte, die in den ersten Tagen des Börsengangs aus dem Umfeld der WestLB kamen.

Gerhard Schröder konnte einen noch wichtigeren Erfolg verbuchen. Denn er wurde insbesondere mit den Stimmen der niedersächsischen Arbeiter als Ministerpräsident wiedergewählt, und damit sicherte er sich gleichsam auch die Kanzlerkandidatur gegen Oskar Lafontaine.

Der mutmaßliche Bilanzbetrug ist natürlich bis heute nicht strafrechtlich verfolgt worden. Professor Hans-Joachim Selenz selbst, der den Verdacht des Bilanzbetrugs klären wollte, musste sich von einem Vorstandsmitglied der WestLB sagen lassen: »Sie sind gewissermaßen schon tot. Sie wissen das nur noch nicht! Gegen die WestLB macht man so etwas nicht, da haben Sie keine Chance. Sie sind schon viel zu weit gegangen.«

Höchst Interessantes weiß Hans-Joachim Selenz mir auch über die Aufsichtsratssitzungen zu berichten, die er bei der Preussag und WestLB miterlebte. Es sind Eindrücke aus dem Innenleben eines Konzerns, die möglichst nicht bekannt werden sollten: »Die Aufsichtsratsvergütung bei der Preussag war wirklich nicht schlecht. Und das für vier bis sechs Auftritte im Jahr. Guter Stundenlohn. Und dann die schönen Geschenke. Zu jeder Sitzung. Mal gab es ein silbernes Schreibset, mal einen schicken Fotoapparat und auch mal einen tragbaren Farbfernseher. Alles ganz dezent verpackt, sodass es nicht auffiel. Kleine Dinge, die man ohne Aufsehen wegtragen konnte. Kleine Geschenke erhalten die Freundschaft, sagt man. Daher gab es bei der Preussag große Geschenke.«

In der *ARD*-Sendung *Bericht aus Berlin* vom 19. September 2003 erklärte Wolf Dieter Zumpfort, der damalige Cheflobbyist der Preussag/TUI AG: »Geld in Umschlägen unter dem Tisch mit wg. – das ist vorbei.« Hans-Joachim Selenz behauptet nun unwidersprochen: »Als es noch nicht vorbei war, wendete die Preussag/TUI AG ca. 20 Millionen D-Mark pro Jahr auf, um Politiker, Beamte und Wirtschaftsprüfer zu bestechen. Das Schwarzgeld wurde über eine Clearingstelle in der Schweiz verteilt.«

Und zwar auch an Politiker und, das behauptet zumindest Hans-Joachim Selenz, sogar an Justizangehörige.

Irgendwie aus der Erinnerung gelöscht scheint auch die sogenannte Flugaffäre zu sein, die nicht nur eine nicht aufgearbeitete politische, sondern auch juristische Affäre ist.

Es war Anfang der Neunzigerjahre, als die WestLB führenden Politikern nicht nur deren private Flugkosten zahlte, sondern die völlig überhöhten Rechnungen für die Flüge auch noch von der Steuer absetzte – das heißt, der Steuerzahler durfte dafür aufkommen. Warum jedoch immer wieder diese überhöhten Rechnungen? Weil hübsche Begleitpersonen (als Stewardessen getarnte Prostituierte) mitgenommen wurden, zur intimen »Betreuung« einiger honoriger Fluggäste aus den Spitzen von CDU und SPD. Davon ist bis heute nur ein Teil bekannt geworden, ausgelöst durch einen parlamentarischen Untersuchungsausschuss in Düsseldorf.

Denn die »Flugaffäre« wurde nie sauber aufgearbeitet, geschweige denn konsequent strafrechtlich geahndet. Zu viele haben die Dienste in Anspruch genommen, viele, von denen man es nicht glaubte. Der damalige NRW-Ministerpräsident Wolfgang Clement meinte zu den belastenden Aussagen des früheren Piloten über diese Dienste: »Die Aussagen dieses Zeugen sind die eines Kriminellen.« Denn der Pilot war wegen Kokainschmuggels zu 13 Jahren Haft verurteilt worden, den er allerdings – wie sich später herausstellen sollte – gar nicht begangen hatte.

Der angebliche Drogenpilot Ralph Henry Ermisch wurde dem parlamentarischen Untersuchungsausschuss im Düsseldorfer Landtag in Ketten vorgeführt. Seine Aussage damals: Die Fluggesellschaft der WestLB stellte überhöhte Rechnungen für Dienstleistungen, die in einem Flugzeug ansonsten nicht üblich sind – wie er es besonders feinfühlig ausdrückte. Von den Politikern wurde er als vollkommen unglaubwürdig abgetan. Einem verurteilten »Drogenhändler« glauben ehrenhafte Politiker natürlich nicht.

Aber wie sich inzwischen herausstellte, hatte der Pilot mit dem Drogenhandel überhaupt nichts zu tun, sondern war in eine Falle geraten. Das ist zwar so unglaublich wie bitter für ihn, jedoch komfortabel für die betroffenen Politiker.

Verurteilt wurde der Pilot aufgrund von belastenden Aussagen zweier ebenfalls wegen Drogenhandels beschuldigter Männer. Der eine wurde zu sieben Jahren Gefängnis verurteilt, der andere erschien überhaupt nicht vor dem Gericht. Dessen Aussage war jedoch für das Gericht der wichtigste Beweis. Doch der Zeuge Klaus S. machte wie der Zeuge Joachim H. vorsätzlich falsche Angaben zu den angeblichen Drogentransporten des Piloten Henry Ermisch. Wenn sich die Aussagen der beiden einmal deckten, war das darauf zurückzuführen, dass die Polizei die Vernehmungsprotokolle des Zeugen Klaus S. dem Joachim H. zur Verfügung stellte. Und Letzterer wurde mit dem Versprechen geködert, in Deutschland für seine Taten nach Verbüßung seiner Haftstrafe in Venezuela nicht mehr zur Verantwortung gezogen zu werden. Dabei war er ein bekannter Großdealer.

Erst Jahre später, und zwar durch ein Urteil des Finanzgerichts Düsseldorf vom 29. Oktober 2002, wurde klar, dass der Pilot in der Tat aufgrund von Falschaussagen verurteilt worden war. Das Finanzgericht (das den Fall aufgrund des Widerspruchs gegen einen Steuerbescheid nochmals aufrollte) sagte über den Kronzeugen Klaus S., dessen Aussage zur Verurteilung des Piloten Ralph H. Ermisch zu 13 Jahren Haft geführt hatte: »Seine Aussagen waren wie auswendig gelernt, und Fragen zu Details waren entweder unter Hinweis auf ein Aussageverweigerungsrecht oder ein schlechtes Langzeitgedächtnis nicht oder nur vage beantwortet worden. Das verstärkte die aufgrund des genannten Verhaltens bereits bestehenden Bedenken an der Wahrhaftigkeit der Aussage.« Und das Gericht stellte fest, dass der Pilot keinen Drogenhandel betrieben und somit auch keine Drogen eingeführt hatte.

Zwar behauptete die Düsseldorfer Staatsanwaltschaft, dass dem Zeugen Joachim H. keine Versprechungen gemacht worden seien. Doch daran gibt es für den Anwalt des Piloten Ralph H. Ermisch große Zweifel. Immerhin wurde vonseiten der deutschen Behörden kein internationaler Haftbefehl gegen Joachim H. nach dessen Entlassung im Oktober 1999 aus dem Gefängnis in Venezuela erlassen. Im Gegenteil: Die Botschaft in Caracas stellte ihm einen Reisepass aus, sodass er wieder ungehindert reisen kann. Daraufhin flog er nach Ibiza und eröffnete einen Antiquitätenladen.

Ulrich Busch, der Anwalt von Ralph H. Ermisch, sagt zu diesem seltsamen Vorgehen: »In diesem Zusammenhang ist darauf hinzuweisen, dass der Beschuldigte Joachim H. zwar in Venezuela fünf Jahre und drei Monate gesessen hat, jedoch aufgrund einer ganz anderen Tat, die mit den Vorwürfen, die in Deutschland gegen ihn erhoben werden, nichts zu tun haben. In Deutschland müsste sich Herr H. eigentlich, folgt man der Handlungsweise der Staatsanwaltschaft Düsseldorf in Sachen Ermisch, wegen illegaler Einfuhr von 14 beziehungsweise 21 Kilo Kokain und Handel in der Bundesrepublik verantworten müssen. Die Bürger dieses Landes werden sich sehr bald fragen, warum Herr E. in der gleichen Sache 13 Jahre Freiheitsstrafe bekommt, Herr S. sechs und Herr H. null Jahre. Die Staatsanwaltschaft Düsseldorf wird die Frage beantworten müssen, wie diese drei unterschiedlichen Ergebnisse mit der Gerechtigkeit und der Gleichbehandlung vereinbar sind.«

Als übrigens der Düsseldorfer Untersuchungsausschuss die Flugakten über die Vielflieger bei der Steuerfahndung anforderte, waren sie von einer Mitarbeiterin des damaligen Finanzministers Schleußer gesichtet worden. Die in die »Flugaffäre« involvierten Politiker blieben alle im Amt. Ministerpräsident Clement wurde sogar Superminister in Berlin, und der besonders von den Flügen profitierende ehemalige Ministerpräsident von Nordrhein-Westfalen, Johannes Rau, brachte es bis zum höchsten Staatsamt. Er wurde ein äußerst beliebter Bundespräsident.

Der Pilot Ralph H. Ermisch versucht seit dem Jahr 2004 ein Wiederaufnahmeverfahren zu erreichen. Gehindert werden er und sein Anwalt, indem ihnen Akten vorenthalten werden. Anfang 2006 hatte sich zudem der Kronzeuge Klaus S. gegenüber Ermischs Anwalt offenbart. Er gab zu, von dem damaligen Vorsitzenden Richter und seinem Anwalt (beide waren Studienkollegen), in Abstimmung mit der Staatsanwaltschaft Düsseldorf, einen Deal angeboten bekommen zu haben. Demnach könne man Herrn Ermisch eine Tatbeteiligung nur dann nachweisen, wenn er, Klaus S., als Kronzeuge gegen Ermisch aussage. Da man Klaus S. die Einfuhr von zirka 120 Kilo Kokain nachweisen könne und das eine Strafe von zehn Jahren bedeutet, wurde ihm folgendes Angebot unterbreitet:

Er belastet Ermisch, indem er sagt, dass er ihm einmal im April und einmal im Juli 1992 insgesamt 21 Kilo Kokain persönlich übergeben habe. Er solle das noch ein wenig ausschmücken. Dafür werde kein einziger Belastungszeuge oder Beweismaterial in seine Hauptverhandlung eingeführt werden, sodass für Klaus S. eine maximale Strafe von sechs Jahren dabei herauskommen würde, ihm die Halbstrafe garantiert und er zudem bald in den offenen Vollzug kommen werde. Dieses Angebot hatte der Kronzeuge bekanntlich auch sofort angenommen, und seine entsprechende Aussage war das einzige Beweismittel im Verfahren gegen Ralph H. Ermisch.

Inzwischen liegt mir die eidesstattliche Versicherung von Ralf S., einem der beiden Kronzeugen gegen Ermisch vor. Sie datiert vom 3. Januar 2005. In ihr steht: »Dass ich aufgrund des Anratens meines Anwaltes Herrn R. die belastenden Aussagen gegen Herrn Ermisch gemacht habe, um die zwischen Rechtsanwalt R. und Herrn Richter S. abgesprochenen und zugesicherten Vergünstigungen einer geringen Bestrafung zu erhalten. Herr Rechtsanwalt R. hat meine Aussage mit mir besprochen und an dem uns bekannten Aussageprotokoll des Herrn H. (H. ist der zweite Kronzeuge gewesen, d. Autor), was ebenfalls falsch und erlogen war, ausgerichtet und mit diesem abgeglichen.«

Angesichts all dieser skandalösen Vorgänge ist es schon sehr plausibel, wenn Friedel Neuber zu seiner Zeit als Chef der WestLB dem Eindruck, dass sich eine Bank eine Regierung hält und nicht umgekehrt, nie entgegengetreten ist, wie über ihn berichtet wird.

Da ist es nur eine Episode, dass am 18. Januar 1996 der damalige Ministerpräsident Johannes Rau mit 1500 »seinen engsten Freunden« seinen 65. Geburtstag feiert. Das rauschende Fest für seine »engsten Freunde« (unter anderem Gerhard Schröder, Oskar Lafontaine, Berthold Beitz und Joachim Kardinal Meisner) wurde mit 150 000 D-Mark von der WestLB bezahlt. Zum gleichen Zeitpunkt erhielten Landesbedienstete zum vierzigjährigen Dienstjubiläum eine Gratifikation von 800 D-Mark.

In diesem Sumpf ist es also kein Wunder, dass bestimmte Formen der Bereicherung sich regelrecht als politische Kultur in Nordrhein-Westfalen etablieren konnten. Nur die größten Optimisten waren deshalb verwundert, dass auch die nordrhein-westfälische Landesentwicklungsgesellschaft (LEG) von der Staatsanwaltschaft heimgesucht wurde. Der Vorwurf: Luftrechnungen, Schmiergeldzahlungen und die Vertuschung von kriminellen Machenschaften bei dem landeseigenen Unternehmen.

So habe die LEG im Jahr 2001 knapp 520 000 D-Mark Schmiergeld gezahlt, um im Krefelder Rathaus eine Halbierung ihres städtischen Abwasser-Gebührenbescheides in Höhe von 2,6 Millionen Mark durchzusetzen. »Auf Anweisung des Krefelder CDU-Fraktionsvorsitzenden Wilfried Fabel seien 260 000 D-Mark an den seinerzeit von ihm geführten Eishockey-Bundesligisten, KEV Pinguin, geflossen.«[34] Diesem

Vorwurf, der sich bislang nicht bestätigt hat, geht die Staatsanwaltschaft in einem Ermittlungsverfahren nach.

Es war ein perfektes System, das übrigens wie eine Blaupause auch in anderen Bundesländern mit ihren Landesbanken funktionierte, zum Beispiel in Bayern. Die Bayerische Landesbank stand lange Zeit im Ruf, die Zockerbude der bayerischen Staatsregierung zu sein. Da drehten im Jahr 1999 malaysische »Geschäftsleute« der Landesbank so gut wie wertlose Aktien an. Als die ganze Sache aufflog, beauftragte die Landesbank einen Anwalt, der sich jedoch von den Betrügern bestechen ließ und die ganze Prozessstrategie verriet. Auf diese Weise verlor die Landesbank 263,2 Millionen D-Mark – Geld des Steuerzahlers. Im Aufsichtsrat der Landesbank saßen zur damaligen Zeit elf Kabinettsmitglieder.

Dann wurde bekannt, dass die Bayerische Landesbank Leo Kirch, dem Medienmogul und Freund von Exbundeskanzler Helmut Kohl und vieler Intendanten, Milliardenkredite zur Verfügung gestellt hatte. Als alle anderen Banken der Kirch-Gruppe schon keine Kredite mehr gewährt hatten, lieh die Landesbank dem Konzern kurz vor der Pleite noch eine Milliarde Euro für den Einstieg in das Formel-1-Geschäft. Zuvor hatte der damalige Staatskanzleichef Erwin Huber, der zwischenzeitlich als Nachfolger von Stoiber gehandelt wurde, erfolglos versucht, die HypoVereinsbank als Finanzier für Kirchs Formel-1-Beteiligung zu gewinnen. Danach setzte er sich persönlich für die Kreditvergabe der Landesbank ein. Aufgrund des seltsamen Finanzgebarens der von der Politik abhängigen Landesbank stürzte sie fast in die Verlustzone. Was noch schlimmer ist: Es wurden 1000 der 5900 Arbeitsplätze gestrichen.

»Durch die Kirch-Kredite ist ein florierendes Institut zu einer notleidenden Bank geworden«, zürnte der SPD-Fraktionschef Franz Maget. Glücklicherweise konnten einige Politiker von der Gunst des Medienmoguls einige Zeit gut leben. Ex-CSU-Chef und Exbundesfinanzminister Theo Waigel beriet von April 1999 bis Februar 2002 den inzwischen Pleite gegangenen Medienmogul. Auch Expostminister Wolfgang Bötsch stand auf der Honorarliste von Kirch. Und Exbundeskanzler Kohl dürfte ebenfalls nicht leer ausgegangen sein.

Wer Wasser predigt und Champagner trinkt

»Wo bleibt der Aufschrei der SPD, der CDU, der Kirchen gegen ein Wirtschaftssystem, in dem große Konzerne gesunde kleinere Firmen wie Kadus im Südschwarzwald mit Inventar und Menschen aufkaufen, als wären es Sklavenschiffe aus dem 18. Jahrhundert, sie dann zum Zwecke der Marktbereinigung oder zur Steigerung der Kapitalrendite und des Börsenwertes dichtmachen und damit die wirtschaftliche Existenz von Tausenden mitsamt ihren Familien vernichten?«

Von den folgenden deutschen Sozialpolitikern kann man einen ähnlichen Aufschrei wie den von Heiner Geißler sicher nicht erwarten. Denn es dürfen bestimmte Personen in der Hitparade derjenigen nicht fehlen, die den Eigennutz über das Gemeinwohl stellen und daher wenig Skrupel haben, die sozialen Errungenschaften der deutschen Demokratie hinwegzufegen. Einer von ihnen ist ganz sicher Florian Gerster, Exsozialminister aus Rheinland-Pfalz und »Unternehmenskommunikator« der Fundus-Gruppe, die Immobilienfonds verkauft. Er war ein besonderes Ziehkind von Gerhard Schröder und dem Exwirtschaftsminister Wolfgang Clement.

Kaum hatte ihn Bundeskanzler Schröder im Frühjahr 2002 zum zukünftigen Vorstandschef der Bundesanstalt für Arbeit ernannt, erklärte er im *Spiegel*, wie er sich die Reform der Behörde vorstellte: mit massiven Kürzungen bei den Arbeitslosen und einem grundlegenden Umbau des gesamten Sozialsystems. Bei der Zusammenführung von Arbeitslosen- und Sozialhilfe sollten die Leistungen auf das bedeutend niedrigere Sozialhilfeniveau zurückgeführt werden. Als die *Spiegel-*

Journalisten ihn fragten: »Sagen Sie es doch ehrlicher: Sie wollen die Arbeitslosenhilfe abschaffen«, da widersprach er nicht. So weit ist das nichts Ungewöhnliches für die neue Generation der Sozialpolitiker mit Vorbildcharakter.

Den neuen Job übernahm er, nachdem er sein Gehalt und später auch das Spesenkonto des Vorstandes der Bundesanstalt für Arbeit verdoppelt hatte. In die Schlagzeilen geriet er aber nicht wegen des großzügigen Umbaus seiner Vorstandsetage oder deshalb, weil über ihn kolportiert wurde, Mitarbeiter müssten den Fahrstuhl verlassen, wenn er selbst damit fahren wollte. Auch nicht, weil er sich die Nöte und Sorgen der Arbeitslosen zu Herzen genommen hätte. Sondern deshalb, weil er einen Public-Relations-Auftrag in Höhe von 1,3 Millionen Euro vergeben haben soll ohne die notwendige Ausschreibung. Im Januar 2004 entzog ihm der Verwaltungsrat der Bundesagentur das Vertrauen, und er musste gehen.

Aber er fiel ja nicht wie Millionen Arbeitslose ins soziale Abseits. Der SPD-Genosse arbeitet nun seit März 2004 als freier Unternehmensberater, wurde Partner der Personalberatung Ray & Berndtson und war ein Gründungsmitglied des Fördervereins für die arbeitgebernahe »Initiative Neue Soziale Marktwirtschaft« (INSM), ein zentraler Baustein des Deutschland-Clans.

Um sein Einkommen noch weiter abzusichern, ließ er sich auch schon mal von US-Firmen anheuern, wie der US-Fondsgesellschaft Fortress, die sich auf Immobilienbeteiligungen spezialisiert hat. Die Fondsgesellschaft gilt als ein typisches Exemplar der Gattung, die Gersters Parteigenosse Franz Müntefering einst als »Heuschrecken« umschrieben hatte. Über sein Engagement in diesem Unternehmen gibt Florian Gerster bekannt, dass er »Vorsitzender des Beirats der Fortress Deutschland GmbH« sei.

Das hört sich ziemlich neutral an. Auf der Webseite von Fortress ist zu lesen: »Florian Gerster unterstützt die Beteiligungsgesellschaft Fortress als Vorsitzender des in Gründung befindlichen Investitionsbeirates des Unternehmens. Gerster soll Fortress vorrangig bei Investitionen in Wohnungsbaugesellschaften und Privatisierungen der öffentlichen Hand begleiten. Die notwendige Expertise dazu hat Florian Gerster unter anderem bei seiner langjährigen Tätigkeit als Sozialminister in Rheinland-Pfalz und als Vorsitzender des Vorstands der Bundesagentur für Arbeit bewiesen.«

In Deutschland hat Fortress den Immobilienmarkt zum bevorzugten Jagdgebiet erklärt. Neben Immobilien stehen Stadtwerke und Transportdienste auf der Einkaufsliste kapitalkräftiger Investoren, die ihre Rendite in maximale Höhen schrauben wollen.

Und nun begab sich das sozialpolitische Multitalent Gerster, so meldete die *Süddeutsche Zeitung*, »für die Amerikaner auf Werbetour. ›Er war das Zünglein an der Waage für Fortress‹, sagt der Sprecher einer Beteiligungsfirma, ›bei dem Kauf der Berliner gemeinnützigen Wohnungsgesellschaft GAGFAH [Gemeinnützige Aktiengesellschaft für Angestellten-Heimstätten].‹«[35]

Auf einen Schlag übernahm die Gesellschaft die Kontrolle über rund 82 000 Wohnungen der Bundesversicherungsanstalt für Angestellte. Es war ein durchaus umstrittener Deal. Denn die Mieter fürchteten, dass nun satte Mieterhöhungen auf sie zukommen würden und sie ihre Wohnung verlieren könnten. Doch sie wurden beruhigt. Nein, sie brauchten keine Angst zu haben, und es werden sich für die Mieter keinerlei Nachteile ergeben.

Ende Oktober 2005 schrieb die aufrechte SPD-Bundestagsabgeordnete Ute Kumpf an die Bundesministerin für Gesundheit und Soziale Sicherung, Ulla Schmidt, einen Brief: »Ich erhalte aktuell viele Schreiben von verunsicherten und empörten Mietern des Immobilienunternehmens Gemeinnützige Aktiengesellschaft für Angestellten-Heimstätten (GAGFAH) aus meinem Stuttgarter Wahlkreis. Der Grund sind Mieterhöhungen bis zu 20 Prozent, die aus meiner Sicht der

Sozialcharta widersprechen, die beim Verkauf der GAGFAH durch die damalige Bundesversicherungsanstalt für Angestellte mit dem neuen Eigentümer vereinbart wurde.«

Auf Nachfrage behauptete nun die von der Fondsgesellschaft übernommene GAGFAH, dass die im Rahmen des Kaufvertrages zwischen der Bundesversicherungsanstalt und dem neuen Eigentümer Fortress getroffenen Vereinbarungen und Verpflichtungen überwiegend keine Wirkung gegenüber Dritten zeigen würden. Im Klartext heißt das, dass die Rechte der Mieter im Vertrag nicht geschützt wurden und dass es im Grunde gar keine »Sozialcharta« gab, auf die sich die Mieter berufen könnten.

Aber Florian Gerster ist ja kein Einzelfall. Nicht weniger bedenkenlos agierte eine andere Symbolfigur des Deutschland-Clans, der SPD-Arbeitsdirektor beim VW-Konzern Peter Hartz.

Am 20. August 2004 fand im VW-Werk Kassel eine Betriebsversammlung statt. Mehrere hundert Arbeiter und Auszubildende machten mit Trillerpfeifen auf ihre Anliegen aufmerksam und wurden von vielen Kollegen durch heftiges Klatschen begrüßt, als sie im Versammlungssaal ankamen. Der Grund des Protestes war Peter Hartz, Vordenker der umstrittenen Hartz-Gesetze. Er ist die Personifizierung der »Modernisierer« aus den Reihen der Sozialdemokraten. Bei der Betriebsversammlung versuchte er, die VW-Mitarbeiter als »große Gemeinschaft« darzustellen, und jeder müsste »nun seinen Teil bringen«, schrieben Arbeiter in einem vor den Werkstoren verteilten Flugblatt.

In dem Flugblatt war außerdem zu lesen: »Wir alle haben unseren Beitrag gebracht. Wir alle haben unser Bestes gegeben. Wir alle haben verzichtet. Wir alle haben die 28,8-Stunden-Woche akzeptiert und auf Lohn verzichtet, weil uns versprochen wurde, dass unsere Arbeitsplätze gesichert sind. Sollen wir wieder verzichten, weil unser Management immer noch nicht in der Lage ist, richtig zu steuern? Das Management verschwendet die Gewinne für Luxus und investiert in zweifelhafte Geschäfte, und uns wollen sie weismachen, es läge an unseren Löhnen und Gehältern. Die Zahlen belegen, dass wir von Peter Hartz für dumm verkauft werden sollen.« Die Arbeiter müssen gefühlt haben, dass mit Peter Hartz und einigen ihrer Gewerkschaftsrepräsentanten etwas nicht stimmte – doch noch war es nur ein Gefühl.

Hartz war es, der 1994 bei VW die Vier-Tage-Woche einführte und damit das Lohnniveau erheblich senkte, er flexibilisierte die Arbeitszeit und organisierte einen schleichenden Arbeitsplatzabbau. Dazu gehörte das Projekt 5000 mal 5000 (5000 Arbeitnehmer werden eingestellt, die jeweils 5000 D-Mark verdienen – dafür pro Woche im Schnitt sechs Stunden länger arbeiten, als es sonst im VW-Haustarif für Arbeitnehmer vorgesehen ist). Es wurde im August 2001 beschlossen und ermöglichte dem VW-Konzern, 20 Prozent an Personalkosten einzusparen. Ausgearbeitet wurde es bekanntlich maßgeblich von Peter Hartz in Zusammenarbeit mit der IG Metall und in der Öffentlichkeit als Meilenstein einer progressiven Tarifpolitik gefeiert.

Das sollte bald alles einen üblen Beigeschmack bekommen. Und wieder ist es eine der symbolischen Handlungen, die demonstriert, wes Geistes Kind diese »Reformer« in Wirklichkeit sind.

Wie Gerhard Schröder raucht auch Peter Hartz gerne Zigarren, vornehmlich Montecristo. Das ziemt sich für einen SPD-Mann und Arbeitsdirektor, will man doch in der schönen Konsumwelt der Manager allein schon durch einen gewissen Habitus mithalten. Und so ließ sich Peter Hartz, während er Arbeitslosen Wasser predigte, gern gleich ganze Kisten »Montecristo No1« – eher eine kubanische Durchschnittszigarre – in sein Büro liefern. Die Rechnungen von 300 bis 500 Euro pro Lieferung bezahlte er natürlich nicht von seinem üppigen Gehalt. Die Zigarren wurden vielmehr über die Kostenstelle 1860 im VW-Konzern abgerechnet, die

die Kostenstelle von Peter Hartz gewesen ist. Und Peter Hartz selbst, der Millionen Arbeitslose zu gläsernen Menschen machte, weigerte sich natürlich, sein Einkommen als VW-Vorstand zu benennen.

Dann, im Sommer 2005, knallte es im System VW, und es stellte sich heraus, dass die hochgelobte »vertrauensvolle Zusammenarbeit von Kapital und Arbeit« bei VW im Lichte von Lustreisen, Eigenbelegen und anderen Formen der Korruption auch ein System war – das dazu diente, die Arbeitnehmer ruhig zu stellen.

»Korruptionsskandal im Autohaus von WV weitet sich aus«, schrieb damals *Die Zeit*. »Zur Umsetzung ihrer zweifelhaften Geschäftspraktiken sollen VW-Mitarbeiter ein Geflecht aus Tarnfirmen in drei verschiedenen Kontinenten aufgebaut haben«, berichtet die *Süddeutsche Zeitung*. Einzelne Betriebsräte waren offenbar käuflich: »Den Informationen der *SZ* zufolge waren sie erstaunlich oft der Meinung des Vorstandes – und bekamen dafür teure Lustreisen beschert. Als Alternative zum Entspannungsurlaub in Brasilien wurden ›Luxus-Nutten‹ zum Schäferstündchen eingeflogen.«[36]

Aus Kooperation wurde Kumpanei. Oder wie es kritische Gewerkschafter formulierten: »Wenn bestochen worden ist – was VW jetzt tatsächlich gerichtlich prüfen lässt –, dann hat die Firma offenbar bekommen, was sie wollte. Billiger als für ein paar Flugreisen mit Schäferstündchen ist eine für den Weltkonzern über das übliche Maß hinausreichende Kooperationsbereitschaft des Betriebsrats ja überhaupt nicht zu bekommen.«

Doch dieser Korruptionsskandal, der in Deutschland für helle Aufregung sorgte, hatte noch einen Nebeneffekt. Denn er wurde insbesondere von Arbeitgebern und den ihnen nahestehenden Journalisten politisch sehr geschickt umgepolt. Die »Mitbestimmung« sei verantwortlich für diese Machenschaften, und daher wurde flugs kräftig dafür Stimmung gemacht, um diese – die eines der letzten zentralen Elemente von Arbeitnehmerrechten ist – auch noch auszuhebeln.

Am 17. Januar 2007 begann der Prozess gegen den ehemaligen VW-Arbeitsdirektor Peter Hartz vor dem Landgericht Braunschweig. Ein langer öffentlicher Prozess blieb ihm erspart. Zwar warf ihm die Staatsanwaltschaft Untreue in 44 Fällen vor. In 23 Fällen ging es um die Begünstigung eines Betriebsrats, eine juristisch vornehme Umschreibung dafür, dass Betriebsratsmitglieder gekauft wurden. Da Peter Hartz bereit war, ein Geständnis abzulegen, kam es zu einem Deal zwischen der Staatsanwaltschaft Braunschweig und den Verteidigern von Peter Hartz. Das Gericht verurteilte ihn zu zwei Jahren Haft auf Bewährung und einer Geldstrafe in Höhe von 576 000 Euro.

Wie wichtig VW jedenfalls auch für die Versorgung von bestimmten Leuten war, dafür ist Sigmar Gabriel, der neue Umweltminister (SPD), ein treffendes Beispiel. Als er kurzfristig aus der Politik in Niedersachsen ausstieg, nachdem er die Landtagswahlen verloren hatte, beteiligte er sich im Jahr 2003 an einer Firma, der Communication, Network, Service (CoNeS).

Zuerst hieß es, er sei nur mit 25 Prozent an dem Unternehmen beteiligt, dann waren es immerhin 75 Prozent. Außerdem war er an einer Firma eines Freundes beteiligt und kassierte gleichzeitig noch die Abgeordnetendiäten.

Aber nicht nur eine spezielle Politikerriege in der SPD zählt zum Deutschland-Clan. Ideologie spielt ja bekanntlich keine Rolle, wenn es um den schnöden Mammon und die Macht geht. Otto Wiesheu (CSU), der bayerische Verkehrsminister und Unterhändler bei den Koalitionsverhandlungen zwischen SPD und Union, legte sich »auffällig« für die Deutsche Bahn AG ins Zeug und plädierte als Verkehrspolitiker dafür, der Deutschen Bahn AG 4,3 Milliarden Euro für das Streckennetz zu gewähren. Im Januar 2006 wechselte er in den Bahnvorstand – als Beauftragter für politische Beziehungen.

Für die Deutsche Bahn arbeiteten als Berater zudem der frühere Bundesverkehrsminister Reinhard Klimmt, die Ex-verkehrsminister von Sachsen-Anhalt und Nordrhein-Westfalen, der einstige Bremer Regierungschef Klaus Wedemeier oder der frühere brandenburgische Verkehrsminister Hartmut Meyer. »Als er 2002 noch in Amt und Würden war, unterzeichnete sein Ministerium einen Zehn-Jahres-Vertrag mit der Bahn«, schreibt Jörg Schindler in der *Frankfurter Rundschau*. »Eine Ausschreibung hatte es erst gar nicht gegeben. Da trifft es sich gut, dass als Aufsichtsratschef der Deutschen Bahn AG Werner Müller agiert: Der war mal Bundesminister für Wirtschaft.«[37]

Ende 2004 erfuhr die Öffentlichkeit, dass der CDU-Generalsekretär Laurenz Meyer und der Vorsitzende der CDU-Sozialausschüsse Hermann-Josef Arentz auf der Gehaltsliste des RWE-Konzerns standen, obwohl sie für die üppigen Bezüge keine Gegenleistung erbrachten, zumindest nicht solche, die normalerweise in einem Angestelltenverhältnis erwartet werden. So soll Laurenz Meyer von Juni 2000 bis April 2001 zum einen sein volles Gehalt, das jährlich zwischen 130 000 und 200 000 Mark betrug, von RWE bekommen haben, zum anderen noch zusätzliche Zahlungen in Höhe von 130 000 Mark. Immerhin musste er schließlich wegen dieser Zahlungen zurücktreten. Doch Laurenz Meyer ist inzwischen wieder in führender Position für die CDU im Bundestag aktiv, als Vorsitzender der Arbeitsgruppe Wirtschaft und Technologie der CDU/CSU-Bundestagsfraktion.

Irgendwie passt es in diesen unappetitlichen Politklüngel, dass Béla Anda, der ehemalige Regierungssprecher, von Berliner Journalisten abfällig Schröders Sprechblase genannt, einen neuen Job in der Finanzbranche gefunden hat, und zwar bei dem Finanzdienstleister Allgemeiner Wirtschaftsdienst (AWD). So wird aus einer Firmenhymne der AWD zitiert: »Freiheit heißt AWD. Freiheit ist unser Gewinn.«[38] Es gibt jedoch auch, so klagten frühere Mitarbeiter des Unternehmens und

Verbraucherschützer, »hinter der glänzenden AWD-Fassade jede Menge Elend und viele Ungereimtheiten«.[39]

Béla Andas neuer Chef, Carsten Maschemeyer, ist ein Vertrauter Gerhard Schröders. Er hatte Gerhard Schröder bei dessen Wahlkampf 1998 mit Großanzeigen unterstützt. Motto: »Der nächste Kanzler muss ein Niedersachse sein.«[40] Gerhard Schröder wiederum hielt Ende 2004 auf einer Vertriebsversammlung des Unternehmens eine Rede – als Ehrengast. Hier soll der Kanzler eine bewegende Botschaft bei den Vertretern hinterlassen haben: »Sie als AWD-Mitarbeiter erfüllen eine staatsersetzende Funktion. Sichern Sie die Rente Ihrer Mandanten, denn der Staat kann es nicht!«[41] Béla Anda soll sinnigerweise die Ressorts Presse, Marketing und Sponsoring bei dem Finanzdienstleister AWD übernehmen.[42] Presse-Marketing-Sponsoring – das ist fast übergangslos das Gleiche, was die alte Bundesregierung jahrelang für die Finanzwirtschaft geleistet hat.

Nicht zu vergessen sind auch Ehrenmänner wie beispielsweise der Exkanzleramtsminister Friedrich Bohl (CDU). Seit 1998 arbeitet er mit einem hoch dotierten Beratervertrag in dem Finanzdienstleistungskonzern DVAG (Deutsche Vermögensberatung AG), der von Kritikern wie dem Bund der Versicherten (BdV) vornehm als »Finanzhai« oder als »größte Drückerkolonne Deutschlands« beschrieben wurde. Die fangen Kunden mit dubiosen Angeboten ein und treiben sie dann in den finanziellen und persönlichen Ruin. Aushängeschilder dieses Finanzdienstleistungskonzerns sind so illustre Figuren aus der Politik wie Helmut Kohl. Der lobte das Unternehmen mit den Worten: »Der eine oder andere kann hier eine Anleihe nehmen, wie man's macht. Von solchen Männern und Frauen lebt die Zukunft unseres Landes.«

Als zum Beispiel die Mauer fiel, haben vor allem die Vermögensberater dieses Finanzdienstleistungskonzerns verbrannte Erde hinterlassen. Tausende Neu-Bundesbürger wurden mit Zeitungsanzeigen »leichter Nebenverdienst« angelockt. Ahnungslos führten diese den Drückern aus dem Westen ihre Freunde und Verwandten zu, die dann mit miserablen Unfall- und Kapitallebensversicherungen zugeschüttet wurden, völlig am konkreten Bedarf vorbei. »So sind Bohl und seine Drückersklaven mitverantwortlich für das finanzielle Elend und Leid, das Tausende von schlecht abgesicherten Witwen, Waisen und Invaliden inzwischen getroffen hat«[43], klagt der Bund der Versicherten (BdV).

Aber das störte nicht diejenigen Politiker, die mit ihrem prominenten Namen für die Drücker geworben hatten oder sogar Mitglied im Beirat der DVAG waren, einem der größten deutschen Finanzdienstleistungsunternehmen. Zu ihnen gehörten Exinnenminister Manfred Kanther, die Exminister Walter Wallmann, Alfred Dregger und Gerhard Stoltenberg, FDP-Chef Wolfgang Gerhardt, Ministerpräsident Bernhard Vogel, Exkanzlerberater Horst Teltschik, Exeuroparlamentspräsident Egon Klepsch, Ex-ZDF-Chef Dieter Stolte und so weiter.

Exbundeskanzler Helmut Kohl wurde sogar Vorsitzender des Aufsichtsrats der DVAG, sein ehemaliger Regierungssprecher Friedhelm Ost Generalbevollmächtigter. Und eben auch der ehemalige Kanzleramtsminister Bohl fand, nachdem er nach der CDU/CSU-Wahlniederlage 1998 das Kanzleramt räumen musste, dort einen neuen Wirkungskreis.

Vielleicht ist dieses »ehrenamtliche Engagement« führender Politiker bzw. Expolitiker der wesentliche Grund dafür gewesen, dass der Konsumentenschutz gerade im finanziellen Anlagebereich in Deutschland besonders miserabel ist. Gesetze, die die Kleinanleger schützen könnten, sind bekanntlich bis heute vom Bundestag nicht verabschiedet worden.

»Wer fragt da von den Cocktailschwenkern noch«, klagte mir ein honoriger Immobilienmakler, der den Expolitiker Bohl auf einer Maklerveranstaltung, sinnigerweise im Berliner ZDF-Gebäude, traf, »nach den ›Bundeslöschtagen‹ im Bundeskanzleramt, als Akten in seinem Zuständigkeitsbereich verschwanden und Festplatten plötzlich leer waren, nachdem Kohl abgewählt wurde?«

Ganz zu schweigen von den Bestechungsgeldern, die im Zusammenhang mit Elf Aquitaine und Leuna geflossen sind. Da hält sich bis heute der Verdacht, dass hohe politische Entscheidungsträger aus Deutschland kräftig mitkassiert haben. Immerhin meinte die französische Untersuchungsrichterin Eva Jolly, die in Frankreich die Korruptionsverfahren gegen führende Vorstandsmitglieder von Elf Aquitaine führte: »Wir haben nachgewiesen, dass deutsche Staatsbürger von geheimen Provisionen profitierten, und einige waren sehr hochgestellte Persönlichkeiten. Uns kam das sehr verdächtig vor. Es wäre der Mühe wert gewesen, das zu untersuchen.«[44]

Genauso wenig wurde bislang, so der Bundesrechnungshof, gegen international agierende Banden vorgegangen, die sich auf Umsatzsteuer-Vergehen, sogenannte Umsatzsteuerkarusselle[45], spezialisiert haben. Obwohl dadurch dem Staat jährlich mindestens 20 Milliarden Euro verloren gehen, »gingen Staat und Justiz nicht energisch genug gegen die Verbrecherringe vor, die mit Waffen- und Drogenhändlern sowie Terrorgruppen kooperierten. Nahezu ausnahmslos steht auch die Staatsanwaltschaft dieser Art krimineller Delikte wehrlos gegenüber«, schrieb der Bundesrechnungshof Ende 2005 in einem vorläufigen Prüfbericht für das Bundesfinanzministerium.[46]

Schätzungsweise 95 Prozent der Wirtschaftsstraftaten werden von der Justiz nicht aufgedeckt. Uwe Dolata, Wirtschaftskriminalist aus Würzburg, spricht davon, dass er und seine Kollegen zwar den gesetzlichen Auftrag, die Wirtschaftskriminalität zu bekämpfen, erfüllen und nicht ständig gegen Windmühlenflügel ankämpfen wollen, aber »unsere Möglichkeiten stehen umgekehrt proportional zu den politischen Absichtserklärungen. Die Zeit drängt. Jeder Tag, der versäumt wird, bringt neue Schäden für die öffentliche Hand und die Arbeitnehmer dieses Landes. Der Handlungsbedarf ist so groß, dass weiteres Zögern den Verdacht staatlicher Beihilfe aufkommen lässt.« Wie zurückhaltend hat sich der kundige Wirtschaftskriminalist doch ausgedrückt, denn heute geht es nun wirklich nicht mehr nur um den Verdacht, sondern um die Absicht.

Dazu passt, dass Mitte Februar 2006 der Frankfurter Oberstaatsanwalt Wolfgang Schaupensteiner eine Kapitulationserklärung im Kampf gegen Korruption abgab. Er teilte Beschuldigten, die wegen Bestechung in der Immobilienbranche von ihm ins Visier genommen wurden, mit, dass er die Ermittlungen nicht vorantreiben könne – wegen des Übermaßes an Arbeit. Deshalb werde er die Ermittlungsverfahren stilllegen. Die Justiz kapituliert aufgrund der politisch beschlossenen Kürzungsmaßnahmen.

2. Gekaufte Politiker, selbstherrliche Richter und ein einzigartiges Biotop – Mecklenburg-Vorpommern

Als Nächstes soll nun ein genauerer Blick auf ein Bundesland geworfen werden. Nehmen wir als Beispiel das schöne idyllische Mecklenburg-Vorpommern. Der bedeutendste Wirtschaftsstandort von Mecklenburg-Vorpommern ist die Hansestadt Rostock. »Rostock«, klagte mir gegenüber ein angesehener Landespolitiker der CDU, »das ist die höchste Form der Korruption in Deutschland.«

Das wäre zwar, sollte die Aussage überhaupt stimmen, ein schwerer Vorwurf, aber erstens regt sich über Korruption kaum noch jemand wirklich auf, und zweitens wäre es nur ein Aspekt eines schillernden Milieus. Tatsächlich ist nicht nur die Hansestadt, sondern das ganze Bundesland Mecklenburg-Vorpommern Schauplatz hochkrimineller Machenschaften.

Was jedoch ist das Besondere in Mecklenburg-Vorpommern im Vergleich zu anderen Bundesländern und Städten? Oder gibt es, abgesehen davon, dass es eines der neuen Bundesländer ist, überhaupt keine großen Unterschiede? Das Bundesland wirbt mit Deutschlands größten Inseln, längstem Ostseestrand und den meisten Seen und Flüssen. Die eher negativen Bereiche werden natürlich ausgespart: Alte Stasi-Seilschaften (Stasi = Ministerium für Staatssicherheit), aus der alten Bundesrepublik eingefallene skrupellose Geschäftemacher, eine blinde und manchmal willfährige Justiz sowie traditionelle kriminelle Banden vereinigten sich hier zu einem schier undurchdringlichen mafiosen Netzwerk. Ob gierige Banker, geschmeidige Senatoren, ungewöhnlich beflissene Oberbürgermeister, hohe Richter, skrupellose Anwälte und Notare oder liebestolle Staatsanwälte – ob auf der Insel Rügen, in den Städten Stralsund, Neubrandenburg, Rostock oder Schwerin –, irgendwie führten die Macht der neuen Elite und die Ohnmacht der Bürger zu mafiosen Strukturen im Land der Seen und Flüsse.

Die Hansestadt Rostock gilt als eine Perle unter den Ostseestädten. 1990 wurden 250 000 Einwohner gezählt, 15 Jahre später sind es nur noch 198 000 Einwohner. Und so begann sich unter anderem in Rostock das große Rad der Bereicherung nach der Wende zu drehen: Ein großer Immobilienhändler wollte nach der Wende das gesamte bisher staatseigene Rostocker Busunternehmen aufkaufen, und zwar mit einem Barscheck der Chase Manhattan Bank, »Geld vom Starnberger See«, wie kundige Beamte herausgefunden hatten. Der Coup gelang so nicht, investiert wurde das Geld trotzdem. Geld vom Starnberger See – das heißt: Alexander Schalck-Golodkowski, der Kassenwart der SED. Viel zu viele, selbst aus den Führungsebenen von Politik, Polizei und Justiz, waren beziehungsweise sind in dieser Umbruchphase auf die eine oder andere Art und Weise käuflich gewesen, wie wir im Folgenden sehen werden. Auf der Strecke blieben bisher viele aufrechte Bürger dieses östlichen Bundeslandes, die den Glauben an einen demokratischen Rechtsstaat derweil verloren haben.

Noch in bester Erinnerung ist ein ehemaliger Bundesminister. Anfang der Neunzigerjahre war in seinem Rostocker politischen Umfeld »die Jagdgesellschaft« ein Begriff. Jagdgesellschaft, das war der Name für einen Männerbund einflussreicher Politiker und höchster Justizangehöriger, die nach großem Halali in einem Edelbordell die Jagdtrophäen verteilten.

Ein Zeuge berichtete: »Diese Jagdgesellschaft erschien auch noch in Jagdkleidung, zumindest waren sie mit Parka bekleidet und hatten dicke Filzstiefel an. Wenn diese Jagdgesellschaft kam, wurde ›richtig einer draufgemacht‹ – je nachdem wie erfolgreich die Jagd verlaufen war. Teilweise nahmen sie dann auch die Serviceleistungen der ›Mädchen‹ in Anspruch.« Derselbe Zeuge erkannte unter den Teilnehmern dieser illustren Gesellschaft hochrangige Mitglieder der mecklenburg-vorpommerschen Gesellschaft. Die meisten der damals Beteiligten sind, sofern sie keine Rente beziehen, immer noch im politischen und wirtschaftlichen Leben aktiv.

Und wie sieht das heute aus? Da gibt es ein Mitglied des Schweriner Unternehmerverbandes, der einen Exminister vor zwei Jahren schwer belastete und deshalb von ihm einen Anruf erhielt, wie er mir erzählte: »Mich packt niemand an.« Und dem gegen ihn ermittelnden Staatsanwalt aus Rostock soll er zu verstehen gegeben haben: Wenn ihr mich kriegt, packe ich aus.

Artur Bree, ein noch junger, aber überaus einflussreicher Unternehmer aus Mecklenburg-Vorpommern, erzählte mir im Februar 2005, während wir im Rostocker Theater des Friedens Tee tranken: »Schauen Sie. Ein ehemaliger Rostocker Oberbürgermeister hatte öffentlich erklärt, er wüsste nichts über die Stasi-Vergangenheit des größten Immobilienmaklers hier. Der ist nach dem Mauerfall in Rostock mit Geldkoffern herumgelaufen und kaufte reihenweise Häuser in Rostock auf. Dabei haben beste Beziehungen zwischen beiden bestanden – dem Immobilienmakler und Ex-OB.«

Kolportiert wird die Geschichte, wonach ein weiterer einflussreicher Immobilienmakler (drei Rostocker Immobilienmakler bilden ein unzertrennbares Netzwerk) zusammen mit einem der ranghöchsten Rostocker Kommunalpolitiker im Auto fuhr und dabei den Politiker anschrie, als es um ein umstrittenes Investitionsvorhaben in Warnemünde ging: »Du Arsch, das kriegst du nicht hin?« Er hat es wie auch immer hingekriegt.

Dass die Seehafen Rostock Umschlagsgesellschaft samt Hafengelände von Rostock ohne Ausschreibung an einen privaten Investor verkauft wurde, der neue Arbeitsplätze und Gewerbeeinrichtungen zu schaffen versprach, ist das eine. Das andere, dass weder die erwarteten neuen Gewerbeeinrichtungen beziehungsweise Arbeitsplätze entstanden sind. Dafür kassierten die Investoren Millionen Fördergelder.

Die Müllverbrennungsanlage wurde mehr oder weniger im Alleingang, ohne Einbeziehung der Stadt, verkauft, wie es eine Senatorin des Rostocker Senats beklagte – all das gehörte zum politischen Alltag in Mecklenburg-Vorpommern.

Wenn sich honorige Politiker wie der CDU-Landtagsabgeordnete Reinhardt Thomas über dieses Milieu beklagen, werden sie politisch kaltgestellt. So sagte Reinhardt Thomas ausweislich des mir vorliegenden Protokolls auf einer Parteiveranstaltung im Sommer 2005: »Ich war an keinen Entscheidungen zu Lasten des Gemeinwohls mit dem Pöker-Kartell beteiligt [Arno Pöker, SPD, damaliger Oberbürgermeister von Rostock]. Habe immer warnend meine Stimme erhoben, wie zum Beispiel beim Seehafen, der Internationalen Gartenbauausstellung (IGA).«

Wie Staatsanwälte in Mecklenburg-Vorpommern arbeiten

Im Februar 2005 meldete sich der Richterbund Mecklenburg-Vorpommerns, die Interessenvertretung der Staatsanwälte und Richter in Mecklenburg-Vorpommern, zu Wort. Der Richterbund beschwerte sich bitter über einen Bericht des *NDR*-Fernsehens, in dem die Journalistin Anke Jahns über die Justiz in Neubrandenburg berichtete.

»Der Bericht selbst stellt die gesamte Staatsanwaltschaft unter einen Generalverdacht und vermengt hierbei einzelne und auch einzuräumende Fehler mit rein privatem, nicht dienstbezogenem Fehlverhalten eines einzelnen Staatsanwalts.« Und weiter: »Die Kolleginnen und Kollegen bei der Staatsanwaltschaft, auch die in Neubrandenburg, arbeiten mit einem hohen Einsatz und unter erheblicher Belastung im Interesse der Öffentlichkeit und der Wahrung des Rechts.«

Nachdem dann Anfang März 2005 im *NDR* ein Hintergrundgespräch mit dem Direktor des *NDR*-Funkhauses und dem Vorsitzenden des Richterbundes stattfand, herrschte einige Zeit Berichtspause im Zusammenhang mit den Machenschaften in der Neubrandenburger Staatsanwaltschaft.

Was war aber geschehen, dass sich der seriöse Richterbund derart empörte, weil eine mutige Journalistin etwas an der Oberfläche des Sumpfes in Mecklenburg-Vorpommern kratzte?

Äußerst zurückhaltend hatte sie über die Zustände bei der Neubrandenburger Staatsanwaltschaft berichtet. Zwei der dort tätigen Staatsanwälte waren gerade vom Dienst suspendiert worden. Während der eine wegen Trunkenheit am Steuer und Fahrerflucht verurteilt worden war, wurde gegen den zweiten Staatsanwalt wegen Strafvereitelung und Rechtsbeugung ermittelt. Eine interne Überprüfung hatte ergeben, dass er 98 Prozent aller untersuchten Fälle grob fehlerhaft oder schlicht überhaupt nicht bearbeitet hatte. Sein Chef, der Behördenleiter, wiederum ist wegen seiner merkwürdigen Umgangsformen höchst umstritten. Inzwischen ist er, auch aufgrund der Berichterstattung, vorzeitig in den Ruhestand entlassen worden. Seine Umgangsformen waren von besonderer Qualität. Als eine Putzfrau einmal vergaß, auf der Herrentoilette den Metallstöpsel ins Waschbecken zurückzustecken, hielt er ihr einen langen Vortrag.

Daraufhin machten sich andere Staatsanwälte einen Spaß daraus, den Stöpsel immer wieder herauszuziehen und ihn auf die Konsole zu legen. Der Staatsanwalt wies daraufhin einen Justizwachtmeister an, sich auf die Lauer zu legen und den Übeltäter zu ermitteln. Oder eine *Bild*-Zeitung landete auf seinem Schreibtisch mit einem ausgefüllten Kreuzworträtsel. Er ließ sich sofort Stichproben der Handschriften aller Staatsanwälte bringen, um zu ermitteln, wer so viel

Zeit hatte, ein Minikreuzworträtsel des Boulevardblatts zu lösen.

Keiner der ihm unterstellten Staatsanwälte durfte selbstständig handeln, so erzählen andere Staatsanwälte, die sich jedoch nicht trauen, an die Öffentlichkeit zu gehen. Demnach sollen viele Justizangehörige vor ihm Angst haben, weil er geradezu »krankhaft cholerisch« sei. Ein Staatsanwalt sagte einem Journalisten: »Wir sind doch keine Staatsanwälte, wir sind Marionetten eines Paranoiden.« Der Generalstaatsanwalt wiederum entschuldigte sich hinter vorgehaltener Hand für diesen Mann. Aber es sei eben sehr schwierig zu beweisen, dass er krank sei. Deshalb wolle man ihn bis zur Pensionierung weitermachen lassen, ihn aber besser kontrollieren.

Diese Situation erklärte vielleicht, warum Staatsanwälte in Neubrandenburg die unzufriedensten unter allen Justizmitarbeitern im Lande sind – so das Ergebnis einer internen Umfrage des zuständigen Ministeriums. Unzufriedenheit herrscht noch mehr bei den Betroffenen, die mit der Staatsanwaltschaft zu tun hatten. Und nur darüber berichtete die *NDR*-Journalistin in ihrem Beitrag.

Zum Beispiel über den Fall Norbert Raulin, gegen den die Staatsanwaltschaft Neubrandenburg zu Unrecht wegen Steuerhinterziehung ermittelte. Norbert Raulin ist Bürgermeister in Strasburg. Er wollte im Juni 2004 bei der Landratswahl im Uecker-Randow-Kreis antreten und sollte für die SPD bei der Wahl des Bundespräsidenten in der Bundesversammlung sitzen. Aber daraus wurde nichts, weil die Staatsanwaltschaft die Aufhebung seiner Immunität beim Bundestagspräsidenten beantragt hatte. Und die Journalistin Anke Jahns zitierte Michael Busch, den Anwalt des SPD-Politikers. »Derselbe Zeuge, der schon vor der Aufhebung der Immunität meinen Mandanten entlastet hatte, wurde nochmals gehört. Er machte dieselben entlastenden Aussagen noch mal – also im Prinzip das Gleiche noch mal – und oh Wunder! Vier Wochen später wurde das Ermittlungsverfahren gegen meinen Mandanten mangels Tatverdachts eingestellt.«

Die Stellungnahme des Oberstaatsanwalts dazu: »Vorher war die Einstellung des Verfahrens nicht möglich, weil wir maßgebliche Ermittlungsergebnisse, die wir noch erarbeiten mussten, nicht vorliegen hatten, sondern gerade deshalb die Immunität aufzuheben von uns beantragt worden war, um das Verfahren beschleunigt zu einem Abschluss zu bringen. Der Vorwurf, dass ich als Leiter der Staatsanwaltschaft parteiisch irgendwelche Ermittlungsvorgänge begleiten würde, entbehrt jeder Grundlage.«

Noch kurz vor der Landtagswahl am 17. September 2006 wollte die CDU-Fraktion einen parlamentarischen Untersuchungsausschuss zu den haarsträubenden Zuständen in der Staatsanwaltschaft Neubrandenburg einrichten. Nach der Landtagswahl und der damit verbundenen Koalition mit der SPD war davon keine Rede mehr. »Jetzt wird alles unterdrückt, herrscht politischer Einheitsbrei«, meinte dazu einer der wenigen unabhängigen Journalisten aus Schwerin, der jedoch einen Maulkorb von seinen Vorgesetzten erhalten hat. Um seine Arbeit nicht zu verlieren, muss er kuschen.

Dabei hätte die Justiz in Neubrandenburg noch weitaus Wichtigeres zu tun. Zum Beispiel die Hintergründe zu verfolgen, warum der Unternehmer Karl H. Smarsch, der Anfang 1990 aus den USA nach Neubrandenburg zurückkam und versuchte, eine Getreidemühle bei Neubrandenburg zu betreiben, letztlich in den Ruin getrieben wurde. »Als Amerikaner hat man die Einstellung, es gibt viel zu tun, aufzubauen, packen wir es an. Hier jedoch blockieren alle, was nicht direkt Geld in die richtigen Taschen bringt, egal was es in der wirtschaftlichen Entwicklung anstiftet und lahmlegt.«[1] Obwohl – er hätte ahnen können, was auf ihn zukommen würde, nachdem ihm das Vermögensamt Neubrandenburg erklärte: »Hätten wir etwas zu sagen, hätten Sie die Mühle nie zurückbekommen«, klagte er mir gegenüber

Deshalb sagte ihm ein Banker von der Vereins- und Westbank in Hamburg, die ihm einen Kredit gewähren sollte: »Wenn Sie all Ihr Eigentum an uns übertragen, geben wir Ihnen 300 000 Mark im Koffer, aber mit der Auflage, dass Sie wieder in die USA zurückgehen. Wenn nicht, schneide ich Sie ab.«

Was er damals androhte, wurde wahr. Karl H. Smarsch erhielt keine Kredite mehr von der Bank. Er versuchte, durch Zwischenfinanzierungen trotzdem noch sein Mühlenprojekt zu verwirklichen. Jetzt meldete sich die Stadtverwaltung und forderte von ihm, für seine Mühle die wesentlich teurere Fernwärme zu benutzen. »Dann die Warnung von den Stadtwerken: ›Entweder Sie unterschreiben den Vertrag oder Sie zahlen die kWh wie ein normaler Haushalt.‹ Reinste Erpressung. Unsere Konkurrenz zahlt die Hälfte«, behauptete er mir gegenüber und legte mir dazu entsprechende Dokumente vor.

Zum Hintergrund der Schikanen: Es gab bereits Konkurrenz, die »alte Mühle«. Daraus erklärte sich für den Rückkehrer aus den USA, warum bei ihm alles blockiert wurde.

Dem Konkurrenten und alteingesessenen Unternehmer wurden jedenfalls alle Genehmigungen sofort erteilt. Der Besitzer einer Maschinenbaufabrik sowie von über 140 Hektar Wald erhält vom Land nochmals 600 Hektar, die sich natürlich steuerlich besonders günstig in der Bilanz stellen, weil sie gefördert werden. Ein Landesminister setzte sich persönlich für den Verkauf ein. Der Fabrikbesitzer, so Neubrandenburger Bürger, »ist einer der zwei ›Westler‹, die hier alles bekommen, egal was sie sich aussuchen. Landwirte hingegen, die ein kleines Grundstück tauschen möchten, laufen nur gegen Wände.«

Die Hilferufe von Karl H. Smarsch an die Justiz von Neubrandenburg wie an die zuständigen Ministerien in Schwerin blieben ungehört. Karl H. Smarsch hat Millionen verloren und ist heute auf Hartz IV angewiesen. »Ich habe in meinem ganzen Leben nie so etwas an Hinterhältigkeit, Verlogenheit und so offener Korruption erlebt wie hier in Neubrandenburg.« Da liegt er falsch, oder er weiß nichts von Rostock.

Die CDU und seltsame Querverbindungen

Im Juli 2005 erhielt das Innenministerium von Mecklenburg-Vorpommern einen Brief. In ihm wurde über Korruption bei der Polizei in Mecklenburg-Vorpommern berichtet. Die Informantin, eine ehemalige Prostituierte, kannte sich bestens aus. Was sie schilderte, war schier unglaublich. »Hin und wieder kam es vor, dass ein Freier von den Frauen bestohlen wurde. Rief dieser die Polizei, geschah Folgendes. Einer der Mitarbeiter des Bordells ging kurz zum Polizeifahrzeug, sprach mit den Beamten, und das Fahrzeug fuhr wieder ab. Sollte die Polizei nicht besser mit dem Anrufer und der Beschuldigten sprechen?« Aber wen wundert es. Ein ehemaliger Polizeichef von Rostock war Stammkunde Rostocker Bordelle.

Viel ist nach diesem Bericht nicht geschehen. Was auch an dem Umstand liegt, der von den verschiedensten Quellen in Rostock übereinstimmend beschrieben wird: »Die Polizei ist so löchrig wie ein Emmentaler Käse.« Wie das Beispiel des besonderen Verhältnisses zwischen einem Staatsanwalt in Rostock und einem der großen Immobilienhaie zeigt. Der couragierte Staatsanwalt versucht seit Jahren gegen Letzteren zu ermitteln, aber immer wieder wird dem Immobilienhai gesteckt, wann und wo etwas gegen ihn im Gange ist. Oder aber die Polizei wird bei ihren Ermittlungen gestoppt. Im Jahr 2003 ermittelte zum Beispiel die Zollfahndung im Rostocker Überseehafen. Dabei stellten sie in einem Container Drogen fest. »Auf Anweisung von ganz oben«, erzählt einer der Beamten, mussten sie sich jedoch zurückziehen.

»Begonnen hatte alles bereits Anfang der Neunzigerjahre: Polizeibeamte wurden eingeschüchtert, weil sie in ihren Ermittlungen einigen Politikern zu nahe getreten sind. Einige Staatsanwälte, die damals nicht durch besonders beherzte Ermittlungen aufgefallen sind, schützen bis heute mutmaßliche Schwerverbrecher, die das Sagen im Rotlicht von Rostock und Umgebung haben, und ansonsten herrscht im Land das große Schweigen.«²

Seltsam ist ja, dass in Rostock das schummrige Rotlichtmilieu schon seit Jahren, eigentlich seit Anfang der Neunzigerjahre, eine bedeutende Rolle in Politik und Wirtschaft in und um Rostock spielte. So wichtig kann das doch eigentlich nicht sein, denkt der Außenstehende. »Da irren Sie sich«, widerspricht der CDU-Landtagsabgeordnete Reinhardt Thomas und verweist auf den derzeitigen CDU-Bundestagsabgeordneten Eckhardt Rehberg, der im September 2005 in den Bundestag gewählt wurde. Nicht dass Eckhardt Rehberg etwas mit dem Rotlichtmilieu zu tun hätte. So einfach ist das nicht. Aber als sich Reinhardt Thomas über Verbindungen des Rostocker Milieus zum Wahlkampfteam des Abgeordneten empörte, erhielt er viele Drohanrufe. Warum eigentlich? Und von wem?

Im Hintergrund seiner Behauptung stand die Auseinandersetzung um den CDU-Landtagsfraktionschef Eckhardt Rehberg sowie seine unerwartete Kandidatur für die Wahl zum deutschen Bundestag im September 2005. »Herr Rehberg ist ausschließlich von Herrn Rehberg vorgeschlagen worden. Kein Verband, keine Vereinigung, keine Einzelperson hat Rehberg vorgeschlagen! Jede Behauptung, der Kreisverband oder der Kreisvorstand habe sich für Rehberg ausgesprochen, entspricht nicht der Wahrheit«³, behauptete der Rostocker CDU-Chef Detlev Göllner über die Kandidatur von Rehberg.

In einer Bundestagswahlbroschüre von Eckhardt Rehberg war zu lesen: »Im Landtag und als Vorsitzender der CDU-Fraktion machte er sich einen Namen als Durchsetzer im Land. Jetzt will der studierte EDV-Spezialist mit ›noch echter

Berufserfahrung‹ als Geschäftsführer in der Wirtschaft auch in Berlin für sein Land kämpfen.«

Eckardt Rehberg fiel als Landesvorsitzender seiner Partei in Schwerin auf, als er am 3. April 2004 seinen 50. Geburtstag feierte. Angesichts der katastrophalen sozialen und wirtschaftlichen Situation in Mecklenburg-Vorpommern war die Feier für viele Bürger ziemlich befremdlich. Zuerst wurde in der St.-Anna-Kirche ein festlicher Gottesdienst zelebriert, danach fand ein Empfang im Konzertfoyer des Mecklenburgischen Staatstheaters mit musikalischer Umrahmung des Staatstheaters statt. Grußworte hielt die CDU-Vorsitzende Angela Merkel, die Rehberg besonders zugetan war.

Über dessen Vergangenheit erfährt der Bürger hingegen eher wenig. Eckardt Rehberg war seit 1984 Mitglied der Block-CDU, die ideologisch mit der SED gleichgeschaltet und deren stärkste Stütze er in der DDR war. Mit 31 Jahren wurde ihm die Ehre zuteil, bei der Bezirksdelegiertenkonferenz der Block-CDU dabei zu sein. Eckardt Rehberg, Leiter der Betriebsorganisation VEB (Volkseigener Betrieb) Ostseeschmuck Ribnitz-Damgarten, wurde 1986 von seinem Kreisverband Ribnitz-Damgarten als Bezirksschöffe vorgeschlagen. Ein Posten, den man nur strammen linientreuen DDR-Bürgern anvertraute. Nach der Wende tauchte er auf einer Liste der CDU auf, die »Zusammenstellung förderungswürdiger Unionsfreunde«, betitelt ist.

In einem offenen Brief schrieb nach der Geburtstagsfeier ein CDU-Mitglied – das nicht will, dass sein Name bekannt wird – über diese steile Karriere: »Im Gegensatz zu den Kadern von der SED, die zu ihrer Überzeugung standen, wurde Herr Rehberg dank der großzügigen Adoption der Block-CDU durch die West-CDU weiter gefördert. Deshalb sitzt er seit 1990 als CDU-Chef im Landtag, deshalb ist er CDU-Landesvorsitzender, und deshalb gebührt ihm jetzt aus der Sicht des CDU-Landesverbandes dieser Festakt.«

In der Rostocker CDU kam es nicht nur wegen seiner Vergangenheit zu heftigem Widerstand gegen seine Bundestagskandidatur, sondern auch wegen dubioser Vorgänge im Umfeld der Bundestagswahl. Der CDU-Kreischef Detlev Göllner trat deshalb sogar von seinem Amt zurück. Denn, so sagte er: »Vornehmlich ehemalige Mitglieder und Anhänger der Schillpartei haben einen Umgangsstil und ein Demokratieverständnis in die Partei getragen, deren ich mich schäme.«[4]

Gleichzeitig kritisierte er den »alten, selbstherrlichen Stil des Herrn Rehberg nach seinem undemokratischen Einbruch in die Rostocker CDU. Das geschieht immer mit undemokratischen Netzwerken, mit Machtmissbrauch und Untertanengeist.« Immerhin kam Angela Merkel persönlich nach Rostock und soll vor dem CDU-Landesvorstand gesagt haben, dass die Gegner von Rehberg »zur Räson gebracht werden müssen«.

Schwere Vorwürfe wurden indessen gegen die neuen CDU-Mitglieder, insbesondere diejenigen aus der Jungen Union (JU), erhoben, die den Wahlkampf von Eckhardt Rehberg massiv unterstützten. Die Vorwürfe zielten auf ihre vermuteten Verbindungen zu Rostocker kriminellen Strukturen, die Einfluss auf die CDU-Politik genommen haben sollten. Als Beweis wurde angeführt, dass die Junge Union in einem Lokal tagte, das später wegen Ermittlungen im Zusammenhang mit dem Rotlichtmilieu geschlossen wurde. Befürchtet wurde von einzelnen CDU-Mitgliedern, dass hier Neueintritte für die JU und die CDU arrangiert wurden.

Kritisiert wurde auch die Aufnahme eines neuen Mitglieds in die Junge Union. Auf deren maßgebliche Initiative hin veranstaltete das neue Mitglied im Sommer 2005 eine große Party, auf der Rehberg, wie es in einem Infoblatt der Jungen Union zu lesen ist, vom JU-Kreisvorsitzenden »in Szene gesetzt« wurde. Das Neumitglied hat eine bewegte Vergangenheit.

»Um sein Vorleben ranken sich Gerüchte. Die sind nun belegt durch ein stattliches Vorstrafenregister. Das reicht von 2003 bis 1987 zurück und umfasst Hausfriedensbruch, Verdacht auf Menschenhandel, Zuhälterei und Vergewaltigung, Verstoß gegen das Waffengesetz, versuchte Erpressung und Hehlerei.«[5]

Der neue Mann der Jungen Union stritt nicht ab, »Jugendsünden« begangen zu haben. Aktuelle Geschichten »gibt es jedoch nicht«.

Der letzte polizeiliche Eintrag stammt aus dem Jahr 2003, und zwar wegen Hausfriedensbruchs in Schwerin. Ob Zuhälterei oder schwerer Menschenhandel als »Jugendsünden« bezeichnet werden können, ist ebenfalls diskutabel. In einem Schreiben an die Präsidentin des Landtages von Mecklenburg-Vorpommern legte der Landtagsabgeordnete Reinhardt Thomas nochmals nach. »Aufgrund meiner Ermittlungen zu Herrn (...) und den aufgezeigten Querverbindungen bin ich zu der Überzeugung gelangt, dass ich aus diesem Rotlicht- und organisierten Kriminalitätsmilieu heraus mit einer Bedrohung für Leib und Leben rechnen muss.«[6]

Die Verbindungen, die der Landtagsabgeordnete beschrieb, entsprangen sie dessen blühender Fantasie?

In einem Artikel der *Ostsee-Zeitung* über das Rostocker Sicherheitsunternehmen DBS (Doormen and Bodyguard Service) und deren Türsteher, die in der Vergangenheit auch schon mal im Auftrag des neuen JU-Mitglieds zum »Schutze« seiner Diskothek tätig gewesen sind, war zu lesen: »Die Disko soll in seinen Augen eine drogenfreie und aggressionsfreie Zone sein. Dass dies möglich ist, dafür sollen auch die Männer von der DBS sorgen.«[7] Dumm nur, dass dieses Sicherheitsunternehmen im Zusammenhang mit einer der größten Schutzgeldaffären zwei Jahre später in die Schlagzeilen geriet und ein Ermittlungsverfahren eingeleitet wurde.

Mir erzählte ein Hotelier aus Warnemünde: »Ich sollte auch Schutzgeld zahlen, und zwar 5000 Euro. Ich habe es der Polizei gemeldet. Seltsamerweise sind meine Vernehmungsprotokolle bei der DBS gelandet. Daraufhin habe ich die 5000 Euro bezahlt.«

So gesehen ist die Mutmaßung einiger kritischer CDU-Mitglieder nicht von der Hand zu weisen, dass das Rostocker Rotlichtmilieu erfolgreich versuchte, seine Interessen (Immobilien, Immobilien, Immobilien) über die CDU zu realisieren. Und das wiederum wäre in Rostock ja durchaus nichts Ungewöhnliches.

Das neue Mitglied der JU gehörte übrigens auch zu den Unterzeichnern eines Aufrufes, der den kritischen CDU-Kreisvorsitzenden Detlev Göllner zum Rücktritt aufforderte, um »weiteren Schaden von der Partei fernzuhalten«.

Es gibt einige Spekulationen über die Motive, die kriminelle Gruppen dazu veranlasst haben könnten, in die CDU einzutreten und den Spaltpilz in die Rostocker Partei zu tragen. So wird vermutet, dass sie das kriminell erwirtschaftete Geld aus dem profitablen Rotlichtgeschäft und der Schutzgelderpressung wieder investieren wollten, und zwar nicht nur in Rostock. Dazu bedurfte es einflussreicher politischer Strippenzieher. Einer von ihnen ist K., ein einflussreicher Immobilienunternehmer in Rostock. Vor der Wende war er Handwerker, nach der Wende lernte er die richtigen Leute kennen und begann, Häuser aufzukaufen. Und er verkaufte beziehungsweise vermietete sie wieder, unter anderem an Unternehmen, die kriminellen Gruppen gehörten. Die Devise des Herrn K. lautete: »Erst feiern, saufen, Spaß haben, dann in die Mangel nehmen.« So wird es zumindest kolportiert.

Doch die Justiz drückt ihm gegenüber bisher beide Augen zu, weil er einer der Topbürger der Hansestadt ist. Da wurden auch gerne einmal 16 Millionen Fördergelder für eines seiner Luxushotels in Rostock locker gemacht, obwohl es, als er den Antrag auf Fördergelder stellte, quasi pleite war. Aber die ruhmreiche OstseeSparkasse (OSPA) segnete alles ab. Die ehemalige Oberbürgermeisterin von Rostock, Ida Schillen, sagte mir: »Das Hotel stand unter Denkmalschutz und wurde trotzdem abgerissen. K. hat sich geweigert, mit mir wegen des Neubaus des Hotels zu sprechen, nachdem ich erfahren hatte, dass es keine Genehmigung gab. Doch der damalige Oberbürgermeister Arno Pöker (SPD) hat die Leute in Marsch gesetzt. Über Nacht gab es eine Genehmigung, und am nächsten Tag war ein Riesenloch in der Außenmauer.« Zuvor wurde jedoch noch eine »Abrissparty« gefeiert, und zwar im VIP-Raum des Hotels. Anwesend war fast das gesamte Rostocker Zuhältermilieu. Arno Pöker, ehemaliger Kapitän zur See, der am 5. Mai 1995 zum Oberbürgermeister gewählt wurde, trat nach heftigen Auseinandersetzungen um seine Stadtpolitik im Oktober 2004 von seinem Amt zurück.

Auch die Nummer zwei im Immobiliengeschäft hatte enge Verbindungen zu dem inzwischen verhafteten Unternehmer Artur Bree.

Der zu DDR-Zeiten als Handwerker arbeitende H. hat einen rasanten Aufstieg hinter sich und Artur Bree nach Angaben des Landeskriminalamtes »regelmäßig getroffen«. Eigentlich lief alles bestens für die Beteiligten. Doch irgendwann machte das Rostocker Milieu einen schweren Fehler, und zwar durch derart hohe Schutzgeldforderungen, die den Rostocker und Warnemünder Mittelstand überforderten. Ansonsten wäre der ins Visier des Landeskriminalamtes geratene Artur Bree wohl heute noch der »König von Rostock«.

Um mehr darüber zu erfahren, befragte ich Anfang 2005 den knapp 30-jährigen Artur Bree. Mir war bekannt, dass er im Jahr 2001 vor Gericht gestanden hatte, wegen versuchten Mordes an einem kroatischen Rotlichtkonkurrenten, der im Januar 2000 vor der Rostocker Schwimmhalle tot aufgefunden worden war. Doch man hatte Bree den Mord nicht nachweisen können. In seinem Prozess traten Zeugen auf, die von einem Anwalt aus Hamburg gekauft waren. Artur Bree dazu in einer Anzeige gegen den Anwalt: »Ich fühle mich durch das Verhalten von Rechtsanwalt Dr. W. außerordentlich geschädigt – er hat zusammen mit Peter B. versucht, durch Zeugenmanipulation zu erreichen, dass ich zu einer lebenslangen Freiheitsstrafe verurteilt werde, während sein Mandant frei ausgeht, obwohl nach der jetzigen Beweislage feststehe, dass die dem Jugoslawen zugeführten tödlichen Verletzungen von Peter B. und anderen zugefügt worden sind.« Die Staatsanwaltschaft in Rostock hatte das üble Spiel mitgetragen.

»Ein riesiger Justizskandal ist das in Mecklenburg-Vorpommern«, mit diesen Worten beschrieb mir die Hamburger Anwältin Leonore Gottschalk-Solger die Umstände der Mordanklage gegen Artur Bree. Sie wollte dafür sorgen, dass die dubiosen Aktivitäten der Rostocker Staatsanwaltschaft und von deren Zeugen im Mordfall Bree aufgeklärt werden. Ihre Hoffnung hat sich nicht erfüllt, die Strafanzeige gegen ihren Kollegen wurde eingestellt.

Ich traf Artur Bree im renovierten Theater des Friedens, das er zusammen mit einem Kollegen gepachtet hat. Er machte einen ungewöhnlich intelligenten Eindruck und war ziemlich offen mir gegenüber.

»Ich weiß«, sagte er mir, »dass mein Telefon abgehört wird und ich ständig observiert werde.« Doch das schien ihm ziemlich gleichgültig zu sein. Zuvor hatte ich bereits erfahren, dass er ein kluger Mann sei, der es nicht nötig habe aufzuschneiden, und dass man sich auf sein Wort verlassen könne: »Wenn er überhaupt etwas sagt, dann stimmt das.«

In Litauen geboren, erlebte er, wie die dortigen Kriminellen ihre Geschäfte aufbauten, und kennt sich entsprechend aus.

Seit 1989 lebt er in Deutschland. Sein Vater arbeitete damals auf der Wismarer Werft. In der Hansestadt Wismar machte er auch sein Abitur. Anschließend studierte er drei Semester Betriebswirtschaft. 1997 zog er nach Rostock und bekam dort von den Behörden eine unbefristete Aufenthaltserlaubnis. Seine Kontakte hat er über Bekannte aus Russland beziehungsweise die Leute, die nach dem Rückzug der sowjetischen Armee in Mecklenburg-Vorpommern geblieben sind.

Er habe bereits vier Gastronomiebetriebe, die fast alle über Banken finanziert wurden. Aber er wolle weiter in Immobilien investieren. Zwar würde ein Andre Warnke, ein ehemaliger Konkurrent im Rotlichtbereich, keine Rolle mehr spielen, aber er könne auch nicht ausschließen, dass es weiterhin Tote in Rostock geben werde, wenn es um die Aufteilung des Einflusses konkurrierender Gruppen ginge.

Als ich fragte, ob denn die Zahl stimmen würde, die mir Warnke im Zusammenhang mit Schutzgelderpressung genannt hatte, dass nämlich 150 Unternehmen in Rostock und an der Ostsee Schutzgeld zahlen würden, sagte er: »Eher mehr, insbesondere in Warnemünde und Wismar, aber auch Richtung Osten zahlen insbesondere die Gastronomiebetriebe.« Und er betonte, dass die Polizei nichts dagegen unternehmen könne. Es sei sehr leicht, in den Kneipen und anderen Geschäften die Umsätze zu erfahren, insbesondere über die Mitarbeiter der Restaurants. »Die wissen sehr genau, wie hoch die Umsätze sind, und entsprechend wird bezahlt.«

Überraschend war, dass er den Familienchef des Albaner-Clans aus Norddeutschland kannte. »Dessen Neffe hat zwei Gastronomiebetriebe in Rostock. Er wollte hier erst studieren und hat sich dann auf die Gastronomie verlegt.« Er selbst kenne den Familienchef sehr gut. »Der investiert jetzt im Wesentlichen auf dem Balkan, in Kroatien. Das wird das neue Las Vegas.« Und er arbeitet mit Russen zusammen. »Vor einigen Monaten ist in Hamburg ein hoher Falschgeldbetrag beschlagnahmt worden. Doch niemand bei der Polizei konnte herausfinden, für wen er bestimmt gewesen war. Der Familienchef steckte dahinter.«

Nach seiner Erkenntnis gebe es in Deutschland kein richtiges Geld mehr zu verdienen, denn »die großen Gewinnspannen werden im Osten und Südosten Europas erwirtschaftet«.

Explosiv ist seine Aussage im Hinblick auf Kontakte in die Politik gewesen. Er unterstützte demnach einen Oberbürgermeisterkandidaten in Rostock, wo zur Zeit unseres Gespräches gerade der Wahlkampf um den Oberbürgermeisterposten stattfand. »Er wird von der Gastronomie stark unterstützt, und ich erwarte mir viel von ihm. Er wird mir keine Steine in den Weg legen.« Zu dem Gerücht, dass er dem OB-Kandidaten über einen seiner Freunde 20 000 Euro gespendet habe, wollte er nichts sagen.

Am 27. Februar 2005 fand in Rostock die Oberbürgermeisterwahl statt. Und Roland Methling war einer der Kandidaten, der Mann, der Artur Bree nach dessen eigenen Worten »keine Steine in den Weg legen« werde. Er hat die Wahl gewonnen. Ein Grund war, dass die Rostocker Bürger von ihrem alten Oberbürgermeister, Arno Pöker, und seinen Kapriolen die Nase voll hatten. »Der unabhängige Kandidat Roland Methling«, so ein Unternehmer, »hatte zwar wenig Geld, aber einen guten Ruf. Immerhin hatte er ein Highlight, die Hanse Sail, nach Rostock geholt.«

Roland Methling war Mitglied zum Beispiel der Aktion »Bunt gegen Braun«, liebt den FC Hansa Rostock, ist Mitglied der Rostocker Wirtschaftsrunde und der Johanniter-Hilfsgemeinschaft und mag besonders schwedische Krimiautoren.

Wie aus einem Krimi entsprungen, waberten damals die Gerüchte über die Finanzierung seines Wahlkampfes und seine Beziehung zu bestimmten umstrittenen Rostocker Unternehmern, eben auch zu Artur Bree. Methling selbst ließ mir am 15. Dezember 2005 über den Leiter der Pressestelle ausrichten, dass er Artur Bree nicht kennen würde und ihn niemals getroffen habe. Außerdem habe er von Herrn Bree kein Geld erhalten.

Auch bei Journalisten in Mecklenburg-Vorpommern wurde bereits im Vorfeld des Wahlkampfes darüber diskutiert, ob das Gerücht zuträfe, wonach der OB-Kandidat von Artur Bree unterstützt werde.

Aber alle diese Behauptungen konnten bislang nicht bewiesen werden, und der Oberbürgermeister hatte bekanntlich kategorisch dementiert.

Zweifellos hatte Artur Bree beste Beziehungen nicht nur zu den mächtigsten Immobilienbesitzern von Rostock und einzelnen Abgeordneten, sondern auch zur Polizei und Justiz. Einer seiner Anwälte zum Beispiel hatte über seine Kontakte zu einer Rostocker Staatsanwältin alle Ermittlungsschritte gegen ihn erfahren.

Knapp zehn Tage vor der Oberbürgermeisterwahl sorgte eine Polizeiaktion in Rostock und Umgebung für großes Aufsehen. Vierzig Wohnungen und Geschäftsräume wurden von Beamten des Landeskriminalamtes und der Bundespolizei (früher Bundesgrenzschutz) durchsucht. Dabei wurden nach Angaben der Staatsanwaltschaft »mindestens zehn Mitglieder einer mutmaßlichen Schleuser- und Geldwäschebande verhaftet.« Ins Visier der Ermittler rückte unter anderem der Inhaber des Barcafés im Theater des Friedens und des Schuster-Cafés in Warnemünde. Er stehe in dringendem Verdacht, so die Staatsanwaltschaft Rostock, Frauen aus Osteuropa nach Mecklenburg-Vorpommern geschleust zu haben. Es handelt sich um Artur Bree.

Nach Angaben des Landeskriminalamtes soll es sich bei den Verhafteten, überwiegend Rostocker, um eine »sehr aktive« kriminelle Gruppierung handeln, die im Verdacht steht, vor allem osteuropäische Frauen ins Land eingeschleust und im Rotlichtmilieu der Hansestadt untergebracht zu haben. Auch wegen Schutzgelderpressung wird ermittelt. Etliche Restaurants in Rostock mussten nach Meinung der Polizei über Jahre hinweg Schutzgeld zahlen. Die Polizei erhoffte sich nach der Festnahme der Tätergruppe weitere Hinweise von den Gastronomiebetrieben. Doch die sind ausgeblieben.

»Die Polizei verhaftete auch eine der bekanntesten Strafverteidigerinnen von Mecklenburg-Vorpommern. »Sie ist«, schrieb im Juli 2004 eine Szenezeitschrift, »eine der besten Rechtsanwältinnen im Drogen- und Strafrechtsbereich. Ständig hat sie Strategien und Pläne im Kopf, versucht Tricks und Kniffe zu finden, die ihren Mandanten helfen können.«[8]

Für die Rostocker *Bild*-Zeitung war ihre Verhaftung ein gefundenes Fressen. Ihr wird vorgeworfen, selbst in das Rostocker Rotlichtmilieu verstrickt zu sein. Staatsanwalt Peter Lückemann über die Vorwürfe: »Wir verdächtigen mehrere Verteidiger. Sie sollen der Rotlichtszene mehr als nur mit juristischem Rat geholfen haben. Vorgeworfen wurde ihnen, dass sie Zeugen eingeschüchtert und bei Immobiliengeschäften als Strohmänner fungiert haben sollen.

Die umtriebige Anwältin musste nur wenige Tage in einer ungemütlichen Zelle verbringen. Nun ist sie Kronzeugin gegen eine ihrer Mandantinnen. Sie hat Mandantenverrat begangen, um so schnell wie möglich aus dem Gefängnis herauszukommen. Vielleicht half dabei auch, dass sie eine enge Beziehung zu demjenigen Staatsanwalt in Schwerin unterhielt, der für die Bekämpfung der organisierten Kriminalität zuständig war.

Auch die Rostocker Türsteherszene soll in die kriminellen Machenschaften verwickelt sein. »Die Ermittlungen zu Schutzgelderpressungen laufen noch«, berichtete LKA-Direktor Ingmar Weitemeier gegenüber der Presse. Welche Rolle die Türsteher des Sicherheitsunternehmens DBS (Doormen and Bodyguard Service) spielten – in der Vergangenheit war das in Rostock ein Tabuthema.

Eine Abteilung der in den Augen der Ermittler zerschlagenen kriminellen Vereinigung sei, so das Landeskriminalamt, für die Schleusung von Prostituierten aus Osteuropa zuständig gewesen. Eine andere Abteilung betrieb Geldwäsche im Ausland und handelte mit Immobilien. Die nächste erpresste Millionen Euro durch Schutzgelder. Das dürfte zwar alles ein wenig hoch gegriffen sein. Die Vorwürfe gegen die Firma DBS sind aber Teil der Ermittlungen.

Selbst die bisher eher zurückhaltenden Rostocker Medien berichteten nach der Polizeiaktion über die DBS-Türsteher.

»Kröpeliner-Tor-Vorstadt. Mehrere gut gekleidete Leute schauten sich in einem Rostocker Restaurant um. Sie riefen nach der Chefin und erkundigten sich, wie das Geschäft laufe. ›Ich bin den Männern energisch gegenübergetreten und habe sie des Lokals verwiesen‹, berichtete die Betreiberin. Sie habe intuitiv sofort gewusst, dass sie ins Visier der Schutzgelderpresser geraten war.«

Ähnliches erlebte ein anderer Gastronom. Ihm boten die gut gekleideten Herren zu einem günstigen Preis ihren Security-Dienst an. »Dann seien wir vor allem sicher«, hätten die Männer grinsend versprochen. »Bei dem Gespräch gab ich deutlich zu verstehen, dass mit uns nichts zu machen ist.«[9]

Der Betreiber einer Rostocker Diskothek wiederum berichtete, dass etwa zehn Leute vom Sicherheitsunternehmen DBS kamen und die Besucher anpöbelten. Vom Chef wollten die DBS-Leute dann die Geschäftsunterlagen haben und Videos sehen. Der ließ sich darauf nicht ein.

Dann meldete die *Ostsee-Zeitung*: »Zwölf Verdächtige sitzen in Haft, zehn weitere wurden festgenommen. Darunter zwei Ex-Hansa-Kicker.« Einer von ihnen soll mit Rotlichtkönig Artur Bree Millionenbeträge zu überhöhten Zinsen verliehen haben. Als Geschäftsführer einer Geldverleihfirma soll er verantwortlich sein, dass säumige Kreditnehmer zusammengeschlagen wurden. Dass einer der mächtigen Immobilienhaie dem in Untersuchungshaft sitzenden K. einen tragbaren Fernseher überbrachte, war entweder eine schöne Geste der Freundschaft oder das Signal, dass er sich um die Fortführung der Geschäfte keine Sorgen machen muss. Ob die Vorwürfe, Geldwäsche, kriminelle Vereinigung, Schutzgelderpressung und Menschenhandel aber wirklich bewiesen werden, ist äußerst fraglich.[10]

Zwar sagen mir Beamte des LKA wie auch Brees Konkurrenten in Rostock, dass er mindestens zwölf Jahre hinter Gitter verbringen werde. Das jedoch dürfte ein Wunschgedanke sein. Immerhin könnte Brees Aussage gegen den Familienchef des Albaner-Clans etwas auslösen. Und dann gibt es ja noch den Staatsanwalt, der im letzten Verfahren gegen Bree eine eher unrühmliche Rolle gespielt hat.

In der Vergangenheit hatte dieser Staatsanwalt sich beharrlich geweigert, gegen einen bekannten Kriminellen in Rostock zu ermitteln, weil dieser als V-Mann für die Polizei gearbeitet hatte. Ein anderer Staatsanwalt, der sich ebenfalls mit Bree beschäftigte, wurde in einem Etablissement des Milieus fotografiert, als er dort eingeschlafen war, nachdem er unter anderem zu viel Alkohol zu sich genommen hatte.

Und die Kronzeugen der Staatsanwaltschaft? Eine Anwältin, die Mandantenverrat begangen hat, ein Superbetrüger aus Schwerin und ein Zeuge, der bei anderen Gerichtsverhandlungen bereits widersprüchliche Aussagen machte.

Fest steht auch, dass sich an den kriminellen Strukturen in Rostock, die nach Angaben der Polizei zerschlagen worden sein sollen, überhaupt nichts verändert hat. Sie bestehen in aller Pracht und Herrlichkeit weiter, so die übereinstimmenden Aussagen von Milieuexperten in Rostock.

Heute ist vom »Rostocker Gästeservice« die Rede, die vornehme Umschreibung für Schutzgelderpressung, die – trotz des »großen Schlages« gegen eine kriminelle Vereinigung – ungehindert weiter stattfindet. Und die kriminellen Banden tätigten bereits wieder neue Investitionen. Zum Beispiel in das Terrassencafé im Stadthafen.

Spannend könnte es werden, wenn einer der Kronzeugen gegen Artur Bree, eben der Großbetrüger aus Schwerin, ins Kreuzfeuer genommen werden sollte. Dabei könnte herauskommen, dass er auch führende Persönlichkeiten in Schwerin, ob aus Politik oder Justiz, mit dubiosen Anlageobjekten auf seine Seite gezogen hatte. Denn er versprach ihnen horrende Gewinne, und entsprechend viel Schwarzgeld soll deshalb von ihm generiert worden sein.

Anfang der Neunzigerjahre trug er noch den Namen Metzler, den eines bekannten Frankfurter Bankiers. Mit dessen renommiertem Namen gelangen ihm, als angeblichem Bankierssohn, gewinnbringende Kontakte. Später, nach seiner Eheschließung, legte er den Namen ab. Tatsache ist, dass er Anfang der Neunzigerjahre eine Anlagefirma, die *Travimpex GmbH*, mithilfe von ehemaligen Stasimitarbeitern aufbaute. Über die Firma Travimpex GmbH bot er *Travimpex Sonderzertifikate* an. Wer 5000 Mark für fünf Jahre anlegte, sollte danach 25 000 Mark ausbezahlt bekommen. Über 900 Anleger wollten sich das tolle Angebot nicht entgehen lassen. Gleichzeitig hatte er mit einem Direktionsmanager des Allgemeinen Wirtschaftsdienstes (AWD) in Hannover betrügerische »Euro-Darlehen« vermittelt und dabei einen Schaden von über 40 Millionen Mark angerichtet. Dann wurde er in Berlin verhaftet und wegen Betruges zu sechs Jahren Gefängnis verurteilt. Als er im Juni 1996 in den offenen Vollzug entlassen wurde, nahm er seine betrügerischen Geschäfte sofort wieder auf. Sein nächster Betätigungsort sollte Schwerin werden. Ab 1998 – inzwischen hatte er seine Haftstrafe verbüßt – holte er das Geld (von 80 Millionen ist die Rede, die er zuvor auf Konten in der Schweiz transferiert haben soll) und kaufte Kneipen in Schwerin auf, investierte unter anderem in Börsengeschäfte. Freunde bezeichnen ihn als »lockeren und genialen Typ, der in Ordnung war«. Nach einem Jahr im idyllischen Schwerin standen dem bislang Unbekannten alle Türen offen. Er finanzierte ein Drachenboot-Festival, unterstützte eine Rugbymannschaft und hatte entsprechend viele Freunde. Unter diesen gab es auch Banker und Staatsanwälte, die bei ihm Geld anlegten. Im April 2000 wurde er jedoch wieder verhaftet. »Die Staatsanwaltschaft in Schwerin warf ihm Betrug und Veruntreuung von 20 Millionen Mark vor«, wie die Stiftung Warentest berichtete. Und seltsamerweise konnte er, obwohl inzwischen in Untersuchungshaft, aus dem Gefängnis heraus weiter seinen kriminellen Betrugsgeschäften nachgehen. Er wurde nämlich auf Artur Bree als V-Mann angesetzt. Und deshalb durfte er von seiner Zelle aus seine Geschäfte weiter betreiben, damit die Fahnder Artur Bree festnageln können.

Brees Anwältin Leonore Gottschalk-Solger gegenüber dem *NDR*-Fernsehen: »Er ist aus der Haft beurlaubt worden, für etliche Besuche, damit er meinen Mandanten trifft, und er hat dabei versucht, meinen Mandanten zu Straftaten anzustiften. Man muss sich das mal vorstellen: Ein Betrüger wird mit Abhörvorrichtungen ausgestattet und stiftet meinen Mandanten an. Das alles mit Billigung der Behörden, so muss man's mal sagen.«[11] Der zuständige Rostocker Staatsanwalt Peter Lückemann dazu: »Nur auf diesem Wege ist es gelungen, den Transfer von Geldern der kriminellen Vereinigung ins Ausland und zurück aufzuspüren und Vermögenssicherungen vorzunehmen.« Derweil haben die von ihm Geprellten keine Chance, an ihr Geld heranzukommen. Einige von ihnen stehen vor dem Offenbarungseid.

Ende März 2006 begann vor dem Landgericht Schwerin der bisher größte Strafprozess des Landes Mecklenburg-Vorpommern gegen Artur Bree. Der Vorwurf: Bildung einer kriminellen Vereinigung, die die Rotlicht- und Türsteherszene im Raum Rostock beherrscht haben soll. Mit Gewalt und Einschüchterung sollen er (und die Mitglieder seiner Bande) Prostituierte unter Druck gesetzt, Geschäftsleute erpresst und Konkurrenten beseitigt haben. Knapp fünf Monate später war der Prozess zu Ende. Weil die Staatsanwaltschaft ihre schweren Vorwürfe nicht ausreichend belegen konnte, musste sie einem Deal mit den Verteidigern von Artur Bree zustimmen. Und so lautete das Urteil sechs Jahre Gefängnis. Nach dem Prozess forderte der CDU-Landtagsabgeordnete Ulrich Born, dass der vom Justizminister geplante weitere Personalabbau in der Justiz umgehend gestoppt werden müsse: »Die Staatsanwaltschaften und Gerichte müssen entsprechend den gestiegenen Herausforderungen des Rechtsstaates durch organisierte Kriminalität so ausgestattet werden, dass sie in angemessener Zeit die anfallenden Großverfahren zügig und ohne sich auf ›Deals‹ mit Schwerstkriminellen einzulassen bewältigen können.« Die katastrophale Ausstattung der Justiz war zwar sicher mit ein Grund für das milde Urteil. Ein anderes Motiv steht im Zusammenhang mit der Ermittlungsarbeit der Polizei. Über ein Jahr lang wurde Artur Bree observiert. Die Kosten betrugen knapp eine Million Euro. Das Ergebnis der Observation war, dass Artur Bree erstens gerne Erdbeeren isst und zweitens ein hohes Trinkgeld gibt. Viel mehr war nicht drin. Ebenso wenig ergaben die abgehörten Telefongespräche.

Nicht zur Sprache kam bei dem Prozess, weil sich Artur Bree aus guten Gründen vornehm zurückhielt, dass sich in einer Villa in Gehlsdorf bei Rostock, in der Partys mit Prostituierten stattfanden, auch ein ehemaliger Rostocker Oberbürgermeister aufgehalten habe. Und ansonsten geht es in Rostock weiter wie zuvor, zum Beispiel was die Zahlung von Schutzgeld angeht. Am Ende des Prozesses habe ich einen Anwalt von Artur Bree nochmals in Anwesenheit einer Zeugin darauf angesprochen, was denn von der Behauptung Bree's mir gegenüber zu halten sei, dass er den Oberbürgermeister kenne, ihn beim Wahlkampf unterstützt habe und mir der Oberbürgermeister jedoch versichert habe, das sei alles Lüge. Seine Antwort: »Bei solch einer Aussage kann ich mich nur übergeben.«

Was alles im Tunnel verschwindet

In diesem hochbrisanten polit-kriminellen Sumpf fällt es nicht so sehr ins Gewicht, dass in Mecklenburg-Vorpommern in den letzten Jahren Milliarden Steuergelder verschleudert wurden, und Mecklenburg-Vorpommern ist eine der ärmsten Regionen Deutschlands. Was auch so interpretiert werden könnte, dass der traditionelle kriminelle Sumpf ohne die politischen und wirtschaftlichen Machenschaften in Rostock überhaupt nicht existieren könnte, dass beide Säulen der Macht in Mecklenburg-Vorpommern eine Art Symbiose eingegangen sind.

Das Jahr 2003 zum Beispiel schien für die Hansestadt erfolgreich zu werden. Durch die Internationale Gartenbauausstellung (IGA) erhofften sich sowohl die Stadt wie auch das Land Einnahmen, um weitere große Projekte finanzieren zu können. Dafür wurde viel Geld bereitgestellt, insgesamt 62 Millionen Euro. Für die Organisation der Gartenbauausstellung wurde die IGA Rostock 2003 GmbH gegründet, an der die Stadt mit 66 Prozent beteiligt war. Doch dann bekamen erste Firmen ihr Geld nicht und versuchten, es einzufordern. Von finanziellen Problemen wollte trotzdem niemand etwas hören. Immer wieder versicherte Rostocks Oberbürgermeister Arno Pöker, gleichzeitig Aufsichtsratsvorsitzender der IGA-Gesellschaft, dass die IGA für die Stadt ein Gewinn in jeder Beziehung wäre.

Doch die IGA verursachte immer neue Kosten, und die Stadt musste immer wieder Geld zuschießen. Im Dezember 2003 wurde ein Defizit von acht Millionen Euro zugegeben, und im Juli 2004 präsentierte der Oberbürgermeister einen externen Untersuchungsbericht, wonach die Ausgaben nicht wie geplant 150 Millionen Euro, sondern 170 Millionen Euro betragen würden. Der Bund der Steuerzahler meinte dazu: »Ein Blick in die einzelnen Geschäftsbereiche zeigt die Misswirtschaft auf. Bei den Besucherzahlen wurde ein Verlust von 5,1 Millionen erwirtschaftet, da von den 2,5 Millionen Gästen nur 1,9 Millionen eine Eintrittskarte kauften. Die restlichen Gäste erhielten Ehrenkarten oder Dienstkarten.«

Genauso kurios war auch das Sponsoring und Marketing der IGA. Hier schloss die Gesellschaft einen Vertrag mit einer Münchner Agentur ab, die fast 20 Prozent der Sponsorengelder und Sachleistungen als Provision bekam. Und es gab Provisionen für Partner, die nicht geworben werden mussten, wie zum Beispiel für die Sparkasse Rostock oder die Stadtwerke. Irgendjemand hatte also abkassiert. Die Mehrausgaben in diesem Bereich stiegen auf diese Weise um zirka 7 Millionen Euro an.

Ursprünglich wies der Stellenplan ungefähr 90 Mitarbeiter für die IGA im Jahr 2003 aus. Tatsächlich arbeiteten aber im Juni 2003 über 200 Mitarbeiter auf der IGA. Die zusätzlichen Mitarbeiter haben aber nicht unbedingt die 1,1 Millionen Euro Mehraufwand verursacht, sondern zusätzliche Beraterverträge. Der Aufsichtsratsvorsitzende und Oberbürgermeister von Rostock, Arno Pöker, will von den Vorgängen nichts gewusst haben. Ein hoher Beamter des Landeskriminalamtes in Schwerin vertraute mir an, dass er »scharf darauf wäre, im Zusammenhang mit der IGA eingehende Ermittlungen zu führen. Aber die Landesregierung in Schwerin hat kein Interesse, Wirtschaftskriminalität konsequent zu verfolgen.«

Ein weiteres Beispiel dafür ist auch der Warnowtunnel in Rostock, der erste privatisierte Autobahnabschnitt, der unter der Warnow hindurchführt. Das Projekt, mit Fördergeldern in Höhe von 60 Millionen gestützt, wurde von der politischen Elite in Mecklenburg-Vorpommern als beispielhaft gefeiert, und jeder wollte sich im Erfolg der Privatisierung sonnen.

Allerdings steht im Rechnungsprüfungsbericht 2004 der Stadt Rostock: »Aus der Vorgehensweise wird deutlich, dass es nicht um eine finanzielle Unterstützung der Hansestadt Rostock bezüglich ihrer Verpflichtungen aus dem Konzessionsvertrag im Sinne der GVFG-Förderrichtlinien (Gemeindeverkehrsfinanzierungsgesetz) ging, sondern um die Unterstützung des privatfinanzierten Verkehrsobjektes ›Warnowquerung‹ nach Maßgabe der Vorstellung der Deutschen Bank.« Denn sollte die Betreiberfirma, die Warnowquerung GmbH & Co. KG (WQG), zahlungsunfähig werden, fällt das Projekt der Stadt Rostock mit allen Verpflichtungen zu. Die Stadt wäre pleite. Angesichts der Gesamtkosten in Höhe von 220 Millionen Euro wäre das für die Bürger Rostocks ein Desaster.

2001 kam die ehemalige Politikerin von Bündnis 90/Die Grünen, Ida Schillen, aus Berlin nach Rostock und wurde dort – auf Vorschlag der PDS – zur Senatorin für Kultur,

Schule und Sport gewählt. Die studierte Stadtplanerin wollte zuvor schon in Berlin »die undurchsichtigen Machenschaften, Filz und Korruption des CDU-SPD-Senats« aufdecken. Bei den Grünen war Ida Schillen 1999 wegen deren Kurs im Kosovo-Konflikt ausgetreten und ist seitdem parteilos geblieben. In Rostock blockierte Schillen, als sie wegen des Rücktritts von OB Arno Pöker amtierende Oberbürgermeisterin wurde, unter anderem den Stadthaushalt, weil durch ihn »der Ausverkauf« städtischen Vermögens fortgesetzt werde. Und sie wies darauf hin, dass die zahlreichen »Schattenhaushalte« der städtischen Eigenbetriebe meist von SPD-nahen Geschäftsführern verwaltet würden.

Ida Schillen glaubt, dass beim Projekt Warnowtunnel nicht alles mit rechten Dingen zugegangen ist. Denn als sie die Vertragsunterlagen anforderte, musste sie ungewöhnlich lange darauf warten. Es war der ehemalige Oberbürgermeister Pöker, der den Tunnel forciert hatte. Heute ist er bei der Deutschen Seereederei beschäftigt. Ida Schillen erzählte mir: »Ich hatte eine Expertin wegen des Warnowtunnels eingesetzt. Sie hat Fragen gestellt, wollte Geldströme untersuchen.«

In einem Bericht der von ihr beauftragten unabhängigen Gutachterin ist Folgendes zu lesen: »Mit den beiden Verträgen wird die Verantwortung für das Gelingen des Projektes auf die öffentliche Hand verschoben, bevor das Risiko für die privaten Projektpartner überhaupt entstehen kann.«[12]

Und in einem vertraulichen Protokoll vom 30. November 2004 ist über ein Gespräch mit dem Geschäftsführer der WQG zu lesen: »Am Ende des Gesprächs stellte er sehr deutlich dar, dass die WQG aus der vorhandenen Liquidität nur bis Mitte 2006 gesichert sei und es sein könnte, dass ihr dann die Liquidität nicht ausreicht.« Nun hätte in einer wachen und aufgeklärten Bürgerschaft bei diesen Bedingungen ein empörter Aufschrei ertönen müssen über die Vergabepraktik und die Vertragsgestaltung nicht nur im Zusammenhang mit dem Warnowtunnel.

Doch weit gefehlt. Die Verkünderin der Wahrheit, die amtierende Oberbürgermeisterin Ida Schillen, wurde zur Unperson erklärt. Und deshalb wurde am 12. Dezember 2004 gegen sie von allen Fraktionen – CDU, SPD, Bündnis 90/Die Grünen und FDP – ein Abwahlantrag gestellt. Denn, so eine gemeinsame Presseerklärung dieser vier Parteien: »Sie erzeugt ein Klima des Misstrauens und des Streits. Sie lähmt die Stadt und ihre Verwaltung, sie setzt die Stadt unnötiger Risiken aus und verbaut ihre Chancen.«[13]

Eine undurchschaubare Rolle spielte darüber hinaus die städtische Wohnungsbaugesellschaft »Wohnen in Rostock GmbH« (WIRO), die das Monopol im Grundstücks- und Baubereich von Rostock hat. Viele Fäden zogen beziehungsweise ziehen dabei der Senator für Bauwesen und Wohnungswirtschaft, Peter Grüttner (SPD), sowie der Bauausschuss beziehungsweise bestimmte Abgeordnete. Ende November 2005 wurde ein persönlicher Mitarbeiter und Vertrauter Grüttners wegen Bestechlichkeit im Amt angezeigt und fristlos entlassen. Er soll zwischen 1998 und 2005 von vier Rostocker Unternehmern geschmiert worden sein – mit Flugreisen, Hotelübernachtungen und viel Geld. Ein Bauernopfer? Denn, so fragten manche Kommunalpolitiker: »Wusste Peter Grüttner nicht, was sein Stellvertreter macht?« Und ein Senatsmitglied ging so weit, mir gegenüber zu sagen: »Es ist absolut unwahrscheinlich, dass er nichts wusste.« Grüttner selbst behauptet, von all dem nichts gewusst zu haben.

Ende Dezember 2005 trat Peter Grüttner aus der SPD aus, wegen der »öffentlichen Diskussion um meine Amtsführung«.[14] So ist der Bausenator zugleich Aufsichtsratsvorsitzender der WIRO und der Rostocker Gesellschaft für Stadterneuerung, Stadtentwicklung und Wohnungsbau mbH (RGS), einer Tochter der WIRO. Das Bauamt wiederum verkauft der WIRO Grundstücke und bestätigt fast alles, was von der WIRO vorgelegt wird.

Politisch einflussreich war seit langem auch die Leiterin des Kataster-, Vermessungs- und Liegenschaftsamtes. Sie hatte bereits unter dem ehemaligen Oberbürgermeister weitreichende Vollmachten erhalten und diese auch zum Wohle der Stadt genutzt. Sie wusste aber ebenso das Leben zu genießen. Eine besondere Distanz zu einem der großen Immobilienunternehmer hatte sie dabei nie aufgebaut, hatte dieser sie doch mehrmals auch privat eingeladen. Einladungen, die sie gerne annahm, schließlich mussten diverse Projekte – wie der Verkauf des Kurparks an den Immobilienunternehmer – geklärt werden.

Gemunkelt wurde in Rostock, dass der Immobilienunternehmer ihr gegenüber sehr großzügig gewesen sein soll. Zum Beispiel, dass er ihr die Übernachtung in einem Berliner Luxushotel bezahlte. Sogar von Geldgeschenken ist die Rede gewesen. Anfang Januar 2006 wurde bekannt, dass sie die Büroleitung des Oberbürgermeisters Roland Methling kommissarisch übernommen habe. Ein Vertrauensbeweis. Allerdings war sie eine Woche später bereits wieder suspendiert. Die Staatsanwaltschaft Rostock hat ihr nämlich »Vorteilsnahme im Amt« vorgeworfen. »Laut Staatsanwaltschaft soll (sie) neben Geld auch ein Edelfahrrad und einen Hubschrauberflug mit anschließender Übernachtung in einem Berliner Luxushotel angenommen haben.«[15] Eine Stellungnahme zu den Vorwürfen hat sie gegenüber der lokalen Presse abgelehnt. Die Vorwürfe sind Gegenstand von laufenden Ermittlungen.

Doch es gibt noch weitere Ungereimtheiten im Zusammenhang mit Immobiliengeschäften.

Obwohl der Investor und Stadtplaner W. Einvernehmen mit der Stadt zur Investition des Rostocker Fischereihafens erzielte, wurde dessen Bauanfrage vom Bausenator Peter Grüttner negativ beschieden. Der Fischereihafen hatte Liquiditätsprobleme, die mit der vorgesehenen Investition hätten gelöst werden können. Auch hier gibt es lukrative Grundstücke und Immobilien. Und bei Konkurs des Fischereihafens könnte die WIRO als Käufer einsteigen, dieses Filetstück erwerben und »ihren Investoren« den Weg bereiten.

Dass ein wichtiges Mitglied des Bauausschusses einen Arbeitsvertrag bei einem Rostocker Architekten hat, der ihm seine Ausbildung finanzierte, ist lobenswert. Dass dieser Architekt von der WIRO entsprechende Aufträge erhielt und deshalb der bislang für die WIRO arbeitende Architekt rausgeworfen wurde, stellt eine weniger elegante Lösung dar. Ein weiteres Mitglied des Bauausschusses ist Inhaber eines Warnemünder Ingenieurbüros. Und das wiederum schließt einen Beratervertrag mit einer Gesellschaft für Immobilienentwicklung in Schwerin ab. »Gegenstand des Honorarvertrags ist die Vermittlung von Bauaufträgen und Strategieplanung an das Warnemünder Ingenieurbüro.«

Der clevere Unternehmer und Stadtverordnete soll schon zu seinen Zeiten als Ortsamtsleiter im Jahr 1991 vom damaligen Fischmarktbetreiber nach jedem Wochenende zwischen 200 und 500 Mark erhalten haben – was er vehement bestreitet –, geschätzt werden insgesamt 20 000 D-Mark.

In einer eidesstattlichen Versicherung vom 11. Juli 2001 schrieb Helmut Klatt, Geschäftsführer der Nonnenmacher Architektur und Statik GmbH: »Im Jahr 1997 und 1998 hat Herr H. von mir über mehrere Monate 1500 Mark erhalten. Diese Zahlungen von insgesamt 6000 Mark hat er von der A. Nonnenmacher GmbH erhalten, weil er zusagte, in seiner Eigenschaft als Bürgerschaftsmitglied und Mitglied des Bauausschusses der Hansestadt Rostock das Planungsbüro mit Aufträgen zu versorgen. Mir ist bekannt, dass er von der Zechbau GmbH Bremen ebenfalls 1500 Mark pro Monat über Jahre erhalten hat. Darüber hinaus hat er versprochen, die Zechbau mit Bauaufträgen zu versorgen, die sich aus seiner ›Tätigkeit als Kommunalpolitiker‹ ergeben.«

Ein besonders aufschlussreicher Vorgang über die Auftragsvergaben eines Monopolunternehmens wie der WIRO führt zu einem anderen H., einem Bremer Makler. In den

Achtzigerjahren legte er in Nordrhein-Westfalen eine Millionenpleite hin, Dutzende Handwerkerbetriebe mussten damals Insolvenz anmelden, ungezählte Eigenheim- und Immobilienbesitzer verloren alles.

Anfang der Neunzigerjahre tauchte er in Bremen auf und wurde mehrfach wegen Betrügereien bei Bau- und Hausabrechnungen verurteilt. Was nichts an seiner Männerfreundschaft mit dem damaligen SPD-Fraktionsvorsitzenden von Bremen Christian Bruns änderte, der von H. eine Eigentumswohnung erworben hatte. Ein Geschädigter schrieb damals: »Es ist sehr gefährlich, gegen H. vorzugehen, denn er jagt auf alles seinen Notar los, den Rest erledigt dann wohl der SPD-Fraktionsvorsitzende, weil die Beamten wohl Angst wegen ihrer Karriere haben. ... Der ganze Umfang dieses Millionenbetruges wird nur sichtbar, wenn alle, nämlich H. und die mit ihm über Beratungsverträge verbundenen Firmen, untersucht würden. Aber da hängen wohl zu viele drin, und der politische Schaden wäre für die Regierung sehr groß.« In den Bremer Zeitungen wie der *TAZ* (Bremen) konnte man wenig später Folgendes lesen: »Gerichtsbekannter Betrüger ängstigt Mieter.«

Dann klappte es nicht mehr so recht mit den Geschäften in Bremen. Nach seinen eigenen Angaben und denen seines Stellvertreters soll er gesagt haben: »Das Kohleabgraben ist in den neuen Ländern besonders leicht, weil die alle ein bisschen doof sind und keine Ahnung haben.«

Und wo taucht er Mitte der Neunzigerjahre wieder auf? In Rostock. Hier hat seine Firma inzwischen 70 Objekte erstanden. Allein von der WIRO dürfte er 60 Wohnobjekte erworben haben. Und obwohl es Anträge der Mieter gab, denen sogar Vorkaufsrechte für den Kauf der Wohnungen eingeräumt worden waren, erhielt H. die Immobilien. Der Leiter der Immobilienabteilung der WIRO ist mit der ehemaligen Chefsekretärin von H. verheiratet. Genau wie in seinem früheren Betätigungsfeld wurden auch hier wieder Handwerker betrogen. Als geschädigte Handwerker der Staatsanwaltschaft Rostock Akten mit Hinweisen auf Straftaten übergaben, lehnte es der zuständige Staatsanwalt ab zu ermitteln. Seit 2005 hat H. Mecklenburg-Vorpommern verlassen und soll sich einen neuen Ort für seine Machenschaften ausgesucht haben – Leipzig.

Bei alledem dürfen die Banker nicht fehlen. Im Mittelpunkt steht die dominierende OstseeSparkasse (OSPA). Wer in der Region einen Kredit oder ein Konto eröffnen will, landet in aller Regel bei der OSPA. Im Sommer 2005 jedoch kam die OSPA wieder einmal in die Schlagzeilen.

Das gemeinnützige Deutsche Institut für Anlegerschutz (DIAS) warf der OSPA vor, bundesweit Tausenden von Anlegern Kredite für eine hochriskante Unternehmensbeteiligung der Rostocker Investitionsgesellschaft »Bema« ausgereicht und dabei eng mit aggressiv auftretenden Vermittlern zusammengearbeitet zu haben. Das Vorstandsmitglied der DIAS, Jochen Resch: »Mir ist kein anderer Fall bekannt, in dem eine große Sparkasse in so einen Skandal verwickelt ist.«[16]

Bekannt ist, dass sich ein Investor in den Neunzigerjahren mehr als 500 Eigentumswohnungen, Gewerbefläche und das Vier-Sterne-Hotel Fontane kaufte, und zwar von der Odin AG, der Muttergesellschaft der Bema. Die notwendigen 70 Millionen Mark für den Kauf holte sich die Bema bei Privatanlegern, als sichere Altersvorsorge. Das jedenfalls hofften etwa 20 000 von ihnen. Und die OSPA half dem Investor Harald L. kräftig dabei. Sie hatte ja anscheinend einen guten Ruf als *die* Bank für Rostock. Mitarbeiter des Vertriebs verbanden den Verkauf der Anteile regelmäßig mit dem Abschluss eines entsprechenden Darlehensvertrages bei der OSPA Rostock zur Finanzierung der Anteile. Und das, obwohl die Bema seit Jahren wegen unseriöser Geschäftspraktiken auf den Warnlisten der Verbraucherzentrale Berlin und der Stiftung Warentest stand.

Doch dann traten, wie so häufig, »finanzielle Schwierigkeiten« auf. Die eingeplanten Mieten für die Wohnungen waren zu hoch. Davor warnte *Finanztest* bereits im Jahr 2002. Und die Auslastung des Hotels war so gering, dass der Betreiber die Miete überhaupt nicht mehr zahlen konnte. Daraufhin klagte ein Anleger vor dem Landgericht Rostock gegen die OSPA und die Bema auf Rückabwicklung. Die Klage wurde vom Rostocker Landgericht, was keinen besonders verwunderte, abgelehnt.

Nun versuchte es der Investor von Neuem, wiederum in Partnerschaft mit der OSPA, diesmal in Warnemünde, wo er in den neuen Yachthafen investiert hatte, und zwar unter anderem in ein Luxushotel. Die »Yachthafenresidenz Hohe Düne« wirbt auf ihrer Website mit den Worten: »Wo Fischerboote fangfrischen Fisch anlanden und Kreuzfahrtschiffe aus aller Welt vor Anker gehen, umgeben von weiten und weißen Sandstränden direkt an der Ostsee, liegt ihre Yachthafenresidenz Hohe Düne.« Es ist tatsächlich ein Juwel an der Ostseeküste, in dem die Reichen der Reichsten sich sicher wohlfühlen. Doch woher sollen sie kommen, wo ansonsten eher soziale Tristesse herrscht? Der Steuerzahler von Mecklenburg-Vorpommern jedenfalls zahlte unter anderem für einen original türkischen Hamam, ein orientalisches Rasulbad, Chi-Räume für Shiatsu-, Thai- und Hot-Stone-Massagen und Meditation. Für das und vieles mehr erhielt der Investor – natürlich – Fördermittel, von 50 Millionen Euro ist die Rede.

Als die kurzfristige Oberbürgermeisterin Ida Schillen auch noch den Verkauf des Yachthafens kritisierte, gab es in allen Parteien im Rostocker Rathaus erneut einen Aufschrei der Empörung: »Das amtierende Oberhaupt unserer Stadt ignoriert damit wiederum aus Unkenntnis und in voller Absicht, dass die Stadt ein Erbbaurecht für eine unerschlossene Fläche vergeben hat, auf der ein privater Bauherr 180 Millionen Euro investierte, dass also zum Wohle der Stadt einer der größten Ostsee-Yachthafen, ein Tourismusmagnet der Olympiaklasse, und mehrere Unternehmen mit vielen Arbeitsplätzen entstanden.« Der Vorgänger von Ida Schillen, Exoberbürgermeister

Arno Pöker, zu der engagierten Politikerin: »Mit Ihnen kann man nicht zusammenarbeiten«, und, so erinnert sich Schillen: »Er wurde wegen des Yachthafens fuchsteufelswild.«

Bei vielen Bürgerschaftsabgeordneten, die vor lauter Versprechungen und Heilsankündigungen in Verzückung geraten, scheint die Realität verdrängt zu werden.

Wie übrigens auch in Grevesmühle in der Nähe von Wismar. Dort sollte ebenfalls eine Yachtresidenz errichtet werden. Es war alles bestens, zumal reichlich Fördergelder geflossen sind, die der Wirtschaftsminister von Mecklenburg-Vorpommern gerne gegeben hat. Dann machte ein dortiger Investor Konkurs und wird nun beschuldigt, Subventionsbetrug begangen zu haben. Dabei hatte er doch in seiner Gesellschaft auch Politiker aus der Gemeinde und dem Land mit einbezogen. Wahrscheinlich wurde deshalb, wie ein Bürger aus Wismar klagte, »alles gedeckelt«.

Wenn eine Sparkasse ein Monopol hat und sich alle ducken müssen

Dass in Rostock Erpressung durch kriminelle Gruppierungen an der Tagesordnung war, zeigte das Beispiel der kriminellen Bande, die vom Landeskriminalamt (LKA) Anfang 2005 in Untersuchungshaft genommen wurde – auch wenn der Nachweis dafür wahrscheinlich außerordentlich schwer zu belegen sein wird. Mit weißer Weste hingegen operieren ganz andere Kaliber, und es geht um weitaus geschicktere – möglicherweise sogar noch legale –, sozusagen finanztechnische Formen von Erpressung, die der kriminellen Gang ja auch vorgeworfen werden. Doch wer wagt sich schon an das mächtigste Finanzinstitut in Rostock, die OSPA, heran? Und was geschieht, wenn immer wieder die gleichen Richter in Mecklenburg-Vorpommern entscheiden und sich nicht einmal an Vorgaben des Europäischen Gerichtshofs halten?

Mit viel unternehmerischem Optimismus begann alles. Am 8. September 1995 kaufte der Rostocker Unternehmer Thorsten Fitzner das ehemalige Gewerbegrundstück Intershop in Rostock für 11,5 Millionen Mark von der Hansestadt. Seine Idee war, auf dem Grundstück das Holiday City Center HCC zu bauen, ein multifunktionales Sport- und Freizeitzentrum. Das Konzept sah vor, das Grundstück zu teilen. HCC sollte die Hälfte des rund 55 000 qm großen Grundstückes erwerben. Die Verträge wurden unterschrieben, das Grundstück an die HCC verkauft, der Bau begann. Doch nun stimmten plötzlich die Banken dem Grundstücksvertrag nicht zu. Fitzner musste trotzdem weiter für das komplette Grundstück Kapitaldienst erbringen. Eine Weile ging das gut. Doch dann gab es Probleme. Die Banken hielten sich nicht an die Verträge und Vereinbarungen. Obwohl noch Baustelle, zog sich die Bank vom ersten Spatenstich an von der genehmigten Bausumme ihre Zinsen ab. Und zwar von den 5,6 Millionen Fördermitteln. »Schafft Geld an«, wurde Fitzner dann gesagt, und »macht Teileröffnung«. Im Mai 1999 wurde sogar ein mit acht Haftbefehlen zur Abgabe einer eidesstattlichen Versicherung gesuchter Unternehmensberater auf Anordnung der OSPA dem Geschäftsführer Fitzner zur Seite gestellt. Daraufhin musste er alle Geschäftsführerposten niederlegen, und Klaus-Jürgen P. wurde Generalbevollmächtigter. Die Bank nahm nun das Zepter in die Hand. Im November 1999 stieg Klaus-Jürgen P. aufgrund der von ihm zu vertretenen »Unregelmäßigkeiten« bei der »Buchführung« als Generalbevollmächtigter aus. Fazit seiner Aktivitäten: 2,7 Millionen D-Mark wurden verschleudert. Thorsten Fitzner wurde nahegelegt, diese Mehrbelastung zu übernehmen, da es sonst nicht weitergeht. Er wurde im Februar 2000 wieder Geschäftsführer seiner Unternehmen. Einen Monat später wurde der Wellnessbereich des HCC eröffnet. Dann traten erneut die Banken auf den Plan. Sie bestellten im Juli 2000 einen neuen Unternehmensberater zur »Beratung« des bisher recht erfolgreichen Geschäftsführers Fitzner. Während vom Baukonto weitere Darlehensbeträge ohne Zustimmung des Geschäftsführers einfach abgebucht wurden, drängten ihn im Dezember 2000 die Banken massiv, die Geschäftsführung an einen Mitarbeiter der Beratungsgesellschaft abzugeben.

Der Unternehmer wehrte sich und fragte mich nach einem längeren Gespräch, zusammen mit seinem Anwalt Oliver Nix: »Welche Macht haben eigentlich Banken? Können sie selbstherrlich über mein Unternehmen bestimmen, auch wenn sie mir Kredite gewährt haben?« Anfang 2001 stellt die OSPA ein Ultimatum. Ein Vorstandsmitglied der OSPA sagte dem Unternehmer: »Wenn du nicht gehst, ziehen wir dir den Stecker.«

Doch Thorsten Fitzner weigerte sich. Nun kam auf Anordnung der Bank die Zwangsverwaltung des Unternehmens. Und am 1. Februar 2001 kündigten die Landesbank Schleswig-Holstein und die OSPA die Geschäftsverbindung und forderten die Rückzahlung der Darlehen.

Noch stand das Landgericht Rostock hinter dem Unternehmen und verfügte die Einstellung der Zwangsvollstreckung. Das hinderte die Rechtspflegerin des Amtsgerichts nicht, trotzdem die Zwangsvollstreckung weiter zu betreiben. Es kam zur Beschwerde, und wieder wurde die von den Banken beantragte Zwangsvollstreckung vom Landgericht aufgehoben. Und so ging es in den nächsten Monaten weiter – die Banken wurden nicht müde, ihr Spiel zu spielen, um selbst in den Besitz des profitablen Projekts zu kommen. Bis Ende 2003 hoben die angerufenen Gerichte, ob Amtsgericht oder Landgericht, die immer wieder mit neuen Argumenten gespickte Forderung der Banken auf Zwangsvollstreckung auf.

Nun war es dem Unternehmer zu viel, und über seinen Anwalt zeigte er am 28. August 2003 den Vorstandsvorsitzenden der OstseeSparkasse Rostock und den zuständigen Sachbearbeiter Sonderkredite der Landesbank Schleswig-Holstein an.

Der Vorwurf: Verdacht einer gemeinschaftlich begangenen, versuchten Nötigung, der versuchten Erpressung, der gemeinschaftlich versuchten Anstiftung zum Subventionsbetrug, der Zweckentfremdung öffentlicher Mittel und der vollendeten Untreue. In der Anzeige wurde den Bankern vorgeworfen, dass sie Thorsten Fitzner offenkundig wirtschaftlich ruinieren und damit mundtot machen wollen. Subventionsbetrug deshalb, weil die Förderungsmittel in Höhe von 5,6 Millionen Mark nicht dem Förderungszweck zugeführt wurden, sondern für die Zinsen aus den Darlehen der Banken verwendet wurden.

Und dann folgte noch der Vorwurf der Erpressung: Die Banker und ihre Mitarbeiter hätten Thorsten Fitzner gegen seinen Willen zur Bestellung verschiedener »Sanierer« genötigt mit der Drohung, andernfalls das Kreditarrangement zu beenden.[17] Diesen Schritt einer Strafanzeige mit den oben genannten Vorwürfen gegen den Vorstandsvorsitzenden der Sparkasse hätte der Unternehmer lieber unterlassen sollen.

Am 1. Januar 2004 fand eine umfassende Neubesetzung der 2. Zivilkammer des Landgerichts Rostock statt. Vorsitzender der Kammer wurde der Vorsitzende Richter Albert. Der bisherige Berichterstatter wurde in die Zehnte Kammer des Zivilgerichts versetzt. Gleichzeitig setzte der ehemalige von der OSPA eingesetzte Zwangsverwalter Zahlungs- und Räumungsklagen gegen den Unternehmer Fitzner durch. »Ein solches massives, rechtswidriges Vorgehen dürfte einmalig sein«, konstatiert der Anwalt Thorsten Fitzners.

Bei der nächsten Gerichtsverhandlung war der Vorsitzende Richter Albert mit der Angelegenheit befasst. Er hielt die Urteile seines Vorgängers anscheinend für überholt und entschied nun gegen Fitzner und für die OSPA. Am 26. März 2004 kam es zur mündlichen Verhandlung. Der Termin dauerte 15 Minuten. Und Richter Albert erklärte, dass er das alles nicht verstünde und ohnehin noch keine Bank gesehen hätte, die sich selbst schade. Trotzdem urteilte er vier Tage später und wies die Klage gegen die Zwangsvollstreckung als »unsubstantiiert und unschlüssig« ab.

Damit setzte er sich in krassen Gegensatz zu dem Beschluss der Kammer vom 11. November 2003. Dort war der Vortrag von Fitzner beziehungsweise seinem Rechtsanwalt immerhin geeignet gewesen, die Zwangsvollstreckung einzustellen. Zugleich setzte Richter Albert den Streitwert auf 27 121 191 Euro fest, und das, behauptet Fitzners Rechtsanwalt Oliver Nix, mit der Begründung: »Das haben Sie nun davon.« Gleichzeitig wurden die Gerichtskosten in Höhe von 270 000 Euro innerhalb von drei Wochen eingefordert. Ein ziemlich ungewöhnliches Verfahren. Damit war die Geschichte aber noch nicht zu Ende.

Denn am 16. Juni 2004 durchsuchte die Staatsanwaltschaft Rostock aufgrund der Strafanzeige von Thorsten Fitzner die Geschäftsräume des von der Sparkasse eingesetzten Zwangsverwalters sowie die Büros der Nordbank AG und der OSPA. Bei dieser Durchsuchung wurde umfangreiches Beweismaterial sichergestellt und beschlagnahmt. Die Durchsuchung war dem Landeskriminalamt, nicht jedoch in der Öffentlichkeit bekannt. Eine Beamtin freute sich: »Das ist hochbrisant. Da kann man ermitteln.« Es war ein frommer Wunsch. Denn nun kam die Anordnung, die Angelegenheit ruhen zu lassen.

Fitzner erfuhr erst im Dezember 2004 von der Hausdurchsuchung bei der Sparkasse. Aber als Reaktion auf die Durchsuchung stellte die Nordbank erneut einen Antrag auf Zwangsverwaltung gegen Fitzner. Gleichzeitig, ebenfalls in unmittelbarem Zusammenhang mit der Durchsuchung, trat der VII. Zivilsenat des Oberlandesgerichts Rostock auf den Plan und kündigte die Zurückweisung der Berufung gegen das Urteil von Richter Albert an, und zwar mit der Begründung, Fitzner und sein Anwalt seien nicht ansatzweise in der Lage, eine Schadenersatzklage zu formulieren. Wobei das Landgericht Rostock noch am 11. November 2003 das genaue

Gegenteil erklärt hatte. Und der gleiche Senat des OLG Rostock befand in der gleichen Zusammensetzung noch den Beschluss vom 11. November 2003 für korrekt.

»Mit dem massiven Vorgehen des VII. Senats des OLG Rostock erwuchs Fitzner neben der Nordbank und deren Konsortialpartner, der OSPA, ein zweiter Gegner, nämlich die Rostocker Zivilgerichtsbarkeit«, so Fitzners Anwalt Oliver Nix.

Von diesem Zeitpunkt an verzettelte sich die Zivilgerichtsbarkeit in verschiedene, rechtlich nicht mehr vertretbare Entscheidungen gegen Fitzner, »die Anlass zu der Annahme geben, dass hier massiv von außen auf die Entscheidungsfindung der Rostocker Ziviljustizbarkeit zugunsten der OSPA eingegriffen wird«, so Anwalt Oliver Nix.

Fitzner und seine Anwälte versuchten weiter vergeblich, für ihr Recht zu kämpfen, aber sie hatten keine Chance mehr – die Front der Justiz und der Banken war unüberwindbar geworden. Für ihn und seinen Anwalt lag es auf der Hand, dass es eine Verflechtung zwischen der OSPA und der Rostocker Gerichtsbarkeit gab, die jedem rechtsstaatlichen Verständnis Hohn spricht. Und auch die Staatsanwaltschaft in Rostock spielte nun eine eher unrühmliche Rolle. Denn es bestand großes Interesse vonseiten des Unternehmers Thorsten Fitzner, Einblick in die beschlagnahmten Unterlagen bei der OSPA zu nehmen, weil es ja auch um von ihm vermuteten Kreditbetrug, Erpressung und Subventionsbetrug zu seinen Lasten ging. Die Staatsanwaltschaft lehnte das Ansinnen mit der Begründung ab, »dass das Interesse der OSPA an der Wahrung des Geschäftsgeheimnisses das Interesse von Fitzner an der Akteneinsicht überwiegt«.

Im Februar 2005 wurde dann auch erwartungsgemäß das Ermittlungsverfahren gegen den Vorstandsvorsitzenden der OSPA eingestellt. Unter anderem wegen Verjährung. Dagegen legten die Anwälte von Thorsten Fitzner Widerspruch ein. Aber das führte ebenfalls zu keinem Ergebnis. Die Würfel waren längst gefallen. Obwohl nach Auskunft des Landeskriminalamtes immer noch Ermittlungen gegen Bankmitarbeiter laufen.

Und so stellten die Banken am 18. November 2005 Antrag auf Eröffnung des Insolvenzverfahrens gegen Fitzner. Die Banken waren an ihrem Ziel. Oder doch nicht? Schließlich gab es noch den Rostocker Oberbürgermeister Roland Methling. Der erhielt am 12. August 2005 ein Schreiben der Anwälte von Thorsten Fitzner. Er antwortete drei Wochen später unter anderem: »Vielmehr möchte ich die Gelegenheit dazu verwenden, Ihnen dringend nahezulegen, Ihre teilweise verleumderischen und ehrverletzenden Behauptungen gegen die Ospa, insbesondere gegen den Vorstandsvorsitzenden, sowie die Behauptung, die Ospa befände sich in einer ›desolaten wirtschaftlichen Situation‹ und wäre ›tatsächlich schon heute zahlungsunfähig‹, zu unterlassen.«[18] Danach schrieben die Anwälte insgesamt sechsmal an den Oberbürgermeister und baten um einen Gesprächstermin, um die Angelegenheit nochmals zu überprüfen und um eine gütliche Einigung herbeizuführen.

Den zentralen Punkt beschrieb Anwalt Oliver Nix am 28. November 2005 so: »Es geht um die jede wirtschaftliche Vernunft außer Acht lassende – um jeden Preis – auch dem des totalen Forderungsausfalls darum, unseren Mandanten kaltzustellen, und das allein in der Hoffnung, damit das eigene massive Fehlverhalten auch weiter vertuschen zu können.« Und weiter: »Es kann und darf nicht sein, dass der Oberbürgermeister der Hansestadt Rostock, zugleich auch Vorsitzender des Verwaltungsrates der OSPA, es sehenden Auges und quasi ohne jede Kommentierung zulassen könnte, dass nicht nur in der Hansestadt Rostock geschaffene Arbeitsplätze vernichtet werden, sondern auch noch der OSPA dadurch ein weiterer massiver Vermögensschaden erwächst.«

Erst am 10. Februar 2006 reagierte Oberbürgermeister Methling auf die zahlreichen Schreiben von Anwalt Oliver

Nix. »Ich sehe mich daher veranlasst, den Gesamtvorgang der Rostocker Staatsanwaltschaft zu übergeben und hier eine entsprechende Bewertung vornehmen zu lassen. ... Auch in der OstseeSparkasse hat man ein großes Interesse, die in den vergangenen Monaten immer wieder ins Spiel gebrachten Vorwürfe nachhaltig aufzuklären.«

Auf meine Anfrage bei der Rechtsabteilung der OSPA, ob denn die Vorwürfe der Anwälte und die von Thorsten Fitzner zuträfen, antwortete mir die Verantwortliche in der Rechtsabteilung, dass sie aufgrund des Bankgeheimnisses dazu nichts sagen könne.

Die Pleitegeier, die Milchfabrik und ein vom Rechtsstaat Enttäuschter

Das Geschäft mit der Pleite läuft bekanntlich prächtig, und manche Insolvenzverwalter verdienen sich dabei insbesondere in den neuen Bundesländern eine goldene Nase. »Die Zahl der Firmenzusammenbrüche erreicht immer neue Rekordstände. Gleichzeitig aber häufen sich die Fälle, in denen Verwalter bei unsauberen, teilweise sogar kriminellen Praktiken erwischt werden«, schrieb einmal der *Spiegel*.

Einer von ihnen ist der Insolvenzverwalter Hans-Jürgen Lutz aus Hamburg, der inzwischen spurlos verschwunden ist. Seine Masche war immer die gleiche – er versprach den Arbeitern und Gläubigern, sich für ihre Interessen einzusetzen, plünderte jedoch das übrig gebliebene Vermögen und führte ein entsprechend ausschweifendes Leben. Und die Justiz schaute gelassen zu. Zwar gibt es ein Verfahren gegen Hans-Jürgen Lutz – wegen Untreue (Js 132/03) unter anderem in Hamburg und wegen Betruges in Schwerin. Aber das ruht nach § 205 Strafgesetzbuch (StGB), weil Lutz nicht zu finden sei, bestätigte mir der Sprecher der Hamburger Staatsanwaltschaft. Demgegenüber erklärte mir die Staatsanwaltschaft

Schwerin Anfang Februar 2006, dass gegen Lutz ein Haftbefehl vorliege und nach ihm gefahndet werde. Einen verzweifelten Brief erhielt ich auch von seiner Ehefrau. »Seit dem feigen Verschwinden meines Mannes ist jeder Tag meines Lebens geprägt von dem Kampf um unsere wirtschaftliche Existenz. Ich mag nicht mehr.«

Auch der Unternehmer Paul Piper, der durch Hans-Jürgen Lutz ebenfalls einen Millionenschaden erlitten hat, ist verzweifelt. Es geht um die Rückgabe eines Grundstückes der Milchkonservenfabrik Wittenburg bei Schwerin an den Alteigentümer. Und der hatte verfügt, dass dieses Grundstück an Paul Piper zu übertragen sei. Irgendjemandem muss das nicht ins Konzept gepasst haben, und so wurde der einst staatseigene Betrieb durch einen Gutachter einfach als »überschuldet« bezeichnet, und der Gutachter selbst ließ sich nun auf eigenen Wunsch zum Gesamtvollstrecker berufen. Und das war kein Geringerer als eben der Insolvenzverwalter Hans-Jürgen Lutz. Er setzte nun eine Gesamtvollstreckung durch und erreichte vom Kreisgericht ein Veräußerungsgebot.

Daraufhin gründete Hans-Jürgen Lutz als der Gesamtvollstrecker ein eigenes Unternehmen, um Darlehen aus dem Verkauf der Milchkonservenfabrik an seine neugegründete Firma zu verschieben. Doch damit nicht genug. Das Gelände der Fabrik wurde an die Stadt Wittenburg verkauft, gleichzeitig wurden falsche Zahlenangaben über die einzelnen Grundstücke in den Notarverträgen gemacht und Fördermittel einbehalten beziehungsweise nicht an die dazu berechtigten Alteigentümer abgeführt. Zwar wurde im Jahr 1995 bei der Staatsanwaltschaft Rostock ein Vorermittlungsverfahren gegen den Insolvenzverwalter Lutz geführt. »Aber«, so Pipers Anwälte, »es muss davon ausgegangen werden, dass durch Willkür und Amtsmissbrauch bewusst eine Verzögerung herbeigeführt wurde. Es ist unverständlich, warum mehrere Jahre die Akten nicht behandelt wurden.«

Mit Schreiben vom 24. März 2005 beschwerte sich Pipers Anwalt Martin Bischof bei dem Amtsgerichtsdirektor der Stadt Hagenow, dass in »Höhe von mehreren Millionen ungerechtfertigte und unzulässige Umtragungen im Grundbuchblatt 477 und 1942 weiter vorgenommen werden. Zum Nachteil meiner Mandantschaft werden Änderungen vorgenommen.« Eine Reaktion erfolgte nicht.

Dafür erhielt Pipers Anwalt in Hamburg einen Telefonanruf, und zwar vom Vorsitzenden der 5. Zivilkammer und Vizepräsidenten des Landgerichts Schwerin. Demnach habe sich der Vizepräsident ziemlich abfällig über Herrn Piper geäußert. Das ist tatsächlich ungewöhnlich, sodass Anwalt Oliver Nix glaubte, dass der Vorsitzende der 5. Zivilkammer nicht die erforderliche professionelle Distanz mehr aufbringen kann. Auch der Direktor des Amtsgerichts Hagenow unterbreitete dem Anwalt ein delikates Angebot. Sollte er seine Befangenheitsanträge gegen den Rechtspfleger in Hagenow zurücknehmen, könne man es sich überlegen, die Angelegenheit wegen des umstrittenen Grundstücks einvernehmlich zu regeln. Geht es bei derartigen, nicht gerade rechtsstaatlichen Normen entsprechenden Interventionen eigentlich nur um irgendein Grundstück oder verbirgt sich mehr dahinter? Der Eindruck drängt sich auf, dass das alles eher mit dem untergetauchten Insolvenzverwalter Hans-Jürgen Lutz zusammenhängt. Der war ja nicht nur bestens mit der Landesregierung in Schwerin verbunden, sondern unter seiner Ägide als Insolvenzverwalter wurden über hundert Millionen Mark verschleudert, Fördermittel zweckentfremdet, Arbeitnehmer wie Banken massiv geschädigt. Und deshalb könnten dem Land Mecklenburg-Vorpommern entsprechend hohe Amtshaftungsansprüche von Geschädigten drohen. In diesem Zusammenhang ist eine Stellungnahme von Klaus-Dieter Körner, dem Bezirksgeschäftsführer der IG Bauen-Agrar-Umwelt (IG Bau) aufschlussreich. Der kritisierte ziemlich heftig das Gesamtvollstreckungsverfahren bei der Boizenburg-Gail-

Inax AG in Gießen, die mit ihrem Sitz beim Amtsgericht Schwerin eingetragen ist. Dort war Lutz von Dezember 1996 bis November 2001 als Sequester und Konkursverwalter tätig und hatte vor allem in die eigene Tasche gewirtschaftet. »Das Verhalten und Vorgehen des Amtsgerichts Schwerin wirft die Frage nach einer Amtshaftung und damit die Frage auf, inwieweit die Justiz Mitverantwortung an der Entwicklung dieses Gesamtvollstreckungsverfahrens hat, in dem die betroffenen Arbeitnehmer immer noch Forderungen von rund drei Millionen Euro haben«, wird Klaus-Dieter Körner im Gießener Anzeiger am 7. Februar 2006 zitiert. Denn obwohl in Schwerin bereits 1995 gegen Rechtsanwalt Hans-Jürgen Lutz wegen Verdachts der Untreue ermittelt wurde, setzte das Amtsgericht Schwerin ihn als Insolvenzverwalter in die Gesamtvollstreckung der Boizenburg-Gail-Inax ein. Und Lutz hatte allein in diesem Insolvenzverfahren mindestens 12 Millionen Mark veruntreut. Und das ist nur eines von vielen anderen Insolvenzverfahren, in denen Hans-Jürgen Lutz betrogen haben soll. Diese Hintergründe könnten daher der Grund dafür sein, dass die Justiz in Schwerin zwar im Juli 2005 einen Haftbefehl gegen Hans-Jürgen Lutz beantragte, der sich bereits Ende Dezember 2002 ins Ausland abgesetzt hatte. Doch die Schweriner Justiz wollte anfangs überhaupt nicht wissen, wo er sich aufhält und ignorierte konkrete Hinweise über den Aufenthalt des Betrügers. Inzwischen sind ihm jedoch Zielfahnder des LKA Mecklenburg-Vorpommern auf den Fersen.

Ende Dezember 2006 wurde im kanadischen Thunder Bay der mit Haftbefehl gesuchte Lutz verhaftet. Da er bei einer Verkehrskontrolle einem Verkehrspolizisten keine gültigen Papiere vorzeigen konnte, wurde er genauer überprüft. Inzwischen wurde er nach Deutschland ausgeliefert und wartet nun auf seinen Prozess.

Andere Orte, gleiche Sitten, zum Beispiel die Inseln Rügen und Hiddensee. Auch hier spielen Banken und die Justiz ein unwürdiges Spiel, wenn es um die Rechte einzelner Bürger geht.

Im Zusammenhang mit einem anderen Geldinstitut berichtet der Immobilienkaufmann und ehemalige Vizepräsident der Industrie- und Handelskammer Rostock Jürgen Hempel über einen Bearbeitungsfehler im Kreditmanagement, der für ihn zu existenziellen Problemen führte. Dieser sei dadurch entstanden, dass der Vorstand des Instituts wegen seines privaten Baues von zehn Wohnungen und Gewerberäumen in einem Ostseebad seine Vorstands- und Kontrolltätigkeit nicht entsprechend wahrnehmen konnte.

Nicht hinterfragt wurde, ob der Vorstand – mit Duldung der ehemaligen Vorsitzenden des Verwaltungsrates beziehungsweise mit Billigung und Wissen des Finanzministeriums des Landes – mit seiner Ehefrau ein lukratives unternehmerisches Standbein aufbaute bei »krisensicherem« Weiterbezug der monatlichen Gehälter eines Sparkassenvorstandes des öffentlichen Dienstes.

Der von der Politik des Geldinstituts betroffene Immobilienkaufmann Jürgen Hempel: »Diejenigen, welche nicht unmittelbar die Verursacher sind, aber Ausführende im Rahmen der sich daraus entwickelnden Folgen, begründeten ihr Handeln mit Gesetzestreue und fragen nicht danach, weshalb dies geschieht. Für Betroffene sind die Auswirkungen entscheidend, das Handling. Uns interessiert als Betroffene nicht ein staatlicher Überbau, der zumal nicht in der Lage ist, für mich und meine Familie die in der Landesverfassung garantierten Rechte beziehungsweise den Schutz der Würde von im Lande lebenden Personen, wie den für meine Familie und mich, zu gewährleisten.«

Und ein anderer Unternehmer, der ebenfalls einschneidende Erfahrungen mit diesem Geldinstitut machte, klagte mir gegenüber: »Trotz des Fehlens Tausender Unternehmen im Lande werden bisher erfolgreiche Unternehmen in die Insolvenz, die Inhaber in den wirtschaftlichen Ruin getrieben.

Das sind Wirkungen, deren Ursächlichkeit mit einem rechtsstaatlichen System nichts gemein haben.« Was alle Fälle gemeinsam verbindet, sind die Ohnmacht und die Ignoranz der politischen Entscheidungsträger. Denn sie wurden alle ausführlich über die Vorgänge bei der Sparkasse informiert.

Für Angela Merkel ein Ort der Stille – Hiddensee

»Hiddensee war und ist nach wie vor ein Ort der Stille. Gerade darin sehe ich den wahren Charakter der Insel, der seinen Besuchern zu einer inneren Ausgeglichenheit verhilft, wie es anderswo kaum möglich wäre. Nach dem Knattern des Schiffsmotors ist die Ruhe, die einen einhüllt, förmlich zu spüren.«

Begeistert äußerte sich Angela Merkel über die Rügen vorgelagerte Insel Hiddensee, Teil des Nationalparks Vorpommersche Boddenlandschaft. Die fast poetische Beschreibung widerspricht allerdings ein wenig der Realität.

Jeder Tourist kennt die Schiffe der »Weißen Flotte«, die in der Ostsee auf die verschiedensten Inseln fahren. Sie wurde nach der Wende aus dem Treuhandvermögen freihändig – ohne Ausschreibung – an eine Flensburger Reederei vergeben. Jetzt begann die freie Marktwirtschaft, und die neuen Besitzer zerrten jeden kleinen Unternehmer, der selbst versuchte, kleine Boote für den Personenverkehr zu führen, vor das Gericht. Sie hatten nun das Monopol. Und das bedeutete Existenzvernichtung für die kleinen Schiffsbetreiber und für die Kunden immer höhere Fahrttarife.

Da kommt ein Bürgermeister auf die Insel, der vor der Wende im Westen Briefträger war. Heute besitzt er mehrere schmucke Häuschen auf Hiddensee. Er holte seine Freunde nach, und es wird vermutet, dass dabei Provisionen oder andere Vergünstigungen eine Rolle gespielt haben. Was zu der Frage führt: Wie wurde man auf Hiddensee reich oder eignete sich etwas mit Wildwestmethoden an?

1996 wurde zum Beispiel ein Betreibervertrag über die Abwasserbeseitigung mit der damaligen »Saarberg Hölter Wassertechnik« abgeschlossen. Gültig bis ins Jahr 2021 hinein.

Die Anlage wurde mit knapp 16 Millionen Mark Fördergeldern vom Steuerzahler finanziert. Doch ob diese Fördergelder wirklich zweckbestimmt verwendet wurden, darüber rätseln viele Hiddenseer. Die in dem Vertrag vereinbarten Entgelte, die die Gemeinde zu zahlen hatte, waren so hoch, dass mir ein Bürger aus Hiddensee sagte: »Ich kann mit Sekt die Toiletten spülen, das ist billiger als das uns in Rechnung gestellte Wasser.« Die Gemeinde hatte sämtliche Kosten und Risiken aus dem Vertrag zu tragen, während der Betreiber noch nicht einmal die Grundlagen für seine Preisgestaltung offen legen musste.

Der Vertrag wurde ohne Ausschreibung vergeben. Gleichzeitig wurde der »Saarberg Hölter Wassertechnik« auch noch freihändig, also wieder ohne Ausschreibung, die Trinkwasserversorgung übergeben. »Alle Satzungen wurden der Rechtsaufsichtsbehörde des Landkreises Rügen angezeigt und nach rechtlicher Prüfung erlassen«, schreibt das Wirtschaftsministerium in Schwerin.

Doch, so ein Urteil des Verwaltungsgerichts Greifswald vom 29. September 2005, die gesamte Vergabe, ob Abwasser oder Wasserversorgung, war eindeutig rechtswidrig.

Die zuvor alarmierten Behörden, ob Landratsamt oder die Landesregierung, hatte das nie interessiert. Dafür erhielten Berater aus dem Westen fürstliche Löhne. Einer zum Beispiel 300 Euro plus Spesen pro Stunde. Geleistet haben sie dafür kaum etwas.

Schließlich kamen die Piranhas der freien Marktwirtschaft, die Immobilienfonds. Aus Leipzig unter anderem ein Anwalt, der mit Mandantengeldern reihenweise Hotels und Häuser aufkaufte, insbesondere von denjenigen, die in finanziellen Schwierigkeiten waren. »Du hängst in Seilen drin. Verkaufe dein Grundstück«, sagte er ihnen. Und wer keine Alternative hatte, der musste ihm zu unerhört niedrigen Preisen sein Häuschen verkaufen.

Dass Appartements auf Timesharing-Basis ohne Genehmigung errichtet wurden, ist allenfalls am Rande zu erwähnen. »Alles, was wir nicht wollten, ist gekommen«, klagte ein Hiddenseer Bürger.

Und so setzte ein unkontrollierter Bauboom ein, insbesondere Betonbauten entstanden, die nicht dem Stil der Insel angepasst waren. Aber sie brachten den Investoren viel Geld. »Während 120 Großinvestoren ›positive Bauvoranfragen‹ erhielten, die mit drei Millionen die Projekte finanzierten und sofort für sechs Millionen weiterverkauften, können die Einheimischen kaum etwas bauen«, beklagte sich der Hiddenseer Horst Toschke. Dieser Skandal wurde der Landesregierung in zahlreichen Schreiben vorgehalten – doch der Regierungschef Harald Ringstorff, der ebenfalls informiert wurde, reagierte nicht.

Der Bauamtsleiter erklärte, dass er überhaupt keinen Einfluss auf das Baugeschehen habe. Er könnte nicht mal Kontrollen durchführen, weil er von der Baustelle gejagt werde. Der Bauamtsleiter wörtlich: »Die in der Bauaufsicht machen sowieso, was sie wollen.«

Die Bauträger errichteten massenhaft neue Häuser, andere Grundstücke wurden dadurch so zugebaut, dass sie keinen freien Blick mehr aus ihrem eigenen Fenster haben. Trotz aller Eingaben an den Petitionsausschuss des Landtags in Schwerin, an das Wirtschaftsministerium durch Bürger von Hiddensee geschah – nichts.

Die Gemeindevertreter, die eigentlich – so sieht es zumindest die Verfassung vor – die Verwaltung und den Gemeinderat kontrollieren sollen, sind bestenfalls Statisten geworden. Es gibt weder öffentlich diskutierte Wirtschafts- noch Finanzpläne, Bürgeraussprachen finden nur in Ausnahmefällen statt. Und die Gemeinde ist heute mehr oder weniger pleite.

Was auch daran liegt, dass Millionenaufträge ohne die notwendigen Ausschreibungen vergeben wurden.

Zum Beispiel der Hafen Kloster. Alle Versuche der Gemeindevertreter, die Unterlagen für die Ausschreibung einzusehen, blieben erfolglos. Oder dass der Chef der Gemeindevertretung seinen Fischkutter an einen Investor mit der Zusage verkaufte, dass dieser einen »extra Anleger« gebaut bekomme. Darauf angesprochen antwortete er: »Du hast doch diesen Staat gewollt.«

Überall das Gleiche, bis ins Ministerium bekommen sie ihren Teil aufs Konto. Genehmigt wird alles vom Wirtschaftsministerium, auch die Millionen EU-Fördergelder, die wie in Sizilien irgendwo versickern.

»Denn«, so eine Bürgerinitiative, »keiner unternimmt etwas, und bis ins Wirtschaftsministerium hinein wird mitgemischt.« Tatsächlich wurden die verdächtigen Machenschaften bei der Staatsanwaltschaft in Stralsund angezeigt. Dort aber, so ein Anwalt aus Stralsund, »wurden sie lange hinausgeschoben, bis alles verjährt war«.

Ein anderer Anwalt, der die Bürger von Hiddensee vertritt: »Wir haben alle Unterlagen zur Staatsanwaltschaft gebracht und Anzeigen erstattet. Aber sie sind verschwunden.« Bemerkenswert in diesem Zusammenhang ist der Vorgang um ein 179 Quadratmeter großes Grundstück in Vitte, »ein Holzhäuschen einsam und schön in der Heide gelegen«. So wird es von Volker Müller in einem Artikel in der *Berliner Zeitung* vom 5. März 2005 beschrieben. Eingetragener Besitzer ist das Ehepaar Barbara und Wolfgang Voigt. Das Haus war das Refugium des berühmten Brecht-Schauspielers Ernst Busch. Und Barbara Voigt ist die Tochter von Ernst Buschs Frau aus einer früheren Verbindung.

Um dieses Häuschen und die Verwaltung von Buschs Nachlass gab es in den letzten Jahren heftigen Streit. Denn auch der Halbbruder Barbara Voigts wollte auf einmal an das Grundstück heran. So weit ist das alles nicht bedeutsam. Bedeutsam wird der Vorgang dadurch, dass es erstens unzählige Gerichtsverfahren gab, die zweitens alle zugunsten von Barbara Voigt entschieden wurden.

Im Juni 2003 landete der Fall schließlich beim Verwaltungsgericht Greifswald. Dort behauptete der Halbbruder, dass während der DDR-Zeit ein großes Spiel mit den beiden Geschwistern gespielt worden sei, und dass in diesem Spiel jeder seine Vorteile sucht, sei verständlich.

Das Verwaltungsgericht kam nach dieser politischen Einfärbung des Vorgangs und einer halbstündigen Verhandlung zu einem überraschenden Spruch. Es erklärte alle vorausgegangenen Zivilgerichtsurteile als für sich nicht bindend. »Die Greifswälder Richter urteilten also entgegen der Auffassung aller ihrer Kollegen, die in den letzten 13 Jahren entschieden hatten.«[19] Barbara Voigt und ihrem Ehemann wurde jetzt manipulativer Umgang mit dem Busch-Erbe vorgeworfen, der Erwerb des Grundstücks als nicht hinreichend schutzwürdig bezeichnet. Und eine Revision ist nicht zugelassen.

»Insgesamt 22 Richter haben das in den diversen Zivilgerichtsprozessen ganz anders gesehen«, so der Rechtsanwalt des Ehepaares Hans-Georg Heinichen aus Stralsund. Barbara und Wolfgang Voigt sind kurzerhand enteignet und damit um ihr Lebenswerk gebracht worden. Ernst Busch könnte, wäre er nicht 1980 gestorben, eine bittere Moritat über die seltsamen Entscheidungswege der Justiz in Mecklenburg-Vorpommern anklingen lassen.

Das Fazit über das Innenleben der schönen Insel Hiddensee, die Billy Wilder, Lion Feuchtwanger, Ernst Busch oder eben Angela Merkel in ihren Bann gezogen hat, lautet: Die Bürger von Hiddensee haben den Glauben an den Rechtsstaat verloren.

3. Über Bankrotteure, Finanzhaie und Gaunerkartelle

Ausführlich zitierte Anfang Januar 2006 die *Frankfurter Allgemeine Zeitung (FAZ)* – als einzige deutsche Tageszeitung – eine unerwartet harsche Anmerkung des 5. Strafsenats des Bundesgerichtshofes (BGH) unter der Vorsitzenden Richterin Monika Harms. Der Senat kritisierte die bisherige Bekämpfung der Wirtschaftskriminalität in Deutschland. Die *FAZ* bezog sich dabei auf ein noch unveröffentlichtes Urteil zum »Kölner Müllskandal«, in dem es um 20 Millionen D-Mark Schmiergeld im Zusammenhang mit dem Bau einer Müllverbrennungsanlage in Köln ging. In der Anmerkung der BGH-Richter heißt es demnach: »Nach der Erfahrung des Senats kommt es bei einer Vielzahl von großen Wirtschaftsstrafverfahren dazu, dass eine dem Unrechtsgehalt ... adäquate Bestrafung allein deswegen nicht erfolgen kann, weil für die gebotene Aufklärung derart komplexer Sachverhalte keine ausreichenden Ressourcen zur Verfügung stehen.«[1]

Nun sollte man eigentlich erwarten, dass es vonseiten der Politik oder der Medien eine entsprechend heftige Reaktion auf diese Erkenntnisse geben würde. Doch weit gefehlt. Es herrschte eisiges Schweigen in der ansonsten ach so aufgeklärten politischen Szene. Wirtschaftskriminalität – kriminelle Manager und kriminelles Unternehmertum samt deren Helfern und Zuträgern –, das ist ein Tabuthema in Deutschland. Bereits im August 2003 verabschiedete (immerhin – die FDP!) die FDP-Fraktion im Hessischen Landtag ein Konzept für eine Schwerpunktstaatsanwaltschaft Wirtschaftskriminalität in Hessen. »Die FDP fordert zur verstärkten Verfolgung der Straftaten im Wirtschaftsbereich – Korruption, Börsenstraftaten, organisierte Kriminalität, Geldwäsche, Insiderhandel – die Einrichtung einer Schwerpunktstaatsanwaltschaft für Wirtschaftsstrafsachen in Hessen.«

Reiner Fuellmich wiederum, einer der engagiertesten Rechtsanwälte in Deutschland, der sich mit dem Verbraucherschutz für Kleinanleger beschäftigt, spricht sogar davon, dass Deutschland ein Ruheraum für internationale Finanzkriminalität geworden ist, »mit einer Justizministerin, die inkompetent ist«. Er meinte die SPD-Justizministerin Brigitte Zypries während ihrer Amtzeit bei der rot-grünen Regierung.

Warum jedoch ist bisher so wenig geschehen? Weil eine ernsthafte Bekämpfung von organisierter Wirtschaftskriminalität bestimmten Interessen der politischen und wirtschaftlichen Elite Deutschlands in die Quere käme und sie daher alles daran setzen, dass sich am Status quo nichts ändert. Denn es geht ja um die Attraktivität des Wirtschaftsstandorts Deutschland, der nicht beschädigt werden darf.

Und so schloss sich die alte Bundesregierung unter Bundeskanzler Gerhard Schröder – wie überhaupt der überwiegende Teil der öffentlichen Meinungsmacher – konsequent der Propagandaaktion an, dass ein wirtschaftlich starkes Deutschland auch einen starken Finanzplatz benötigt. Dazu passt die Geschichte eines kritischen Artikels über die HypoVereinsbank, der in einer deutschen Wochenzeitschrift erscheinen sollte. Als die Recherchen des renommierten Journalisten bekannt wurden, meldeten sich die Juristen der Bank bei dem Chefredakteur. Danach wurde der Artikel nicht gedruckt, aber zum Ausgleich konnten Werbeaufträge verbucht werden.

Die deutsche Finanzwirtschaft zu puschen dürfte ein wesentlicher Antrieb dafür gewesen sein, im Mai 2003 die »Initiative Finanzstandort Deutschland (IFD)« zu gründen. In ihr sind erstmals die gesamte Bankenbranche, die Versicherungen, die Bundesbank, die Spitzenverbände der deutschen Finanzwirtschaft und das Bundesministerium für Finanzen Seite an Seite vereinigt. Die Initiative will unter Zurückstellung ihrer Eigeninteressen an einem Aktionsprogramm für die deutsche Finanzwirtschaft arbeiten. Zentrale Themen sind unter anderem: Verbesserung steuerlicher Rahmenbedingungen, bessere Regulierung/Bürokratieabbau, Deregulierung der Fondsindustrie.

Im völligen Kontrast zu dieser Harmonie zwischen der politischen Elite in Berlin und der Finanzwirtschaft (so als gebe es keine unüberbrückbaren Interessenswidersprüche) steht die Aussage des Wirtschaftskriminalisten und Pressesprechers des bayerischen Bundes Deutscher Kriminalbeamter (BDK), Uwe Dolata. Der mahnte in einer Presseerklärung im Herbst 2005, dass der BDK über die deutsche Bankenlandschaft »entsetzt« sei. Und er führte weiter aus: »Die Geschäftspolitik einiger deutscher Banken stellt sich immer problematischer dar.« Er bezog seine Kritik auf die HypoVereinsbank in München, die im Februar 2005 beschlossen hatte, sogenannte faule Kredite im Wert von 15 Milliarden Euro über ihre Hypo Real Estate Holding zu verkaufen.

Durch diese bilanztechnische Verschiebung von uneinbringbaren Forderungen durch wackelig finanzierte und überteuerte Immobilien (Schrottimmobilien) auf die Tochterfirma stellte sich die Bilanz der HypoVereinsbank weitaus besser dar, als die finanzielle Situation wirklich war, und erhöhte ihren Verkaufswert. Zuvor hatte, das wird in Anwaltskreisen zumindest behauptet, der bayerische Justizminister seine Hand schützend über die HypoVereinsbank gehalten, eine Hand, die wiederum vom bayerischen Ministerpräsidenten Edmund Stoiber geführt wurde. »Der sorgt dafür«, meint ein Insideranwalt, »dass die Richter in Bayern nicht aus dem Ruder laufen.« Glücklicherweise gelingt ihm das nicht immer.

Im Spätsommer 2005 wurde die HypoVereinsbank von dem italienischen Bankriesen UniCredito geschluckt. »Ein

Heer von gut ausgebildeten Wirtschaftskriminalisten und Staatsanwälten wäre für Nachermittlungen bezüglich der Übernahme der HypoVereinsbank durch die UniCredito erforderlich«, zürnt Uwe Dolata. Und schließlich der Hauptvorwurf des Wirtschaftskriminalisten: »Haben sich die Geldinstitute in den letzten Jahren durch die Finanzierung von sogenannten Schrottimmobilien eine Arbeitsweise angeeignet, die man sonst nur Gaunerkartellen zuschreiben würde, rücken sie nunmehr in den Dunstkreis von Bankrotteuren.«[2]

Der Banker aus Bayern

»Mit großzügigen Krediten schuf sich Karl Gerhard Schmidt ein Reich von Bewunderern. Nach dem Untergang der traditionsreichen SchmidtBank ermittelt nun die Staatsanwaltschaft. Für die Menschen aber bleibt Schmidt ein Gönner«, schreibt Stefan Willecke im Mai 2004 in der Wochenzeitung *Die Zeit*.[3]

Die Staatsanwaltschaft ermittelte gegen den Banker wegen »Untreue durch missbräuchliche Kreditgewährung«, wegen »vorsätzlich falscher Risikoeinstufung« und »Betruges zum Nachteil von Kleinaktionären bzw. zum Nachteil des Großaktionärs Karl S.«. Vorwürfe, die von den Anwälten Karl Gerhard Schmidts vehement bestritten werden. Stefan Willecke schätzt, dass die Pleite anderthalb Milliarden Euro groß ist. »Das System Schmidt entwickelt sich zu einem sonderbar verklausulierten Herrschaftssystem, einer altfränkischen Ein-Mann-Plutokratie.«[4]

Im nordbayerischen Hof herrschte daher, als im Jahr 2002 alles aufflog, fast so etwas wie Weltuntergangsstimmung, weil eine Bank – Besitzer Karl Gerhard Schmidt, der in der Vergangenheit so viel für die östliche Region getan hatte – die Vorstellung der Leute, wie seriöse Banken handeln, durcheinander brachte. Auf der Strecke blieben Tausende Arbeitsplätze in der an sich sehr strukturschwachen Region (12 Prozent Arbeitslosigkeit) und ein schwer angeschlagener Banker. »Nicht nur die Unternehmen, auch die Gemeinden stehen vor dem Konkurs. Im Landkreis Hof müssen nach Angaben des Selbitzer Bürgermeisters zwölf der 27 Gemeinden einen Kredit aufnehmen, um die laufenden Gehaltsrechnungen zu bezahlen.«[5]

Der große Banker Karl Gerhard Schmidt: Aufgrund seiner Leistungen wurde er unter anderem mit dem Bayerischen Verdienstorden, dem Verdienstkreuz der Bundesrepublik Deutschland 1. Klasse und der Medaille für Verdienste um die bayerische Wirtschaft des Staatsministeriums für Wirtschaft und Verkehr ausgezeichnet.

1962 trat er in die Geschäftsleitung der SchmidtBank in Hof als persönlich haftender Gesellschafter ein und übernahm damit in fünfter Generation die Mitverantwortung für die 1828 in Wunsiedel von seinem Urgroßvater gegründete Privatbank. »Das Verhältnis der SchmidtBank zur bayerischen Staatsregierung war durch jahrelange enge Zusammenarbeit gefestigt und von gegenseitigem Vertrauen und wechselseitiger Hilfe geprägt«, so die Anwälte von Schmidt in einem mir vorliegenden Dokument.

Tatsache ist, dass Schmidt von der Politik in Bayern massiv unterstützt wurde. Denn die Bank war das größte und leistungsfähigste Kreditinstitut in Nordbayern mit über 120 Filialen. Entsprechend häufig wurde der Banker aus Hof von staatlichen Stellen und politischen Mandatsträgern, zum Beispiel von Minister Otto Wiesheu, um Hilfe gebeten, unter anderem bei der Sanierung von Unternehmen, die in Schwierigkeiten geraten waren. Und nun war die Bank selbst auf einmal ein Problemfall. So behauptet die Staatsanwaltschaft, dass die SchmidtBank bereits im Oktober 2001 bankrott gewesen sei. Die Rede ist von einem damaligen Wertberichtigungsbedarf[6] von 835 Millionen Mark, während die Anwälte nur von 450 Millionen Mark ausgingen. Das heißt, die Bilanz war ziemlich geschönt und entsprach nicht der realen Situation.

Doch obwohl die Staatsregierung in München über die katastrophalen Verhältnisse der Bank informiert war, bot sie noch am 12. November 2004 die Übernahme der Bank durch die Bayerische Landesbank an und fixierte das Angebot auch noch durch einen »Letter of Intend«, eine besondere Absichtserklärung. Beteiligt an dem Rettungsversuch waren Minister Otto Wieshew, Finanzminister Kurt Faltlhauser, die Präsidenten der Bayerischen Landesbank und der Landeszentralbank sowie Vertreter der HUK-Coburg und der Nürnberger Versicherungsgruppe. Die Übernahme durch die Bayerische Landesbank scheiterte am Widerstand des Sparkassenverbandes, dessen Geschäftsbereich sich mit der SchmidtBank überschnitt.

Bereits am 18. Oktober 2001 unterbreitete die Commerzbank ein Angebot für Consors, einen Discountbroker, der zu 64,5 Prozent der SchmidtBank gehörte. Chef von Consors war Karl Gerhard Schmidts Sohn. Klaus-Peter Müller, der Vorstandschef der Commerzbank, drängte damals auf eine schnelle Durchführung des Verkaufs von Consors, was einen Ausgleich des Wertberichtigungsbedarfs zur Folge gehabt hätte. Doch dann geschah das Unerwartete. Karl Gerhard Schmidt war gerade in Südtirol bei einer Bergwanderung, als er auf seinem Handy einen Anruf erhielt. Am Apparat war der zuständige Sachbearbeiter des Bundesaufsichtsamts für Kreditwesen (BaKred). Er teilte dem Banker mit, dass im nächsten *Platow-Brief* ein unangenehmer Artikel über ihn erscheinen würde. Aber er solle sich nicht grämen und sich »den Südtiroler Wein weiter schmecken lassen«.

In dem *Platow-Brief* vom 5. November war zu lesen: »Nun könnte die Erfolgsstory möglicherweise ins Wanken geraten. Wie zu hören ist, soll die SchmidtBank in ihren Büchern erhebliche Risikopositionen angehäuft haben, die angeblich inzwischen auch das von Berlin nach Bonn umgezogene Bundesaufsichtsamt für Kreditwesen auf den Plan gerufen haben sollen. ... Mittlerweile sucht Schmidt in der Branche händeringend nach einem Partner für die Online-Tochter.«

Ein paar Tage später folgte die *Financial Times*: »Die Schmidt-Bank ist offenbar unter Finanzdruck geraten. Das Traditionshaus habe einen zusätzlichen Wertberichtigungsbedarf von bis zu 400 Millionen Euro.«[7] Und auch die *Welt* wusste etwas zu berichten: »Ein Konsortium unter der Führung der Bayerischen Landesbank und der vier privaten Großbanken wird die finanziell schwer angeschlagene SchmidtBank retten.«[8]

Die Online-Direktbank Consors, die 1999 so erfolgreich begann, nahm ein jähes Ende.

Zwei Jahre danach, am 7. August 2003, traf der Banker Karl Gerhard Schmidt den bayerischen Staatsminister Otto Wiesheu zu einem Vier-Augen-Gespräch. Schmidt wollte die Zerschlagung des Kundenstammes seiner Bank in »bad Bank« (für faule und anrüchige Kredite) und »good Bank« verhindern. In dem Gespräch sagte Otto Wiesheu dem Banker, dass der damalige Präsident der Bundesanstalt für Kreditwesen im November 2001 im Vorfeld der Bundestagswahl aus »politischen Gründen den Konkurs der SchmidtBank gewollt« habe, »um dadurch einen für Bayern empfindlichen Bankenskandal zu provozieren«.

Das scheint gelungen zu sein. Nun gibt es für kleine Handwerker und Unternehmer keine Kredite mehr und keine Hilfen von der bayerischen Landesregierung. Die Commerzbank schluckte die noch übrig gebliebenen Filialen der SchmidtBank vom Bleistift bis zum Bürosessel, und eine französische Bank übernahm die Direktbank Consors. Und die bayerischen Politiker, die sich so lange auf die Schmidt-Bank gestützt hatten, die haben sich unterdessen vornehm zurückgezogen. Der einstige Gönner und Freund wurde fallen gelassen. Jetzt müssen die Gerichte klären, ob der Banker mit seinem einst prächtigen Hofstaat wirklich die von der Staatsanwaltschaft behaupteten kriminellen Delikte begangen hat.

Würzburger Erfolgsmodell

Er lächelt jovial, beide Hände in den Taschen der dunklen Anzughose vergraben – Exbundesaußenminister Hans-Dietrich Genscher. An seiner Seite klatschen ein weißhaariger Aufsichtsratsvorsitzender, Karl-Heinz Wehner, und ein vergleichsweise junger Vorstandssprecher, Friedrich Schwab, in die Hände. Sie alle bekunden Anfang Dezember 1999 ihre Freude darüber, dass die Bank für Immobilieneigentum (BFI) an die Börse in Berlin gegangen ist.

Im Jahr 1990 hatte sich Karl-Heinz Wehner entschlossen, nach erfolgreichen Geschäften in Würzburg sein Bündel zu packen und sich in Richtung Osten zu begeben. Im thüringischen Städtchen Greiz traf er unter anderem den Rechtsanwalt und FDP-Kreisvorsitzenden Uwe A., und die beiden wurden bald gute Freunde. Im April 1995 gründeten sie in Dresden eine Aktiengesellschaft zur Förderung von Immobilieneigentum, die ein Jahr später mit 10 Millionen Mark Grundkapital zur Bank für Immobilieneigentum (BFI) umfirmiert wurde. In den Aufsichtsrat holte er seinen guten Freund, den Rechtsanwalt Uwe A. von der FDP.

Ein Jahr später gründete Karl-Heinz Wehner in Radeberg eine Wohnungsbaugenossenschaft, und wieder war Freund Uwe A. als Aufsichtsratsmitglied mit dabei. Mitte der Neunzigerjahre, der goldenen Aufbruchszeit, hat er sich viele Freunde gemacht, was nicht nur daran lag, dass ein FDP-Politiker zu den Verantwortlichen der Bank gehörte. Im Vorstand der BFI-Bank wirkte noch Hans Dieter B., ein anderer Experte. Bis zum Jahreswechsel 2002/2003 war er Sparkassenchef in Riesa-Großenhain, wo Millionenlöcher in der Bilanz dazu führten, dass der Verwaltungsrat der Sparkasse ihm die Vertragsverlängerung verweigerte.

Zu den Kunden der BFI, der ersten ostdeutschen Privatbank, zählten Kommunen und kommunale Verbände aus Thüringen und Schleswig-Holstein, die ihre Gelder bei der neuen Bank zinsgünstig anlegten. Das hofften sie zumindest, denn in den Prospekten las sich alles so schön. Und natürlich keilten seine Mitarbeiter viele Anleger, die sich von den Angeboten der Bank, vor allem von besonders ertragreichen Immobilienfonds, überzeugen ließen. Und die Banker, die frischen Wind in den trüben Osten blasen wollten, waren spendabel. Sie stellten, so stand es in einer Presseerklärung der Technischen Universität Chemnitz vom 15. Dezember 1999, »24 000 D-Mark für herausragende wirtschaftswissenschaftliche Diplomarbeiten und Dissertationen« zur Verfügung, den BFI-Preis. »Die BFI-Bank knüpft bewusst an die große Vergangenheit des Landes als Zentrum des Banken- und Versicherungswesens an.«

Stolz verkündete – so die Presseerklärung der Technischen Universität Chemnitz – Friedrich Schwab, der Vorstandssprecher der BFI-Bank: »Gleichzeitig ist dieser Preis eine gute Möglichkeit, mit fähigen jungen Wissenschaftlern in Kontakt zu kommen, die wir beim weiteren Aus- und Aufbau unserer Bank dringend benötigen.« Am 24. Oktober 2001 durften zwei Wirtschaftswissenschaftler den noblen Preis entgegennehmen. Es sollte das letzte Mal sein. Irgendwie klappte es auf einmal mit dem Erfolgsmodell nicht mehr.

Im August 2003 schrieb Manfred Schweidler in der Würzburger *Main-Post*: »Die Taktik des Verschleierns und Verschweigens setzte sich bis zuletzt fort. Der Aufsichtsratsvorsitzende sprach nur, mit wem er wollte. Die Vorstände waren überhaupt nicht anzusprechen, obwohl es ihre Aufgabe wäre, zu erklären, wie es zu der Katastrophe kommen konnte.«[9]

Kurz zuvor hatte die Staatsanwaltschaft Würzburg ein Ermittlungsverfahren wegen Betruges gegen Wehner erhoben, nachdem am 16. Juli 2003 das Amtsgericht Dresden das Insolvenzverfahren gegen die BFI-Bank eröffnet hatte.

In das Zentrum der Kritik geriet auch die Wirtschaftsprüfungsgesellschaft KPMG, die dem Unternehmen jedes Jahr von Neuem einen Persilschein für ein florierendes Unternehmen austeilte. Die Mängel und Schwächen der Bank waren den Wirtschaftsprüfern offenkundig gar nicht aufgefallen.

Und wieder, wie im Fall der HypoVereinsbank, ist von dubiosen Immobiliengeschäften die Rede. Denn der Vorstandschef der »BFI-Repräsentanten Service AG«, die für die Bank Gelder der Anleger einsammelte, war gleichzeitig Vorstandsvorsitzender der inzwischen insolventen Würzburger Firma Alpha Know-how Transfer (Immobilienanlagen). Die von Anlegern eingesammelten Gelder flossen in Immobilienprojekte von 106 Großkreditnehmern, alles Personen aus dem sehr nahen Umfeld des BFI-Gründers Karl-Heinz Wehner.

Doch dann war Schluss mit dem Geschiebe. Würzburger Wirtschaftskriminalisten hatten intensiv daran gearbeitet, das Netzwerk von Betrügern und ausgefuchsten Bankrotteuren zu zerschlagen. Am 22. März 2005 wurde in Würzburg das Urteil gegen Karl-Heinz Wehner gesprochen. Der Vorsitzende Richter Rainer Gründert bezeichnete ihn, nachdem er das Urteil (fünf Jahre und neun Monate Gefängnis) verkündet hatte, als »die zentrale Figur, die alle Fäden in der Hand hielt, andere Personen in die Geschäfte einband und sie darin verstrickt hat«.

500 Anleger habe er um 13 Millionen Euro geschädigt. Tröstlich für den Banker, dass ihm das Gericht bescheinigte, er habe nicht aus »reiner Profitgier« gehandelt, sondern nur »versucht, sein Imperium zu retten«.

In der Stadt Greiz, dort wo die ostdeutsche Karriere des Verurteilten begann, gibt es heute eine hohe Arbeitslosigkeit. Ein Bürger sagte mir über die aktuelle Situation im Ort: »Ohne Aussicht auf Eingliederung in den ersten Arbeitsmarkt werden hier die nach den Hartz-Gesetzen sogenannten

Langzeitarbeitslosen im wahrsten Sinne des Worten versklavt. Seit Mai 2005 setzt die Stadt 1-Euro-Jobber zum Abriss der Oehler Textilfabrik ein, ein Entkernungsauftrag, für den eigentlich Spezialisten zuständig wären. Stattdessen besinnt sich die Stadt auf Pickhacke und Schaufel und rekrutierte aus dem neuen Fundus der billigen Arbeiter kurzerhand die 1-Euro-Jobber.«

Auch in Dresden wurde seit 2003 im Zusammenhang mit der BFI-Bank ermittelt. Doch hier gab es massiven politischen Druck vonseiten der Landesregierung auf den ermittelnden Staatsanwalt. Er hatte, so ein mit dem Vorgang befasster Wirtschaftskriminalist mir gegenüber, »Verbindungen zu Landespolitikern aufgedröselt. Daraufhin wurde er ausgetauscht.«

Deshalb war auch das Landeskriminalamt Sachsen »nicht glücklich über die schleppenden Ermittlungen« wegen des Drucks »aus der politischen Ecke«, klagte mir gegenüber ein Wirtschaftskriminalist vom Landeskriminalamt Dresden.

Das demonstrieren auch andere Vorgänge. Da gibt es zum Beispiel einen sächsischen Generalstaatsanwalt, der seinen Staatsanwälten schon mal gesagt haben soll: »Schluss mit den Ermittlungen.« Und es gibt die Vorfälle im Zusammenhang mit dem ehemaligen sächsischen Wirtschaftsminister Kajo Schommer. Der soll auf nicht ganz korrekte Art und Weise Geld für die CDU kassiert haben. Und zwar fünf Millionen D-Mark für den sächsischen Landtagswahlkampf 1999. »Er hat mich zu dieser Spende aufgefordert«, behauptete Ulf Rittinghaus, der ehemalige Vorstandsvorsitzende der Sachsenring AG. Und Wolfgang Kießling, dessen Fahrer, kann sich an folgenden Ablauf des entsprechenden Gesprächs erinnern:

»Nach der Podiumsdiskussion nahm unser damaliger Wirtschaftsminister Dr. Kajo Schommer Herrn Rittinghaus beiseite. Ich stand in der Nähe hinter einer Blume oder Palme oder was das war – ich hatte Herrn Rittinghaus Unterlagen zu bringen –, und ich hörte, wie Dr. Kajo Schommer Herrn Rittinghaus ansprach, nach der verloren gegangenen Bundestagswahl. Das war ja gerade mal passiert, und der bevorstehenden Landtagswahl, inwieweit die Möglichkeit besteht, ihm und der Landesregierung eine Spende in Höhe von fünf Millionen für die kommende Landtagswahl zu gewährleisten.«

Ulf Rittinghaus dazu: »Kurze Zeit später kam er dann mit einem neuen Vorschlag, nämlich die 25 Millionen Mitgift für das Zentrum für Mikroelektronik Dresden (ZMD) um 4 Millionen zu erhöhen auf 29 Millionen, um dann letztlich mit der Differenz eine indirekte Wahlkampfaktion zu fahren.«[10] Exminister Schommer bestritt den Vorwurf.

Der *Stern* enthüllte die Geschichte und wurde deshalb vom Exwirtschaftsminister verklagt. Die Illustrierte sollte nicht mehr behaupten dürfen, dass Exwirtschaftsminister Kajo Schommer als Gegenleistung für eine Spende für eine CDU-PR-Kampagne der Sachsenring AG staatliche Fördermittel in Höhe von vier Millionen Mark hat zukommen lassen. Schommer unterlag vor dem Kammergericht.

Karl Nolle, Obmann der SPD im Untersuchungsausschuss, erklärte daraufhin in einer Presseerklärung der SPD-Fraktion: »Unser Untersuchungsausschuss birgt Dynamit für die CDU-geführte Regierung. Es ist ein einmaliger Vorgang, dass ein ehemaliger Staatsminister von einem Gericht seine Unglaubwürdigkeit bescheinigt bekommt.«

Aufgeklärt ist der Vorgang trotzdem immer noch nicht, wobei eines zu denken gibt: Hinter dem Unternehmer Ulf Rittinghaus stehen einflussreiche Männer, die in einem Unternehmen namens WMP Eurocom AG (WMP steht für Wirtschaft, Medien, Politik) zusammengefunden haben. Es sind Hans-Erich Bilges, früher Chefredakteur bei Gruner & Jahr, Hans Hermann Tiedje, früher Chefredakteur von *Bild*, Roland Berger oder der ehemalige Bundesverteidigungsminister Rupert Scholz. Und auch der inzwischen verstorbene Günter Rexrodt, ehemaliger Schatzmeister der FDP, gehörte dazu. Der Ehrenvorsitzende des Aufsichtsrates Hans-Dietrich Genscher bringt es auf der Webseite der WMP Eurocom AG auf den Punkt: »Mit dem Netzwerk der Unternehmensgruppe WMP wurden ideale Voraussetzungen für eine seriöse und kompetente Kommunikationsberatung in den Bereichen Wirtschaft, Medien und Politik geschaffen.«[11] Das Unternehmensprofil wird so beschrieben: »Unsere Kernkompetenzen sind neben der Kommunikationsberatung die strategische und konzeptionelle Medienarbeit. Die Ergebnisse werden in den Medien umgesetzt.«

Anfang Januar 2006 erhob die Staatsanwaltschaft Chemnitz Anklage gegen Ulf und Ernst Wilhelm Rittinghaus wegen vorsätzlicher Insolvenzverschleppung, Bilanzfälschung und Untreue. Exvorstandschef Ulf Rittinghaus nannte die Anklage laut der *Sächsischen Zeitung* hingegen einen »Griff in die Trickkiste der Politik, die mit uns noch eine Rechnung offen hat«. Bis März 2007 fand noch keine Hauptverhandlung statt.

Wenn es um Geld, Einfluss und Netzwerke geht, da darf Thüringen nicht fehlen. Hier versuchte die Staatsanwaltschaft Mühlhausen einen dubiosen Vorgang um eine CD-Fabrik aus dem Jahr 2000 zu untersuchen. Vordergründig ging es darum, dass ein CD-Fabrikant aus Bayern Fördergelder in Höhe von rund 38 Millionen Euro erschlichen haben soll. Er hatte nach der Wiedervereinigung das erste deutsch-deutsche Gemeinschaftsunternehmen gegründet und in Suhl ein neues Compact-Disc-Werk für über 100 Millionen Euro errichtet. Dann kam es zu Absatzproblemen, und schließlich wurde das CD-Werk vom Land Thüringen übernommen, was nichts anderes heißt, als dass der Steuerzahler bluten musste.

»Ich ermittle in alle Richtungen«, erklärte damals der zuständige Staatsanwalt und fand sogar einen mutigen Richter, der ihn unterstützte, indem dieser ihm entsprechende Durchsuchungsbefehle unterschrieb. Die Durchsuchungen im Wirtschaftsministerium und in der Staatskanzlei in Erfurt schienen höchst aufschlussreiche Ergebnisse zutage gefördert zu haben.

Doch dann kam die Anweisung aus dem Oberlandesgericht an die Staatsanwaltschaft – eher ein seltenes Ereignis –, die Ermittlungen einzustellen. Ein im direkten Umfeld des zuständigen Staatsanwalts arbeitender Zeuge meinte dazu: »Danach ist alles im Sand verlaufen, und es kam zu einer Strafaktion, weil ein Kollege ermittelt hatte, und es gab erheblichen Druck auf die Richter.« Wie der Druck aussah, das wollte er mir nicht sagen.

Fakt ist: Im Zuge ihrer Ermittlungen zur Pilz-Affäre wurden die thüringischen Staatsanwälte nicht nur durch die Politik massiv behindert, als sie das Wirtschaftsministerium und die Staatskanzlei in Erfurt durchsuchen wollten. »Der Justizminister warnte den Wirtschaftsminister vor dem Besuch der Staatsanwälte, der Chef der Staatskanzlei rückte Akten nicht heraus und der Präsident des Oberlandesgerichts Jena versuchte immer wieder, die Durchsuchungen durch Anrufe auf dem Handy des zuständigen Richters zu stoppen«, meldete *Spiegel*-Online am 15. Februar 2007. Gegen keinen der Beteiligten, ob Präsident des Oberlandesgerichts Jena oder Justizminister, wurde ein Verfahren wegen Strafvereitelung im Amt eingeleitet. Sowohl in Thüringen wie im benachbarten Sachsen ist ein solches unheilvolles Kungeln wesentlicher Bestandteil der politischen Kultur. Wie sagte doch der sächsische SPD-Landtagsabgeordnete Karl Nolle anlässlich einer Plenarsitzung im Sächsischen Landtag am 5. Februar 2004: »Alle wesentlichen Ämter in Sachsen von ganz unten bis ganz oben sind mit dem gleichen Parteigesangbuch durchorganisiert und der Dienstweg der Rechtsaufsicht durch den internen Parteiweg ersetzt. An dieser Wirklichkeit einer Staatspartei in Sachsen nimmt die Demokratie, für die die Menschen 1989 auf die Straße gegangen sind, schleichenden Schaden.«

Nach den Landtagswahlen vom 19. September 2004 musste die CDU eine Koalition mit der SPD eingehen. An den von Karl Nolle kritisierten bleiernen sächsischen Verhältnissen hat sich seitdem trotzdem wenig geändert: »Um keine Missverständnisse aufkommen zu lassen, für mich ist eine Koalition keine Verabredung zum vorsätzlichen Rechts- und Verfassungsbruch und kein Schweigegelübde. Kommt es zu Rechtsverstößen durch Amtsträger, durch wen auch immer, oder besteht dazu auch nur der geringste Verdacht, halte ich es für die uneingeschränkte Pflicht eines Abgeordneten, dagegen öffentlich zu protestieren. Zivilcourage und öffentlicher Druck sind die wichtigsten Korrektive in einer Demokratie.« Vehement kritisierte er den CDU-Justizminister Geert Mackenroth, zuletzt in einer Presseerklärung vom 14, Januar 2007: »Es ist sinnlos, den Rücktritt von einem Justizminister zu fordern, der vorsätzlich, wiederholt und im Zusammenwirken mit Parteifreunden, politischen Einfluss nimmt, durch Maulkörbe für Staatsanwälte und Einschüchterung von Ermittlungsbeamten.«

Wie Bürger in Berlin ausgetrickst werden

Noch in bester Erinnerung ist vielen Berlinern die Haushaltsrede, die Klaus-Rüdiger Landowsky, Träger des Großen Bundesverdienstkreuzes, am 27. Februar 1997 hielt: »Ich bin auch dankbar dafür, dass der Senat jetzt intensiv gegen die Verslumung Berlins vorgeht, gegen Sprayer, gegen Müll und Verwahrlosung auch der städtischen Brunnen. Es ist nun einmal so, dass dort, wo Müll ist, Ratten sind und dass dort, wo Verwahrlosung herrscht, Gesindel ist. Das muss in der Stadt beseitigt werden.«

Kaum einer hätte gedacht, dass er sich acht Jahre später – seit dem 29. Juli 2005 – vor einem Berliner Gericht verantworten muss. Und zwar nicht wegen irgendwelcher Lappalien, sondern wegen Untreue in besonders schwerem Fall. Die Rede ist vom »Berliner Bankenskandal«, der Anfang 2001 öffentlich wurde. Zum Hintergrund: Es geht um die landeseigene Bankgesellschaft Berlin, die wirtschaftlich zusammengebrochen ist und daher den Steuerzahler Milliarden kostete und kostet. Die Bankgesellschaft Berlin entstand 1994 als Holding für die Landesbank Berlin, die Berliner Hypotheken- und Pfandbriefbank sowie die Berliner Bank. Die Landesbank Berlin war staatlich, die anderen beiden Banken hingegen privatwirtschaftlich organisiert. Diese neue Bank engagierte sich nun über eine Vielzahl neuer Tochterfirmen und über Kredite im Bau- und Immobiliensektor.[12]

Wegen Liquiditätsproblemen aufgrund falscher Markteinschätzungen musste die Berliner Hypotheken- und Pfandbriefbank, deren Mehrheitsaktionärin die landeseigene Bankgesellschaft Berlin ist, mindestens 81 Millionen Euro abschreiben. Riskante Immobiliengeschäfte der Berliner Landesbank kamen hinzu, und so musste das Land Berlin im Jahr 2002 eine Bürgschaft über 21,6 Milliarden Euro für die landeseigene Bankgesellschaft Berlin übernehmen. Hinzu kam, dass der Ex-CDU-Fraktionsvorsitzende und Exchef der Berlin Hyp, Klaus-Rüdiger Landowsky, damals von der Immobilienfirma 40 000 D-Mark als Parteispende erhalten haben soll. Die Folgen für die Stadt Berlin waren verheerend.

Krankenhäuser, Kindertagesstätten und Schwimmbäder mussten geschlossen, Universitäts- und Kulturetats gestrichen und Arbeitsplätze massenhaft abgebaut werden. Berlin ist heute pleite, und trotzdem scheint der enge Zusammenhang zwischen der Pleite des Landes inklusive sozialem Kahlschlag auf der einen Seite und den Machenschaften um die landeseigene Berliner Bankgesellschaft auf der anderen Seite aus dem öffentlichen Bewusstsein verschwunden zu sein. Im Haushalt des Landes jedoch nicht. Seit 2004 müssen jährlich 300 Millionen Euro – 25 Jahre lang, insgesamt 6,4 Milliarden Euro – gezahlt werden, weil der Berliner SPD/PDS-Senat sich für die Risikoabdeckung des Missmanagements und der korrupten Geschäftspraktiken der Berliner Bankgesellschaft entschieden hat – gegen den erbitterten Widerstand engagierter Bürger. »Wer hat das zu verantworten?«, fragte daher die

»Initiative Bürger gegen den Bankenskandal«. Die Abgeordneten von SPD und PDS glaubten, ohne diese Risikoabdeckung wäre alles noch viel schlimmer.

Was die Verantwortlichen des Bankenskandals selbst angeht, lohnt ein Blick auf die Aufsichtsräte und Vorstandsmitglieder, also jene Persönlichkeiten des öffentlichen Lebens, die sich gerne mit Titeln, aber nicht mit ihren Pflichten als Aufsichtsrat schmücken. Da sind Manager wie der einstige CDU-Fraktionschef Klaus-Rüdiger Landowsky oder Aufsichtsräte wie Edzard Reuter, der ehemalige Vorsitzende des Aufsichtsrates der Bankgesellschaft Berlin, Heinz Dürr, der ehemalige Vorsitzende der Deutschen Bahn, Friede Springer vom Verlag Axel Springer, Dieter Feddersen, Rechtsanwalt und ehemaliger Vorsitzender des Aufsichtsrates der Bankgesellschaft Berlin, Wolfgang Branoner, CDU, ehemaliger Senator für Wirtschaft und Technologie – alles in allem das Who's who der deutschen politischen Elite.

Zwar standen dann im Februar 2005 erstmals Exmanager wegen Untreue in besonders schwerem Fall vor Gericht. Schlappe 470 Millionen Mark sollen sie mit kriminellen Methoden an dubiose Geschäftemacher und Parteifreunde der CDU vergeben haben. »Aber«, so äußern sich übereinstimmend Berliner Wirtschaftskriminalisten mir gegenüber, »da wird überhaupt nicht herauskommen, wer wirklich verantwortlich war«.

Und es wurde natürlich ein Untersuchungsausschuss ins Leben gerufen, der die Hintergründe der Bankenpleite untersuchen sollte. Dieser nahm im April 2001 seine Arbeit auf, konnte aber bis zu den Berliner Neuwahlen nur einen Zwischenbericht vorlegen. Im Februar 2002 setzte ein zweiter Untersuchungsausschuss die Arbeit bis Anfang 2005 fort. Vorgeladen wurde im September 2001 unter anderem der kurz zuvor durch ein Misstrauensvotum abgewählte Regierende Bürgermeister Eberhard Diepgen. Ihm wurde von den Parlamentariern vorgehalten, dass der Landesrechnungshof doch frühzeitig auf Probleme hingewiesen habe – bis hin zu der Einschätzung, dass gegen das Interesse des Landes Berlin gehandelt werde. Eberhard Diepgen reagierte vor dem Untersuchungsausschuss darauf mit den weisen Worten: »Der Rechnungshof ist sowieso immer gegen wirtschaftliche Betätigung.«

Vorgeladen und befragt wurde auch der Sonnyboy, Talkshowgast und Partygänger der SPD, der Regierende Bürgermeister Klaus Wowereit. Ausweislich der Zusammenfassung der 17. Sitzung des Untersuchungsausschusses vom November 2002 ist Interessantes über seine Arbeitsqualitäten zu erfahren.

»Herr Wowereit wurde zum Umgang mit dem Brief von Herrn Walther befragt, der in seinem Schreiben auf sein Gutachten für die IBG [Immobilientochtergesellschaft der Berliner Bankgesellschaft, d. Autor] und auf seine Erkenntnisse während dieser Arbeit – die vermeidbaren hohen Verluste aus dem Immobilienbereich und die falschen Jahresabschlüsse – hingewiesen hat. Herr Wowereit hat nach einem Gespräch mit dem Chef der Senatskanzlei beschlossen, diesen Brief an die Finanzverwaltung weiterzugeben, da diese zuständig sei. Es gab keine Mitteilung über den Erhalt des Schreibens und die Weiterleitung und auch keine Wiedervorlage. Bei der Finanzverwaltung verschwand dieses Schreiben in der Ablage eines Sachbearbeiters. Eine Weitergabe an den damaligen Justizsenator Wieland hatte er nicht in Betracht gezogen, auch wenn in dem Schreiben von vorsätzlichen oder fahrlässigen Testaten die Rede war. Er habe sich auch weder mit diesem Gutachten noch mit anderen Gutachten zur Bankgesellschaft beschäftigt.«[13]

»Was ist zu tun?«, fragte die »Initiative Bürger gegen den Bankenskandal«, die sich nicht abspeisen lassen wollte. Sie sammelte Unterschriften für einen »Gesetzentwurf zur Neuausrichtung des öffentlich bestimmten Bankwesens« in Berlin. Das Gesetz, das per Volksbegehren in Berlin durchgesetzt werden sollte, »hat zum Ziel, die Risiken und Verluste der Bank im verfassungsrechtlich bestimmten Maß vor allem den Verantwortlichen ... den Bankern, Politikern, Wirtschaftsprüfgesellschaften und weiteren Profiteuren zu überlassen und nicht ausschließlich dem Gemeinwesen! Das Land soll dadurch wieder mehr Handlungsmöglichkeiten erhalten, für Investitionen in Bildung, Infrastruktur und Soziales.«

Obwohl genügend Stimmen für das Volksbegehren gesammelt wurden, lehnte der Senat im Februar 2004 das Begehren der Bürger ab, und Ende 2005 schloss sich der Berliner Verfassungsgerichtshof der Entscheidung des Senats an. So geht man mit den Bürgern um, die nicht hinnehmen wollen, dass eine Bankpleite ein wesentlicher Grund dafür ist, dass für soziale und kulturelle Einrichtungen kein Geld mehr zur Verfügung steht, dass Berlin, was die sozialpolitischen Möglichkeiten betrifft, ein Riesenslum geworden ist. All jene, die direkt oder indirekt in den Berliner Bankenskandal verwickelt sind, gehören übrigens zur Kampftruppe derjenigen, die sich für eine neoliberale Wirtschaftsordnung einsetzen und die Arbeitnehmer mit den Phrasen einlullen, dass Leistung und Arbeit sich wieder lohnen müssen, die von Verteilungsgerechtigkeit und sozialer Marktwirtschaft schwadronieren.

Während Verantwortliche der Bankgesellschaft Berlin weiter fette Gehälter beziehungsweise Pensionen kassieren – wie Klaus-Rüdiger Landowsky eine Jahrespension von 237744 Euro –, weigerten sich die zwei großen Berliner Tageszeitungen *Der Tagesspiegel* und die *Berliner Zeitung* eine bezahlte Anzeige der »Initiative Bürger gegen den Bankenskandal« abzudrucken.[14]

»Gleichzeitig hat die Politik im Verein mit bestimmten Wirtschaftsführern dafür gesorgt, dass Zeitgenossen, die mit besonderem Wissen und erheblicher (auch krimineller) Energie ausgestattet sind, Bereicherungschancen haben, die nicht nur mit qualifizierter Ausbildung und Erwerbsfleiß zu realisieren sind«, kritisierte Wolfgang Hetzer auf einer Tagung der Katholischen Akademie in Trier am 15. Oktober 2005.

Die Affäre Phoenix

Am 7. April 2004 stürzte auf dem gepflegten 18-Loch-Golfplatz bei Zuoz im schweizerischen Kanton Engadin eine kleine Privatmaschine bei Loch 6 ab. An Bord der Maschine, meldete eine Woche später das Internetportal www.hedgefondsweb.de, befanden sich der geschäftsführende Gesellschafter des Unternehmens Phoenix Kapitaldienst GmbH, Dieter Breitkreuz, und seine Familienangehörigen, die fast alle bei dem Absturz ums Leben gekommen sind. »Dieter Breitkreuz habe die Gesellschaft seit der Firmengründung vor 27 Jahren in Frankfurt am Main zum heutigen Erfolg geführt«, war auf der genannten Website zu lesen.

Die Propagandisten von Hedgefonds verweisen gleichzeitig darauf, »dass für eine erfolgreiche und reibungslose Fortsetzung der bisherigen Geschäfte gesorgt« sei. Seitdem ranken sich diverse Theorien um den Flugzeugabsturz, den nur Breitkreuz' Sohn überlebte. Gemunkelt wurde, der damals 66-jährige Finanzjongleur aus Frankfurt am Main sei noch am Leben und lasse es sich an einem sonnigen Ort gut gehen. Sicher ist nur, dass die Ursache des Absturzes bis heute nicht aufgeklärt worden ist und die Reste des Flugzeugs von der Staatsanwaltschaft immer noch nicht freigegeben wurden.

Und sicher ist auch, dass von »erfolgreichen Geschäften«, wie die Hedgefonds-Vertreter behaupteten, wirklich nur bedingt die Rede sein konnte. Profitiert hatten insbesondere Dieter Breitkreuz und seine vielen emsigen Anlageberater. Einer der besten von ihnen prahlte sogar damit, dass er »zehn Prozent für jeden Abschluss erhalten und sein Unternehmen gleichzeitig so viel Werte vernichtet habe, dass man die Frankfurter Zeil damit kaufen könnte«.

Wie mit den Kunden umgegangen wurde, beschreibt eine mir vorliegende interne Aktennotiz von einem der Anlageberater von Phoenix:

»Ein Kunde beschimpft den Berater als Optionsniete, Verbrecher, Dummschwätzer, droht mit Rechtsanwälten.

Der Berater bestätigt ihn hämisch grinsend, sagt ihm, dass er ihn versteht, und zeigt ihm im gleichen Moment die neue Chance auf (Markt, Gewinn, Story). ›Herr F. ... ich habe Ihnen ja gesagt, dass Sie nicht zu viel ›machen‹ sollten, aber jetzt würde ich richtig ›klotzen‹.‹ – ›Nein, ich mache nicht weiter.‹ – ›Mensch, Herr F., seien Sie doch kein Schlaffi. Was soll denn Ihre Frau/Ihr Mann/Ihre Kinder von Ihnen halten, wenn Sie ihnen erzählen, dass Sie Ihr Geld an der Börse verloren haben und Sie es sich nicht wiederholten, obwohl Sie die Chance dazu hatten und jetzt klar haben.‹ Oder ein Argumentationsbeispiel mit Bezug auf Pressemeldungen: ›Herr S., wie Sie sicher heute gelesen haben, steht der Krieg zwischen USA und Irak kurz bevor. Bei aller Pietät und Mitleid mit den Opfern. Was glauben Sie, wo der Ölpreis hingeht, wenn die ›Enterprise‹ ihre Bugwelle in den Persischen Golf drückt? Na klar, nach oben ...!‹

Die Story brachte in diesem Fall 2000 Euro Provision (in nur fünf Minuten) und das Gelächter der Beraterkollegen, die sich über diesen ›Trottel‹ köstlich amüsierten. Grundsätzlich: Jeder Berater weiß, dass der Kunde kaum eine Chance hat, auf Dauer zu gewinnen, und animiert den Kunden immer wieder zum Optionsgeschäft. Die Schulung hierzu übernimmt der Chef des Hauses Dieter Breitkreuz persönlich, der manchmal unerwartet hinter einem Berater steht und unserer Gesprächsführung zuhört, also völlig im Bilde über die genannten Praktiken ist. Er sorgt unter Androhung des Rauswurfes der Berater bei Unrentabilität, sprich Umsatzausfall für Verkaufsstimmung.«

Finanzinvestor Dieter Breitkreuz war, das darf man nie aus dem Auge verlieren, in Hessen ein allseits beliebter Unternehmer. Bekannt ist seine freundschaftliche Verbindung zu Bahnchef Hartmut Mehdorn gewesen, der dem Sohn von Dieter Breitkreuz so nebenbei mal 1016 Bahnhöfe verkaufen wollte. Der fungierte nämlich als Geschäftsführer der »First Rail Estate«. Das Unternehmen musste allerdings Ende Juli 2005 Insolvenz anmelden.

Anlässlich seines 65. Geburtstags wurde Dieter Breitkreuz von einem seiner Mitarbeiter angesprochen: »Sie haben bald Ihr Ziel erreicht. ›Wie meinen Sie das?‹, fragte er mich. Ich denke, Sie sind bereits Milliardär. Die Antwort von Dieter Breitkreuz lautete: ›Noch nicht ganz, aber fast.‹« Bei anderen Gelegenheiten sprach er von seinen »guten Kontakten« zur Frankfurter Justiz. »Von daher habe ich noch keinen größeren Prozess verloren. Das ist nur meinen guten Beziehungen zu verdanken.«

Ein Jahr nach dem Flugzeugabsturz bei Loch 6 auf dem Schweizer Golfplatz meldete *Bild* im März 2005: »700 Anleger-Millionen weg! Phoenix war ein riesiges Betrugssystem.«[15] Insgesamt hatten mehr als 30 000 Anleger dem Kapitaldienst vertraut. Einen Tag zuvor hatte bereits der Frankfurter Oberstaatsanwalt Thomas Bechtel erklärt, dass gegen einen Mitarbeiter der Phoenix Strafanzeige wegen Betrugs und Untreue erstattet wurde. Etwas spät geschah das alles. Schließlich hatte ein Mitarbeiter der Phoenix bereits im Jahr 2003 die Börsenkontrollbehörden in Frankfurt, Paris und London über Fälschungen gewarnt. Er berichtete mir Folgendes: »Ein Jahr davor habe ich Unterlagen bekommen, dass irgendetwas mit den Fonds nicht in Ordnung sein kann. Zuerst habe ich jedoch nichts unternommen, weil es für meine Familie zu gefährlich war.«

Bereits im Jahr 2000 erkundigte sich ein Beamter des früheren Bundesaufsichtsamtes für das Kreditwesen (BaKred) genauer über das Unternehmen. Ein Insider wusste nach dessen Besuch zu berichten: »Den hat Phoenix-Patriarch Dieter Breitkreuz ins Hinterzimmer geführt. Danach ist der Beamte verängstigt davongeschlichen.« Und Ende Juli 2002 erhielt die Bundesanstalt für Finanzdienstleistungen (BaFin) ein Fax mit dem deutlichen Hinweis, dass es seit Ende Juli bei Phoenix nicht einen einzigen Händler mit einer anerkannten Börsenprüfung gebe. Neben dem angemahnten ungenügenden Qualifikationsniveau wurde die BaFin aufgefordert, den Handel der Phoenix Kapitaldienst GmbH auf seine Legalität zu überprüfen. Drei Monate später kam es zu einer Sonderprüfung durch die BaFin. Das Ergebnis: Es ist keine Notwendigkeit zum Handeln entdeckt worden.

Die BaFin hatte die Wirtschaftsprüfer von Ernst & Young angewiesen, die Beschwerden zu untersuchen. Doch es gibt schwere Vorwürfe gegen die Wirtschaftsprüfer, so die Juristen der Kanzlei Schultze & Braun auf einer Pressekonferenz. »Die aus meiner Sicht plumpen und trivialen Kontenfälschungen ... hätten Experten durchaus erkennen können«, erklärte Otto Lakies von der Kanzlei Schultze & Braun. »Warum das so lange funktionieren konnte, kann ich heute nicht abschließend erklären.«

Der Wirtschaftsprüfungsgesellschaft sind die massiven Fälschungen überhaupt nicht aufgefallen. Obwohl vieles offensichtlich auf ein betrügerisches Schneeballsystem hindeutete, unternahm die BaFin nichts. »BaFin sagt, es waren Fälschungen, dass es der Aufsichtsbehörde nicht auffällt. Wissen Sie was? Diese Fälschung macht jeder Idiot«, berichtete mir ein ehemaliger Mitarbeiter von Phoenix. Und ein mit dem Vorgang befasster Kriminalbeamter kommt zu der Einschätzung: »Sämtliche Behörden haben wissentlich geschlafen.«

Die kritisierte BaFin soll sich eigentlich darum kümmern, dass die deutschen Finanzmärkte reibungslos funktionieren und die Finanzdienstleister ihre Kunden ordnungsgemäß betreuen. Das klingt nach unabhängiger Kontrollinstanz. Weit gefehlt. Ein Wirtschaftskriminalist zum Beispiel sagt: »Über Geldwäsche wissen sie viel, aber sie machen nichts. Im Privatbankenbereich sehe ich, dass nichts läuft. Wie soll das auch funktionieren, wenn die BaFin sagt, wir sind für die Banken da und nicht gegen sie, und von den Banken bezahlt wird, eine Farce aus Sicht von uns Wirtschaftskriminalisten.«

Und der Göttinger Anwalt Reiner Fuellmich, der sich mit Anlagebetrug beschäftigt, sagte mir: »Es ist unfassbar, wie naiv und untätig die sind. BaFin ist ein zahnloser Tiger.«

Aber der Tiger wird in der breiten Öffentlichkeit zumindest gut verkauft, und die Bundesregierung, ob alt oder neu, hat wenig Interesse, ein wirklich unabhängiges Kontrollinstitut für die Finanzdienstleister wie Banken und Versicherungen in Deutschland zu installieren. Doch die Gier der Finanzhaie ist ja nicht naturgegeben. Die rot-grüne Bundesregierung hat ihnen alle Widerstände aus dem Weg geräumt. Sie sind daher die »Folge oder Ausdruck eines entgleisenden Systems, das nicht mehr vornehmlich der Bedürfnisbefriedigung arbeitender Menschen dient, sondern der Erschließung von Tatgelegenheiten in Gestalt gesellschaftsfeindlicher Raubzüge. Es wird Zeit, dass sich die Opfer der zunehmenden anarchischen Selbstbegünstigung in Politik und Wirtschaft an ihre Möglichkeiten erinnern: ›Alle Staatsgewalt geht vom Volke aus‹ (Art. 20 Absatz 1 Satz 1 des Grundgesetzes für die Bundesrepublik Deutschland).«[16] Ein schöner Satz, der da im Grundgesetz vor sich hindämmert.

Mitte Juli 2006 wurden im Skandal um den Anlagebetrug bei Phoenix vom Frankfurter Landgericht zwei Führungskräfte von Phoenix wegen Betrugs und Urkundenfälschung zu sieben Jahren Haft verurteilt. Die ebenfalls angeklagte ehemalige Geschäftsführerin erhielt wegen Untreue eine Gefängnisstrafe von zwei Jahren und drei Monaten. Für die Anwälte der Anleger war das Urteil unbefriedigend. Rechtsanwalt Klaus Nieding wird mit den Worten zitiert: »Insbesondere die Verurteilung der Geschäftsführerin zu nur zwei Jahren und drei Monaten bedeutet bei guter Führung, dass sie bereits in Kürze wieder auf freiem Fuß ist. Für die mehr als 30 000 Phoenix-Geschädigten ist das ein Schlag ins Gesicht.«[17]

4. Der voreingenommene Senat des Bundesgerichtshofs und das absolute Recht von Banken

Die Galeomorphii, bekannter als echte Haie, werden in zahlreichen Fernsehsendungen als üble Menschenkiller verleumdet. Dabei ist die Wahrscheinlichkeit, von einem Blitz getroffen zu werden, unendlich höher, als von einem dieser Meeresbewohner angefressen zu werden. Die menschliche Gattung der Finanzhaie, der in den letzten Jahren in Deutschland viele zum Opfer gefallen sind, bewirkt weitaus größeres Unheil. Doch kaum einer mag über diese Finanzhaie berichten, weil sie mächtig sind und daher nicht befürchten müssen, gejagt zu werden. Außerdem genießen sie eine höchstrichterliche Schutzzone.

Am 17. September 2004 nahm sich die Krankenschwester Anja Schüler, eine junge hübsche Frau aus Würzburg, das Leben. Sie wurde gerade mal 28 Jahre alt. Ihr Selbstmord hatte folgendes Vorspiel: Im Jahr 1998 wurde sie von Anlageberatern der Bausparkasse Badenia überredet, eine Immobilie in Chemnitz als Altersvorsorge zu kaufen. Wie Tausende andere Anleger auch hatte die junge Frau ihr Geld in Immobilien angelegt, die mit falschen Versprechungen weit über ihrem tatsächlichen Wert an sie verkauft wurden. Es sind sogenannte Schrottimmobilien. Um den Kauf zu finanzieren, wurden hohe Kredite zu überhöhten Zinsen bei der Badenia aufgenommen, die später nicht mehr zurückgezahlt werden konnten.

Anja Schüler erkannte zwar bald, dass sie einer Mogelpackung aufgesessen war, doch ihre finanzielle Not wurde immer größer. Trotz Rechtsberatung – unter anderem von Exbundesinnenminister Gerhart Rudolf Baum – war es unmöglich, einen akzeptablen Vergleich mit der Bausparkasse Badenia zu erreichen. Einen solchen Vergleich hätte die Badenia nur mit Kunden abgeschlossen, deren Einkommen um 100 Euro über der Pfändungsfreigrenze liegt. Anja Schülers Einkommen lag jedoch 200 Euro höher. Deshalb lehnte die Badenia einen Vergleich ab und bestand auf Erfüllung des abgeschlossenen Vertrages.

Als Anja Schüler von ihren Eltern in Würzburg tot aufgefunden wurde, lagen auf dem Tisch zusammen mit Abschiedsbriefen die Zwangsvollstreckungsbescheide der Badenia in Höhe von über 70 000 Euro. Ihr Entsetzen über den Selbstmord teilten Anjas Eltern in einem offenen Brief mit, den sie auch ins Internet stellten:

»Wir werfen der Badenia nach allem, was wir heute wissen, vor, dass sie unsere Tochter Anja in den Tod getrieben hat. Anja war eine sozial engagierte, ehrliche, anständige, aufrechte und fleißige OP-Schwester, die an ihrem Arbeitsplatz beliebt war. Sie hatte keinerlei besondere Sorgen außer der, Opfer der Badenia geworden zu sein. … Wir betrachten es hingegen als Schande für eine Bausparkasse, die sich selbst im Internet ehrbarer Geschäfte rühmt, wenn sie Kunden solche Ruinierungsgeschäfte unterjubelt und sie hinterher dann fertigmacht. Bis hin zum in Kauf genommenen Suizid.«[1]

In einem Gerichtsverfahren gegen die Badenia und gegen die ehemalige – inzwischen insolvente – Vertriebsfirma Heinen & Biege kam Exbundesinnenminister Gerhart Baum 2004 zu folgendem erschreckenden Resultat: »Ich muss auch davon ausgehen, dass diese großflächigen, systematischen, massiven Zeugenbeeinflussungen nach einem System erfolgt sind und dass dieses System in der Spitze der Bank verankert war. Und ich möchte gerne wissen, ob dieses System wirklich beendet ist.«[2]

Ohne Not beugte sich die rot-grüne Bundesregierung immer wieder dem Druck der Bankenlobby, obwohl doch der Europäische Gerichtshof bereits im Jahr 2003 erstmals gegen die bisher unangetasteten Bankinteressen im Zusammenhang mit Schrottimmobilien entschieden hatte. Und in diesem Bereich tummeln sich bekanntlich besonders viele Finanzhaie. Die damalige Verbraucherministerin Renate Künast verkündete zwar im Dezember 2004 vollmundig: »Wir sind entschlossen, in diesem Bereich unter dem Aspekt eines besseren Verbraucherschutzes aufzuräumen.«

Doch zwei Wochen später trat eine von derselben Regierung beschlossene auf drei Jahre verkürzte Verjährungsfrist für einen Widerspruch in Kraft. Damit ignorierte sie die intensiven und beschwörenden Einwände der Verbraucherverbände, diese Frist doch aufzuheben. Als Folge dieser neuen Regelung wurden 85 Prozent aller Schrottimmobilienbesitzer ihrer Rechte beraubt, denn ein Widerspruch vor dem 31. Dezember 2004 war nicht möglich, da es keine entsprechenden gesetzlichen Regelungen gab.

Im Sommer 2005 wurde von Interessenvertretern einzelner deutscher Banken geradezu unanständiger massiver Druck auf den Generalanwalt des Europäischen Gerichtshofes (EuGH) ausgeübt, als er sich für mehr Verbraucherschutz im Zusammenhang mit Immobilienanlagen beim Europäischen Gerichtshof einsetzte. Der Generalanwalt hatte zuvor in seinem Antrag dem Europäischen Gerichtshof eine Regelung empfohlen, die Schrottimmobilienopfer finanziell entlastet hätte.

Zwar entschied der Europäische Gerichtshof am 25. Oktober 2005 (Az. C-350/03 und C-229/04) im Sinne des Generalanwalts. Aber die Umsetzung seiner Entscheidung überließ der EuGH den nationalen Gerichten, und die haben bisher immer außergewöhnlich bankenfreundlich entschieden. Und ob die neue CDU/SPD-Bundesregierung dem Urteil des Europäischen Gerichtshofs entsprechende Gesetze verabschieden wird, darf bezweifelt werden. »Allerdings stehen wir nun vor der Frage: Hat der Staat den rechtzeitigen Erlass von Gesetzen versäumt, die den Verbraucher vor solch riskanten Geschäften und ihren Folgen schützen? Dann wäre die Bundesrepublik in der Staatshaftung. Mit anderen Worten: Wir Steuerzahler müssten wieder einmal für die Versäumnisse unserer Politiker geradestehen.«[3]

Verleumdungen und Lügen oder wie Scientology den deutschen Immobilienmarkt erobert haben soll

Und damit ist man direkt beim Bundesgerichtshof (BGH) in Karlsruhe, vielmehr beim XI. Zivilsenat. Es gibt Anwälte, die Folgendes behaupten: »Der XI. Zivilsenat des BGH lässt sich bei seinen Entscheidungen zu den ›drückervermittelten Wohnungsfinanzierungen‹ nicht vom geltenden Recht, sondern von dem Bestreben, deutsche Banken vor den Folgen ihres ›organisierten Massenbetruges‹ zu schützen, leiten, und dass viel dafür spricht, dass hierbei auch Geldzahlungen von Banken an Richter eine Rolle gespielt haben, deutsche Banken zumindest in den uns bekannten Verfahren stets in allen entscheidungserheblichen Punkten vorsätzlich falsch vorgetragen haben, das heißt Prozessbetrug begangen haben.«

Ein schwerer Vorwurf, einmalig in der neuen deutschen Justizgeschichte. Wer ist dieser Anwalt, und kann er seine Vorwürfe auch belegen?

Rechtsanwalt Reiner Fuellmich aus Göttingen kämpft seit Jahren für die Interessen von Kleinanlegern, also jenen Frauen und Männern, die ihr durch harte Arbeit erworbenes Geld als Alterssicherung bei Finanzdienstleistern anlegen. Das sind in der Regel Arbeiter, Handwerker, Beamte und kleine Unternehmer. Die hatten den unverzeihlichen Fehler begangen, dem zu vertrauen, was ihnen »seriöse« Banken, Sparkassen und Immobilienfonds angeboten hatten. Und sie waren naiv, weil sie nicht ahnen konnten, welch mächtige Phalanx einflussreicher Interessenvertreter, ob aus Politik oder Justiz, ihnen gegenübersteht.

Einen Vorgeschmack davon, mit welchen Methoden sich die Finanzhaie zur Wehr setzen, bekam Anwalt Reiner Fuellmich. Seine Erfahrungen könnten aus einem Lehrbuch zur Einschüchterung kritischer Bürger stammen. So fanden Fuellmichs Nachbarn am 2. Weihnachtsfeiertag des Jahres 2000 in ihren Briefkästen ein fotokopiertes Blatt der *Heilbronner Nachrichten*, die auf ihrer Titelseite alle Einkünfte und Steuerlasten des Anwalts aufgelistet hatten. Sie entsprachen bis auf den Pfennig genau dem Steuerbescheid des Göttinger Finanzamtes. Zu diesem Zeitpunkt vertrat Fuellmich die Interessen von 4500 Kleinanlegern, die über den Tisch gezogen worden waren und mehrheitlich vor dem Ruin standen.

Im Zentrum seiner Kritik und juristischen Auseinandersetzungen standen die Heilbronner Brüder Hans-Jürgen und Friedbert Schaul, bekannte Finanzhaie. Bereits ein Jahr zuvor wurde während einer Informationsveranstaltung für die geschädigten Kleinanleger diesen eine Ausgabe der *Heilbronner Nachrichten* in die Hand gedrückt. Die Schlagzeile lautete damals: »Ein Unternehmer wehrt sich, oder wie der Rechtsanwalt Dr. Fuellmich Anleger abzockt und sich dabei eine goldene Nase verdient«. Verteilt wurden diese Informationen kurz vor einem Anhörungstermin im Bundestag zur Problematik der »drückervermittelten Wohnungsfinanzierungen«.

Auftraggeber, so fanden Journalisten heraus, waren wieder die als Immobilienhaie bekannten Brüder aus Heilbronn. Reimar Paul von der Zeitung *Junge Welt* fand heraus: »Der Chefredakteur des Blattes, ein gewisser Gerd Zimmermann, habe seinerzeit bei einer Vernehmung angegeben, er habe für die Schauls eine Konzeption erstellt ..., wie sie ihre fachliche Kompetenz in der Presse am besten darstellen könnten.« Schon im Sommer 1998 hatte ein Kompagnon der Brüder Schaul den Rechtsanwalt aus Göttingen in einem nicht unterzeichneten Schreiben bezichtigt, »mit dem Geld von Kleinanlegern die ›Kriegskasse‹ der Scientology-Sekte zu füllen«.[4]

Es dauerte nicht lange, und die Brüder Schaul aus Heilbronn (für die Lothar Späth, Spitzname »Cleverle«, Exministerpräsident von Baden-Württemberg und Exvorstandsvorsitzender der Jenoptik AG, einen Gastauftritt zelebrierte) landeten über verschlungene Wege zweifellos einen besonderen Coup. Jens M., ein freier Mitarbeiter des *ZDF*, veröffentlichte im Sommer 1999 eine Reportage mit dem Titel »Das Netz«.

Darin beschäftigte er sich mit dem Einfluss der obskuren Scientology-Sekte insbesondere auf dem Immobilienmarkt. Der Journalist behauptete, was ja nicht unbedingt falsch war, dass »Scientologen wichtige Positionen in unserer Gesellschaft erobert haben«. Aber den Beweis dafür blieb er schuldig. Die *Berliner Zeitung* schrieb in einer Kritik der Reportage: »Scientology ist eine windige, in einigen Bereichen effiziente Profitmaximierungsmaschine mit ideologischer Suppenküche, die leichtgläubige Menschen ausnützt und in materielle und psychische Abhängigkeiten stürzt. Filme, die Ängste schüren, schlechte Analysen bieten und das Thema nur effektheischend ausbeuten wollen, sollte man nicht einmal im Sommerloch zeigen.«[5]

In dieser Reportage wurde zum Beweis für die These, dass die Scientologen den deutschen Immobilienmarkt erobert hätten, der Göttinger Anwalt Reiner Fuellmich beschuldigt, in deren Dunstkreis zu arbeiten. Kronzeugin des Journalisten war eine Frau, die sich als Sektenexpertin verkaufte. Dem Journalisten des *ZDF* hätte eine Erklärung der Erzdiözesen Bamberg und Rottenburg bei seinen Recherchen aufgefallen sein müssen. Demnach würde die von ihm als eine Art Kronzeugin zitierte Sektenexpertin »Vertretern von Justiz, Politik und kirchlichen Sektenbeauftragten in unerträglich diffamierender, auch vor persönlichen Beleidigungen nicht zurückschreckender Weise Versagen« vorwerfen.

Sicher ist, dass sie beziehungsweise ihr damaliger Ehemann schon vor Jahren Geld über eine Firma erhielten, die eine Verbindung zu den Schaul-Brüdern hatte. Gemunkelt wurde von einem Betrag über 40 000 D-Mark. Tatsächlich gibt es eine Rechnung an eine Treu Concept in Heilbronn vom 16. Februar 1994. Diese Treu Concept, so das Landgericht Wiesbaden (10 0178/98), war eine Firma, »deren alleinige geschäftsführende Gesellschafter die Gebrüder Schaul waren«.

In der Rechnung der »Sektenexpertin« für die Treu Concept steht: »Für die geleistete Aufklärungstätigkeit sowie für die laufende Beratertätigkeit ... erlauben wir uns 51 330,00 Mark in Rechnung zu stellen.«

Der Mainzer Sender verlor sowohl vor dem Hamburger Landgericht als auch danach vor dem Oberlandesgericht Hamburg gegen den auf Unterlassung klagenden Rechtsanwalt Reiner Fuellmich und durfte die Sendung nicht mehr ausstrahlen. Trotz des Urteils wurden Kopien der Sendung auf Videobänder angefertigt (etwa 200) und, das hat Anwalt Fuellmich festgestellt, »durch die Brüder Schaul an eine Vielzahl von Personen und Institutionen weitergeschickt«.

Die Brüder Schaul darf man übrigens laut einem Urteil des Bundesgerichtshofs als »Finanzhaie« und »Drahtzieher vermögensvernichtender Treuhandmodelle«[6] bezeichnen. Das hatte die Stiftung Warentest-Finanztest in einem Bericht über die »Allianz der Abzocker« behauptet. Dagegen klagten die Heilbronner Brüder durch alle Instanzen – und verloren alle Verfahren. Das ist sicher schlecht für das Geschäft, in dem das saubere Image so wichtig ist, um naive Kunden anzuziehen. Vielleicht ist es nicht wichtig. Aber einer der wichtigen Auftraggeber der Brüder Schaul war die Hypobank. Und die gewährte nun tatsächlich einem der einflussreichsten Scientologen, der es in Zwickau zum größten Immobilienhändler brachte, einen Kredit von 57 Millionen Mark.

Wie der XI. Zivilsenat des Bundesgerichtshofs arbeitet

Und genau an dieser Stelle kommt der XI. Zivilsenat des Bundesgerichtshofs ins Spiel, insbesondere dessen Vorsitzender Richter. Dabei soll die Frage nach der richterlichen Unabhängigkeit geklärt werden, sofern das überhaupt möglich ist. Auf jeden Fall sagten alle, die von mir darauf angesprochen wurden, ob es hohe Richter im BGH gibt, die auf die eine oder andere Weise von bestimmten Interessen beeinflusst oder gar gekauft wurden oder werden: »Nein«, »das ist absurd«, »das gibt es nicht«, »völliger Unsinn«.

Wenn ich dann aber fragte, was ist denn mit dem XI. Zivilsenat, kam ebenso gleichförmig die Antwort: »Ach der«, »Na ja«, »bei dem freuen sich die Banken«, »furchtbar«. Wie lassen sich diese offensichtlichen Widersprüche erklären?

Am 5. November 1998 veranstaltete das Institut für Bankrecht und Bankwirtschaft an der Universität Rostock den 4. Akademischen Bankentag, an dem etwa neunzig Interessenten teilnahmen. Thema der Fachtagung war das »Recht des bargeldlosen Zahlungsverkehrs in Deutschland und Europa«. Zum Abschluss der Tagung sprach Gerd Nobbe, Richter am BGH in Karlsruhe und dort Mitglied des für das Bankrecht zuständigen Spezialsenats XI. Gerd Nobbe, der sein Referat durchaus kritisch anlegte, befasste sich unter anderem mit Bankentgelten.

Gerd Nobbe, einst Lehrbeauftragter an der Universität Bielefeld, ist seit 1989 Richter am Bundesgerichtshof und seit 2001 der Vorsitzende des XI. Zivilsenats. Und er ist im Vorstand der »Bankrechtlichen Vereinigung – Wissenschaftliche Gesellschaft für Bankrecht«, unter anderem zusammen mit dem ehemaligen Chefsyndikus der Deutschen Bank. Im Kuratorium dieser Vereinigung sind Anwälte zu finden, insbesondere Vertreter von Banken, wie der Direktor des Bundesverbandes deutscher Banken, der Chefsyndikus der Hypo

Real Estate Holding oder der Chefsyndikus der Dresdner Bank. Auch ein Vertreter des Bundesministeriums für Verbraucherschutz ist Kuratoriumsmitglied.

In diesem Zusammenhang ist eine Strafanzeige wegen Rechtsbeugung und Vorteilsnahme aufschlussreich, die der Göttinger Rechtsanwalt Reiner Fuellmich im Auftrag eines Mandanten erstattete. Und die wirft nun ein böses Licht auf den XI. Zivilsenat des BGH, insbesondere jedoch auf den Vorsitzenden Richter Gerd Nobbe.

Begründet wurde der konkrete Verdacht der Vorteilsnahme mit dem Umstand, dass Bundesrichter Nobbe regelmäßig gegen Bezahlung an von Großbanken veranstalteten Bankenseminaren teilnahm und auch noch heute teilnimmt und – nicht zuletzt unter diesem Einfluss – völlig am geltenden Recht vorbei ein Sonderschutzrecht für Banken frei erfunden haben soll. Im Jahr 2002 folgte er der Einladung der Interessengemeinschaft Frankfurter Kreditinstitute nach Potsdam. Für seinen Vortrag habe er lediglich ein Honorar in einer »auch bei anderen Veranstaltern üblichen Höhe« erhalten, antwortete Gerd Nobbe auf eine Anfrage der Journalisten. Eine genaue Summe wollte der Senatsvorsitzende den Journalisten nicht nennen.

Die Seminare sind nicht billig. Daher nehmen auch überwiegend nur Anwälte der Banken teil. »Es liegt aber«, das meint Anwalt Fuellmich, »angesichts der enormen Teilnahmegebühren für diese sich in erster Linie an Bankmitarbeiter und Bankjuristen richtenden Seminare (damals fast DM 2000, heute knapp 1000 Euro pro Person) der dringende Verdacht nahe, dass es sich auch der Höhe nach um unzulässige Nebeneinkünfte handelt (gemäß § 4 der Nebentätigkeitsverordnung zum Deutschen Richtergesetz sind 100 Euro im Monat erlaubt).«

Immerhin bezeichnete inzwischen sogar der II. Senat des Bundesgerichtshofs die Rechtsprechung des XI. Senats als »Perversion« des EU-Rechts. Darüber hinaus wies im Rahmen einer mündlichen Verhandlung vor dem Europäischen Gerichtshof (EuGH) am 15. Juni 2004 der Rechtsvertreter der EU-Verbraucherschutzkommission darauf hin, dass das Problem der Verbraucher in Deutschland bei der gerichtlichen Aufarbeitung dieser Fälle nicht das deutsche Recht sei, sondern das, was der XI. Senat des BGH daraus macht, sei eine »Perversion« des Rechts. Der Vertreter der französischen Regierung erklärte im Rahmen jener mündlichen Verhandlung wiederum mit Blick auf die merkwürdigen Ideen des XI. Senats des BGH: »Auch Worte können töten« – wie spätestens aus den Badenia-Fällen bekannt ist, tun sie dies wirklich.

Scharfe Kritik begleitet seither die kaum noch begründete (weil schlicht nicht begründbare) »Rechtsprechung« des XI. Senats des BGH. Der hoch angesehene pensionierte Richter des Oberlandesgerichts, Dr. Egon Schneider, berichtete in der juristischen Fachzeitschrift *ZAP (Zeitschrift für die Anwaltspraxis)* vom 20. August 2003 über die ausschließlich positiven Reaktionen auf seinen zuvor erschienenen Artikel »Karlsruher Weißwäsche«, in dem er die Machenschaften des XI. Senats zumindest vor einer juristischen Öffentlichkeit bloßstellte. Er kam dazu zu folgendem Fazit: »Die Kritik am Bankrechtssenat des BGH hat eine Dimension erreicht, die ich ohne Zögern als eine Glaubwürdigkeitskrise des Bundesgerichtshofs bezeichne. Dafür, dass in dem Ablehnungsverfahren etwas nicht mit rechten Dingen zugegangen ist, spricht die Erklärung des Gerichts, den Gesuchstellern könne nicht geglaubt werden. ... Auffällig ist auch, dass die abgelehnten Richter ihre angeblich relativ geringe Vergütung nicht offengelegt haben. So geringfügig wird sie daher wohl doch nicht gewesen sein. ...«[7]

Besonders ärgerlich ist in der Tat die teilweise nicht zu übersehende Begünstigung der Freunde aus dem Bankenmilieu. Im Rahmen eines Seminars legte Gerd Nobbe am 18. Mai 2001 in Potsdam keinen Protest ein, als ein Mitglied des

XI. Senats eine Äußerung des ebenfalls auf dem Podium sitzenden HypoBank-Justitiars Helmut Bruchner (Kuratoriumsmitglied der Bankrechtlichen Vereinigung) im Zusammenhang mit drei Urteilen des Oberlandesgerichts Bamberg zugunsten der Verbraucher und gegen die HypoBank wie folgt kommentierte: »Das OLG Bamberg hat sich offenbar den Verbraucherschutz auf die Fahnen geschrieben. Diesem Spuk muss ein Ende gemacht werden. Diese Entscheidungen müssen aufgehoben werden.«

Etwa zwei Monate später hob der XI. Senat die vom Hypo-Bank-Justitiar auf der Veranstaltung beanstandeten Urteile des OLG Bamberg – auf die Revision der HypoBank hin – auf und wies die Klagen ab.

Im Rahmen mehrerer Befangenheitsanträge bei weiteren Verfahren haben die angegriffenen Bundesrichter dementiert, sich derart in Potsdam überhaupt geäußert zu haben. Doch Rechtsanwalt Reiner Fuellmich hatte zur Glaubhaftmachung eine eidesstattliche Versicherung einer auf der Veranstaltung am 18. Mai 2001 anwesenden Redakteurin der Zeitschrift *Finanztest* und eine anwaltliche Versicherung eines ebenfalls anwesenden Münchner Rechtsanwalts übergeben. Und auch weitere Zeugen haben diese Aussagen bestätigt.

Rechtsanwalt Fuellmich geht daher davon aus, dass bereits zum Zeitpunkt des Seminars alles entschieden war, »sich jedenfalls der damals stellvertretende Vorsitzende eindeutig, ja im Rahmen des Seminars sogar öffentlich, festgelegt hatte, ohne überhaupt den Sachverhalt der Fälle zu kennen«. Denn der Ausgang der Verfahren musste bis zur mündlichen Verhandlung – ginge es nach den üblichen Verfahrensregeln – natürlich offen bleiben.

Und weiter geht die Kritik des Anwalts laut der mir vorliegenden Schriftsätze: »Jedenfalls durften die damals Beschuldigten sich nicht voreilig den noch mündlich vorzutragenden Argumenten der Kläger verschließen. Nicht einmal eine im Kollegenkreis geäußerte Meinungstendenz darf nach außen dringen, bevor die Parteien Gelegenheit hatten, zum Sach- und Streitstand abschließend – mündlich – vorzutragen.«

Professor Peter Derleder, Jurist an der Universität Bremen, jedenfalls kann sich dem Eindruck nicht verschließen, »dass wir an einem Punkt angekommen sind, wo man von Unrecht aus Karlsruhe sprechen muss«.

Höchst aufschlussreich ist auch eine Aussage des Bundesrichters Gerd Nobbe im Rahmen eines Festvortrages. Anlass war am 21. Januar 2000 die Eröffnung eines Instituts für Deutsches und Internationales Bank- und Kapitalmarktrecht der Juristenfakultät in der Universität Leipzig. Im Rahmen seines Vortrages sah es Gerd Nobbe als seine vornehmlichste Aufgabe als Richter, nicht das geltende Recht anzuwenden, sondern ein »Rechtsgestalter« zu sein, den der Gesetzgeber quasi bei Nichtgefallen korrigieren möge. Priorität habe grundsätzlich die Schaffung von Rechtssicherheit, denn Gerechtigkeit im Einzelfall verwirre die rechtsuchenden Unternehmen und Bürger nur. Dabei gelte es insbesondere gegenüber dem Europäischen Gerichtshof die »Wettbewerbssituation der betroffenen deutschen Wirtschaftsbranche« (lies: der deutschen Banken) im Auge zu behalten.

Abweichende Meinungen aus der Rechtswissenschaft würden von ihm »je nach Temperament, Stimmungslage und Arbeitsdruck amüsiert, mit einem müden Lächeln oder einem bloßen Kopfschütteln quittiert«, Entscheidungen des Europäischen Gerichtshofs seien wegen »mangelnder Fachkompetenz in ihrer Qualität entsprechend«.

Dazu wieder die Stellungnahme von Anwalt Reiner Fuellmich: »In kaum noch zu übertreffender Arroganz war der Beschuldigte zu 1. [Bundesrichter Gerd Nobbe, d. Autor] sich damals noch der bedingungslosen Unterstützung der Landgerichte und Oberlandesgerichte sicher.« Denn: »Entscheidungen des Bundesgerichtshofs werden von den Instanzgerichten in aller Regel mit mehr oder weniger anerkennenden Formulierungen nachvollzogen. Wo dies nicht geschieht, ist meistens menschliche Faulheit oder Bequemlichkeit am Werk, ganz selten nur Rebellion.«

Diese Art von Bankenfreundlichkeit, juristisch sicher nicht unumstritten, gesellschaftspolitisch ein Fiasko, wirkt sich natürlich auch auf die kleinen deutschen Bürger aus, die nichts von dem verstehen, was bei solchen hochkarätigen Tagungen von ebenso hochkarätigen Experten im Geiste gedealt wird.

Um was es ganz praktisch geht, zeigt sich bei den sogenannten »drückervermittelten Schrottimmobilienfinanzierungen«. Sie wurden von Ende der Achtzigerjahre bis Ende der Neunzigerjahre massenhaft an mindestens 300 000 bis 500 000 ganz überwiegend vermögenslose Gering- und Normalverdiener verkauft. Die Verkäufer nutzten dabei die Haustürsituation, das heißt, sie überrumpelten die Kunden entweder am Arbeitsplatz oder zu Hause. Die »Schrottwohnungen« wurden dadurch, dass wirtschaftlich völlig sinnlose Provisionen und Gebühren auf ihre realen Werte kalkuliert wurden, zu mehr als dem Doppelten des tatsächlichen Wertes an die unbedarften Kunden vermittelt.

Deutsche Banken, allen voran die Rechtsvorgängerin der heutigen HypoVereinsbank, bedienten sich dieser Wohnungen als einer Art Trojanisches Pferd und der Vertriebspartner als Vehikel, um im Paket mit diesen Wohnungen ihre – zwangsläufig in gleicher Weise übertragenen – Immobilienvollfinanzierungen in völlig neuer Weise massenhaft außerhalb der eigenen Filialen zu vermarkten.

Unter Einschluss auch der »drückervermittelten Fondsanteilsfinanzierungen«, die auf identische Weise ebenso massenhaft vertrieben wurden, ging der Bundesverband der Verbraucherzentralen in Berlin von mindestens einer Million auf diese Art und Weise geworbenen Darlehensnehmern und – einschließlich der Familienmitglieder dieser Darlehensnehmer – von drei Millionen Geschädigten aus.

Ein großer Teil der Betroffenen musste inzwischen Antrag auf Privatinsolvenz stellen oder wird einen solchen Antrag in absehbarer Zukunft stellen müssen. Aufgrund der Medienberichterstattung, insbesondere über die Badenia-Fälle, ist bekannt geworden, dass die Konsequenzen solch ruinöser »Kapitalanlagepakete« sich jedoch nicht mehr »nur« auf den wirtschaftlichen Ruin der Betroffenen beschränken. Die ausweglose wirtschaftliche Situation vieler Betroffener führt immer wieder zu Selbstmorden.

Dazu steht in einer Strafanzeige: »Aufgrund dieser Berichterstattung und aus diversen Gerichtsverfahren ist darüber hinaus bekannt, dass – wenn es denn einmal zu Beweisaufnahmen kommt – Banken und ihre Prozessbevollmächtigten auch vor systematischem Prozessbetrug einschließlich des systematischen Einübens von Falschaussagen der vernommenen Vermittler nicht zurückschrecken. Zweck dieser Prozessbetrügereien ist es, die vor Vertriebsbeginn von der Bank mit den Vertrieben (= ›Drücker‹) getroffenen Vereinbarungen zum Nachteil der zu werbenden Darlehensnehmer und den Inhalt der arglistig täuschenden Verkaufsgespräche gegenüber dem Gericht zu verdecken.«

Beschrieben wird in der Strafanzeige ein Fall, der die Berliner Bank betraf. Sie hatte in den Prozessen, die Kleinanleger gegen sie angestrengt hatten, jahrelang abgestritten, den handelnden Strukturvertrieb aktiv zum Zwecke der Darlehensvermittlung eingesetzt und bezahlt zu haben, das heißt sich selbst in diesen Strukturvertrieb eingebunden zu haben. Nach umfangreicher Beweisaufnahme konnte das Landgericht Berlin am 6. Oktober 2004 diesen eindeutigen Prozessbetrug aufdecken und feststellen: »Enger kann man nicht mit einem Vertrieb zusammenarbeiten.«

Zu dieser über lange Jahre wie geschmiert laufenden engsten Zusammenarbeit der HypoBank mit der »Schaul-Gruppe, Köln« hatte sich ein Mitarbeiter der Würzburger Filiale der HypoBank gegenüber einer geworbenen Darlehensnehmerin klar und deutlich geäußert. Die Zeugin hatte sich, kurz nachdem ihr ein von der HypoBank vollfinanzierter Wohnungserwerb angedient worden war, telefonisch an den Mitarbeiter gewandt. Sie fühlte sich überrumpelt und hatte das Gefühl, dass die Sache sie in erhebliche finanzielle Schwierigkeiten bringen würde. Dieser Zeugin erklärte der Mitarbeiter der HypoBank: »Sie brauchen sich da gar keine Sorgen zu machen, wir arbeiten schon seit Langem mit den Herren S. und B. eng und erfolgreich zusammen. Alle Konzepte für die Wohnanlagen werden gemeinsam mit der HypoBank entworfen, es hat noch nie Schwierigkeiten gegeben. Sollten Sie allerdings wirklich zurücktreten wollen, so würden Ihnen daraus erhebliche Kosten in fünfstelliger Höhe entstehen.«

Anders als Bundesrichter Gerd Nobbe, der ja meint, seine Rechtsauffassung könnte in den Instanzen allenfalls aus Faulheit und Bequemlichkeit nicht nachvollzogen werden, machen inzwischen viele andere Gerichte diese Art der Rechtsprechung – Anwalt Reiner Fuellmich nennt sie Unrechtsprechung – nicht mehr mit.

Ablehnung einer Strafanzeige

Die Strafanzeigen von Reiner Fuellmich aus dem Jahr 2005 gegen die Richter am XI. Zivilsenat des Bundesgerichtshofs wurden – wie eigentlich zu erwarten war – alle abgeschmettert. Zuerst lehnte die Staatsanwaltschaft Karlsruhe ein Ermittlungsverfahren gegen die fünf Richter des XI. Zivilsenats ab. Darauf legt Anwalt Reiner Fuellmich Beschwerde ein. Und er begründet sie unter anderem wie folgt:

»Die Anzeige bezieht sich auf zwei Straftaten, nämlich die Rechtsbeugung und die Vorteilsnahme. Der Vorwurf der Rechtsbeugung wird in der Anzeige auf mehr als sieben Seiten ausgeführt und dargelegt. Die Entschließung der Staatsanwaltschaft meint, den vorgetragenen Sachverhalt mit drei knappen Sätzen abtun zu können. ... Eine entsprechende, den Grundsätzen der Rechtsstaatlichkeit genügende Befassung kann aus der gegebenen Begründung der Staatsanwaltschaft nicht entnommen werden. Weitestgehend handelt es sich bei dieser um allgemein gehaltene, textbausteinartige Formulierungen. Gleiches gilt betreffend den Vorwurf der Vorteilsnahme. ... Ein ernsthaftes Befassen mit der Angelegenheit bedeutet nicht, mittels Copy-&-Paste-Funktionen aus alten Schriftsätzen vermeintlich passende Begründungen gedankenlos zu übernehmen, sondern sich eingehend mit den vorgetragenen Tatsachen zu beschäftigen. ... Der Anzeigeerstatter und der Unterzeichner meinen, schon aus rechtsstaatlichen Gründen von den Strafverfolgungsbehörden eine ebenso ernsthafte Beschäftigung mit dem Sachverhalt erwarten zu können. Eine ähnliche Erwartung teilen die mehreren Tausend Mandanten des Unterzeichners, in deren Fällen es um ähnlich gelagerte Sachverhalte geht, deren wirtschaftliche (und teils tatsächliche) Existenz von den Bemühungen der Beteiligten, nunmehr auch der Staatsanwaltschaft, abhängt.«

Wieder wird die Beschwerde verworfen. Nun wendet sich der Anwalt an den Generalstaatsanwalt. Der lehnt ebenfalls ab und behauptet, die Beschwerde wäre unzulässig. Jetzt geht Anwalt Fuellmich an das Oberlandesgericht Karlsruhe, um eine gerichtliche Entscheidung nach § 172 Absatz 2 der Strafprozessordnung zu erreichen. Und er schreibt:

»Der Sachverhalt ist ausreichend geschildert. Es geht um die Rechtsbeugung im Urteil des XI. Senats des BGH vom 26. 10. 2004. Die vorsätzlich falschen, rechtsbeugerischen Passagen des betreffenden Urteils haben wir im Antrag umfänglich wörtlich zitiert und diese Zitate auch deutlich als solche kenntlich gemacht. Auch zum Vorsatz – nämlich dass solche Fehler höchstens Jura-Erstsemestern unterlaufen können und eine derartige Häufung identischer Fehler (nämlich der Verhinderung der Rückverweisung zur Beweisaufnahme) aus Fahrlässigkeit schlicht unmöglich ist – wurde umfangreich vorgetragen.«

Zu dem Vorwurf der Generalstaatsanwaltschaft Karlsruhe, dass zudem die Beschwerdefrist nicht eingehalten wurde, meint der Anwalt: »Die Einhaltung der Beschwerdefrist ist offensichtlich. Zwar scheinen die Postlaufzeiten zwischen Generalstaatsanwaltschaft und Strafsenaten am Oberlandesgericht Karlsruhe quasi ohne jede Verzögerung zu funktionieren (siehe Stempel der Posteinlaufstelle des OLG Karlsruhe vom 28. 06. 2005 auf der Stellungnahme der Generalstaatsanwaltschaft vom 28. 06. 2005). Außerhalb der Karlsruher Justizbehörden wäre es jedoch das erste Mal, dass eine Verfügung einer Behörde schon am Tag nach ihrer Fertigung dem Recht suchenden Bürger zugeht.«

Und er schließt seinen Antrag beim Oberlandesgericht Karlsruhe mit den Worten: »Es ist bezeichnend – und vor dem Hintergrund der derzeitigen öffentlichen Diskussion in Sachen VW, Laurenz Meyer usw., usw. erstaunlich –, dass sich die Generalstaatsanwaltschaft in die Problematisierung herbeifantasierter (anders kann es der Unterzeichner nicht mehr angemessen deutlich formulieren) Zulässigkeitsfragen zu retten sucht. Eine juristisch tragfähige Begründung wider das Vorliegen des nun wiederholt erhobenen Vorwurfs der Rechtsbeugung ist ihr bislang nicht geglückt. Bezüglich der Begründetheit dieses Vorwurfs sprechen die abschließenden Hinweise auf die Einstellungsverfügung der Staatsanwaltschaft und den Beschwerdebescheid der Generalstaatsanwaltschaft, mit denen vorgeblich der Vorwurf der Rechtsbeugung ausgeräumt worden sein soll, durch ihre argumentative Leere für sich. Insofern gelingt es der Generalstaatsanwaltschaft trefflich, nahtlos an Leistungs- und Ermittlungsbereitschaft der bisher befassten Sachbearbeiter anzuschließen.«

Es wird spannend sein, wie das Oberlandesgericht in Karlsruhe entscheidet. Im Sommer 2006 sollte es so weit sein.

Das Strafverfahren gegen den Vorsitzenden Richter Gerd Nobbe wurde, trotz eines Klageerzwingungsverfahrens (damit soll erreicht werden, dass ein Strafgericht, in diesem Fall das Oberlandesgericht Karlsruhe, dem Staatsanwalt aufträgt, Ermittlungen einzuleiten), Ende 2006 aus formalen Gründen eingestellt. Das Klageerzwingungsverfahren sei unzulässig, weil sich der behauptete Sachverhalt aus den vorgelegten Schriftsätzen (aus denen ich zitierte) nicht erschließen lasse. Man nennt so etwas auch Bückling vor dem Vorsitzenden Richter Gerd Nobbe. Der hielt am 2. November 2006, als Leiter des RWS-Forums Bankrecht, einen Vortrag zum Thema »Schrottimmobilien«. Neben weiteren Senatskollegen referierten Syndikusanwälte der Banken. Das Unternehmen RWS, benannt nach dem Steuerberater und Wirtschaftsprüfer Reinhard W. Schlegel, wirbt auf seiner Internetseite übrigens mit seinen »Netzwerken nationaler und internationaler Spezialisten«.

Fürsprache erhielt der »Rechtsgestalter« Nobbe von Günter Hirsch, dem Präsidenten des Bundesgerichtshofs. Er ist, wie Gerd Nobbe, davon überzeugt, dass BGH-Richter »Rechtsgestalter« sein müssen, was einer Loslösung von Recht und Gesetz entspricht. Diese Einstellung erklärt vielleicht, warum er Rechtsanwalt Reiner Fuellmich davor warnte, seine beiden BGH-Richter Nobbe und Siol wegen Befangenheit abzulehnen, oder Strafanzeige wegen Rechtsbeugung gegen sie zu stellen. In einem Aufsatz der *Zeitschrift für Rechtspolitik* schrieb Günter Hirsch tatsächlich, dass der Richter nicht mehr Diener des Gesetzes sei: »Sucht man ein Bild, so passt meines Erachtens am ehesten das des Pianisten und Komponisten für das Verhältnis des Richters zum Gesetzgeber. Er interpretiert die Vorgaben, mehr oder weniger virtuos, er hat Spielräume, darf aber das Stück nicht verfälschen.«[8] Für den Präsidenten des BGH hat der Richter im Konfliktfall seine Entscheidung nicht am Gesetz, sondern am überpositiven Recht auszurichten. »Der Positivismus als bedingungsloser Gehorsam gegenüber dem Gesetz ist überwunden«, meint er und verwies auf die unheilvolle deutsche Vergangenheit. Der Rechtswissenschaftler Professor Bernd Rüthers hielt in der

Frankfurter Allgemeinen Zeitung in einem Kommentar dagegen: »Hirsch beruft sich ausdrücklich, aber zu Unrecht, auf die ›Lehren der deutschen Vergangenheit‹. Dabei kann die deutsche Rechtswissenschaft und Justiz aus ihrer Geschichte allerlei lernen. Die gewaltigen Umformungen ganzer Rechtsordnungen in den zwei deutschen Diktaturen wurden nämlich jeweils vor allem unter Berufung auf den überpositiven Rang neuer Rechtsquellen bewirkt. Führerwillen, Parteiprogramm der NSDAP, NS-Weltanschauung, Naturrecht aus Blut und Boden, gesundes Volksempfinden einerseits, Marxismus-Leninismus, antifaschistisch-demokratische Ordnung des neuen sozialistischen Staates andererseits. Die von den Machthabern gewünschten Ergebnisse wurden vor allem mit den Mitteln der vermeintlich ›objektiven‹ Auslegung erzielt. Der ursprüngliche Gesetzeszweck galt nichts. Das Gesetz war, wenn es umgebogen wurde, eben ›klüger als der Gesetzgeber‹.«[9]

5. Die Spätzle-Connection, ein Senator h. c. oder ein Netzwerk der besonderen Klasse

Geschmierte Beziehungssysteme werden auch in Baden-Württemberg eher nicht gestört. Zum Beispiel wenn es um eine Firma geht, die eine hundertprozentige Tochter der Landesbank Baden-Württemberg ist und in großem Umfang Gewerbeflächen in Stuttgart errichtet und vermietet. Diese Tochterfirma müsste sich eigentlich an die Pflicht zur Ausschreibung halten. Das macht sie jedoch nicht, sondern vergibt nach eigenen Angaben freihändig Verträge in Höhe von mehreren Hundert Millionen Euro.

Das fiel einem Projektleiter dieser Firma auf. Der stellte fest, dass einzelne Auftragnehmer von der landeseigenen Bank immer wieder bevorzugt wurden. Er wandte sich deshalb an seinen Geschäftsführer und wies auf die Ungereimtheiten hin. Doch der fand wenig Interesse an einer Aufklärung. Für den Projektleiter zog sein mutiger Schritt jedoch die fristlose Kündigung nach sich. Es gab keine »schützende Hand«, die sich über ihn gehalten hätte.

Am 27. Oktober 2005 veröffentlichte das »Independent Inquiry Committee« der Vereinten Nationen (IIC) einen brisanten Untersuchungsbericht. Er beschäftigt sich mit der Rolle internationaler Unternehmer im Zusammenhang mit dem UN-Programm »Öl für Nahrungsmittel« im Irak des Despoten Saddam Hussein Anfang der Neunzigerjahre. Es erlaubte der Regierung in der Zeit von 1996 bis 2003, in kontrolliertem Maße Öl zu verkaufen und mit dem Erlös Lebensmittel und Medikamente zu importieren. Damit sollten die schlimmsten Folgen der Wirtschaftssanktionen gegen die Bevölkerung gelindert werden. Nach Angaben der UN-Kommission konnte jedoch Saddam Hussein dadurch rund 1,8 Milliarden US-Dollar an Schmiergeld einstreichen. Es sei, so der Vorsitzende von Transparency International in Berlin, »der größte Skandal der vergangenen Jahrzehnte«.

In dem Untersuchungsbericht tauchen auch deutsche Konzerne auf. Unter anderem Siemens und DaimlerChrysler. Siemens habe über Tochterfirmen in Frankreich, der Türkei und den Arabischen Emiraten 1,6 Millionen US-Dollar Schmiergeld bezahlt. DaimlerChrysler, mit Sitz in Sindelfingen, lieferte sinnigerweise gepanzerte Geldtransporter an das irakische Ministerium für Energie und Öl und habe grundsätzlich zehn Prozent des Auftragumfanges als Schmiergeld an Bagdad bezahlt. Die Siemens AG erklärte zwar in einem Schreiben vom 17. Oktober 2005 an den Direktor der Untersuchungskommission, dass die Anschuldigungen nicht gerechtfertigt seien, doch die Bankunterlagen, die die Untersuchungskommission ausgegraben hatte, scheinen eindeutig zu sein. Und DaimlerChrysler reagierte überhaupt nicht auf die Anschuldigungen. Hier dürfte man eher den Kopf darüber geschüttelt haben, dass man wegen »Schmiergeldzahlungen« so viel Aufhebens machte.

Unbekannte Hintergründe eines Wirtschaftskrimis

Um ganz andere Größenordnungen, um einen Riesenbetrug, bei dem natürlich auch Schmiergeld eine Rolle spielte, ging es bei der FlowTex-Affäre. Hier suchte ein parlamentarischer Untersuchungsausschuss des Landtags bis Ende 2005 »schützende Hände« in der Politik und Justiz. Der Untersuchungsausschuss sollte das »Verhalten von Landesregierung und Landesbehörden im Zusammenhang mit kriminellen Aktivitäten von Manfred Schmider und dessen Bruder Matthias, insbesondere bei der Firmengruppe FlowTex«, untersuchen. Doch er fand keine »schützenden Hände«.

Die Abgeordneten versuchten immerhin seit dem Jahr 2001 – in 48 Sitzungen, mit 78 Beweisbeschlüssen, 114 vernommenen Zeugen, 1800 ausgewerteten Akten, 1154 Berichtsseiten in fast vier Jahren – Licht ins Dunkel dieser FlowTex-Affäre zu bringen. Bereits am 12. Dezember 2001, anlässlich der Landtagsdebatte in der Angelegenheit FlowTex, erklärte Justizminister Ulrich Goll vor dem Parlament: »Im FlowTex-Verfahren hat es niemals auch nur einen Versuch von irgendeiner dritten Seite gegeben, mich dazu zu bringen, auch nur den leisesten Einfluss auf das Verfahren auszuüben. ... Wenn ich sage ›keinerlei Versuch‹, gibt es eine einzige Ausnahme. Ich habe nämlich einmal um ein paar Ecken herum einen Brief bekommen. Da wollte jemand unbedingt mit mir persönlich über das Verfahren reden; das war Herr Gauweiler.«[1]

Der Bundestagsabgeordnete und Anwalt Peter Gauweiler vertrat den deutsch-syrischen Unternehmer und Senator h. c., Yassin Dogmoch, der im Zusammenhang mit der FlowTex-Affäre eine entscheidende Rolle spielte und auf den sich Justizminister Ulrich Goll bezogen hatte.

Vier Jahre nach Ulrich Golls Rede vor dem Stuttgarter Landtag fand dort die vorläufig letzte Parlamentsdebatte statt. Diesmal wurde über den Abschlussbericht des Untersuchungsausschusses debattiert.

Der SPD-Abgeordnete Nikolaos Sakellariou nannte das Ergebnis des Untersuchungsausschusses in der abschließenden Parlamentsdebatte am 13. Dezember 2005 eine »Sittengeschichte Baden-Württembergs im ausgehenden 20. Jahrhundert unter besonderer Berücksichtigung der Beziehungen zwischen der CDU und FDP/DVP einerseits und der örtlichen Wirtschaft andererseits«. Was er auslässt: Es ist gleichzeitig die Geschichte couragierter Staatsanwälte und Ermittler, die in anderen Bundesländern vor dem Bombardement (um es zurückhaltend zu formulieren) zügelloser Anwälte schon lange zusammengebrochen wären. Der Satz »Geld kauft Justiz« – hier ist er zum Glück fehl am Platz gewesen.

Die FlowTex-Affäre wurde, als sie Anfang 2000 die Schlagzeilen in Deutschland eroberte, in den Medien »als größter Wirtschaftskrimi der bundesdeutschen Geschichte«[2] bezeichnet. Es ging um den ehemaligen Schrotthändler, genialen Blender und spendablen Unternehmer Manfred Schmider aus Ettlingen. Er hatte zusammen mit dem zuvor noch als genial gefeierten Ingenieur Klaus Kleiser Luftgeschäfte mit sogenannten Horizontalbohrsystemen abgeschlossen und dadurch einen Schaden von rund 4,1 Milliarden Mark zu verantworten. Mit von der Partie war laut Anklageschrift der deutsch-syrische Unternehmer und Hamburger Ehrensenator Yassin Dogmoch.

Gemeinsam hatten sie weltweit Scheinfirmen gegründet, die entsprechenden Daten manipuliert, Geldströme verschleiert, Kontoauszüge auf Originalpapier nachgedruckt und Zoll- und Einfuhrbescheinigungen perfekt gefälscht. Versicherungsprämien und Leasingprämien in mehrstelliger Millionenhöhe wurden tatsächlich bezahlt, um den Schein zu wahren und Milliardenkredite einfahren zu können, die dann irgendwo – abgesehen von einer Stiftung in Liechtenstein – verschwanden. Mit diesen gefälschten Unterlagen hatten sie bei diversen Banken wiederum Kredite erhalten. Und die sind in dunkle Kanäle verschwunden – eigentlich ein perfekter Betrug.

»Diese kriminelle Energie«, wunderte sich der baden-württembergische Justizminister Ulrich Goll, »ein solches Rad zu drehen, das übersteigt bisher eigentlich das Vorstellungsvermögen jedes normal denkenden Menschen, übrigens selbst dann, wenn er durch seinen Beruf, etwa als Staatsanwalt, entsprechend misstrauisch ist.« Dass das gesamte Ausmaß des Riesenbetruges und die Rolle des Deutsch-Syrers Dogmoch überhaupt aufgedeckt werden konnte, war eine Glanzleistung des baden-württembergischen Landeskriminalamtes (LKA).

Denn zunächst war die Landespolizeidirektion Karlsruhe mit der Soko FlowTex mit der Angelegenheit befasst. An Yassin Dogmoch wollte man aber nicht heran, hielt ihn – aus welchen Gründen auch immer – für unbedeutend. Deshalb gab es einen offenen Streit zwischen dem Leiter der Soko und der Staatsanwaltschaft Mannheim. Die Staatsanwaltschaft sorgte dann dafür, dass der Leiter der Soko abgelöst wurde, und beauftragte das Landeskriminalamt Stuttgart, die Ermittlungen gegen Dogmoch zu führen.

Den Kriminalisten der Wirtschaftsabteilung im LKA gelang es, die verwinkelten Geldströme der Beteiligten nachzuvollziehen, und sie haben sich durch nichts und niemanden bei ihrer Arbeit behindern lassen. Das Gleiche galt übrigens auch für die Mannheimer Staatsanwaltschaft, die trotz massiver anwaltlicher Störmanöver, die teilweise groteske Züge annahmen, das Verfahren vor die Wirtschaftsstrafkammer des Landgerichts Mannheim brachte.

Am 22. Mai 2003 wurde Manfred Schmider zu elf Jahren und sechs Monaten Gefängnis verurteilt. Er habe, so der Vorsitzende Richter in der Urteilsverkündung, ein »kriminelles Imperium« aufgebaut.

Spuren heißen Geldes und der 11. September 2001

Aber nicht nur er. Das erkannte auch die Mannheimer Staatsanwaltschaft. Denn was sich im Umfeld des ebenfalls ins Visier der Staatsanwaltschaft geratenen Senators h. c. Yassin Dogmoch abspielte und wahrscheinlich noch lange abspielen wird, könnte einmal ein Schulbeispiel dafür werden, was ein deutscher Unternehmer, der Geld im Überfluss zu besitzen scheint, mithilfe der bestehenden Gesetze alles drehen kann.

In der deutschen Presse wurde der Senator h. c. Yassin Dogmoch bekanntlich im Jahr 2000 im Zusammenhang mit der

FlowTex-Affäre bundesweit bekannt. Und wenig später, anlässlich des mörderischen Anschlags auf das World Trade Center am 11. September 2001 in New York, geriet er erneut in die Schlagzeilen.

Berichtet wird in dem Zusammenhang eine durchaus brisante Angelegenheit. Der Hamburger Senator hätte Verbindungen zu dem Terrorfürsten Usama bin Laden gehabt. In einem Artikel der *Welt* war Folgendes zu lesen: »Der Deutsch-Syrer Yassin Dogmoch, eine der Schlüsselfiguren um den FlowTex-Milliardenbetrug, ist hier US-Ermittlern aufgefallen. Seitdem er mit Haftbefehl gesucht wird, lebt der Syrer in der libanesischen Hauptstadt. Gleich mehrere Punkte machten die Fahnder stutzig. So sponserte Dogmoch als Ehrensenator die Technische Universität Hamburg-Harburg. Zum anderen berichtete die Zeitung von Verbindungen Dogmochs zum Clan der Familie des Terroristenführers Usama bin Laden. Im Sommer 2000 hat Dogmoch in Kairo eine Organisation der ›Intellektuellen Arabiens‹ mit einem Halbbruder bin Ladens gegründet.«³

Senator Yassin Dogmoch allerdings wies diesen Vorwurf zurück, nachdem entsprechende Gerüchte in den Medien verbreitet wurden. Nicht zu bestreiten ist jedoch der folgende Vorgang, der sich kurz nach dem Terroranschlag auf das World Trade Center abspielte.

In einem Büro des Generalbundesanwalts in Karlsruhe klingelte sieben Tage nach dem Anschlag in New York das Telefon. Der Anruf kam aus den USA, und am Apparat meldete sich ein Rechtsanwalt. Er wollte eigentlich mit einem anderen Bundesanwalt sprechen, sagte er. Doch sein Wunschpartner war nicht anwesend, und daher begnügte er sich mit Bruno Jost, dem Bundesanwalt, an den er vermittelt wurde. Er teilte ihm mit, er würde in den USA den deutsch-syrischen Unternehmer Dogmoch vertreten, gegen den ja als Mitbeschuldigter im FlowTex-Verfahren ermittelt und der deshalb per Haftbefehl gesucht würde.

Er beschrieb Dogmoch als sehr renommierten und wohlhabenden Geschäftsmann mit besten Verbindungen bis in die Spitze der syrischen Regierung. Nach eigener Aussage würde er sogar in regelmäßigem und unmittelbarem Kontakt zum syrischen Staatspräsidenten stehen. Nach den Anschlägen in New York sei Dogmoch von syrischen Regierungsstellen angesprochen worden, ob er wegen der Anschläge in den USA nicht eine Vermittlerrolle in Deutschland ausüben könne. Welche Form von Vermittlerrolle und warum ausgerechnet Dogmoch eine solche übernehmen und worauf sich diese angebliche Vermittlungstätigkeit überhaupt beziehen sollte, das sei weder von Dogmoch gesagt noch von dem Anrufer erfragt worden, erinnert sich der Bundesanwalt. Doch Dogmoch habe dieses Begehren aus Syrien wegen des in Deutschland bestehenden Haftbefehls zurückgewiesen.

Hintergrund dürfte gewesen sein, so vermutete der Anwalt aus den USA, dass Ermittlungen in Deutschland ergeben hatten, dass Studenten der Technischen Universität Hamburg-Harburg Verbindungen zu den Terroristen vom 11. September unterhielten.

Und er, Dogmochs Anwalt aus den USA, erinnerte sich daran, dass der Senator h.c. im Februar 1999 500 000 D-Mark an eine an der Hamburger Universität bestehende Stiftung für Studenten aus dem Nahen Osten einbezahlt habe. Er, also der Anwalt, halte es für denkbar, auf jeden Fall nicht für ausgeschlossen, dass Mittel aus der Stiftung den späteren Attentätern zugeflossen sein könnten. Aber er wisse nicht, ob dieses Geld von Dogmoch persönlich bezahlt wurde oder aus staatlichen syrischen Mitteln geflossen sei.

Genauso wenig würde er darüber wissen, ob Dogmoch selbst dem syrischen Nachrichtendienst angehöre. Er würde das für nicht wahrscheinlich halten, könne es aber auch nicht ausschließen. Als der Bundesanwalt Dogmochs Anwalt fragte, ob sein Mandant bereit sei, eventuelles Wissen über die Ereignisse in den USA oder über die Hamburger Attentäter zu offenbaren, antwortete der Anwalt. »Ich gehe davon aus, dass dies der Fall ist.«

Drei Wochen später, am 8. Oktober 2001, klingelte bei dem Bundesanwalt Bruno Jost erneut das Telefon, und wieder meldete sich Dogmochs Anwalt aus den USA. Wieder legte der Bundesanwalt einen entsprechenden Gesprächsvermerk an, der mir vorliegt. Er hätte demnach zusammen mit dem Münchner Anwalt Peter Gauweiler in der Zwischenzeit mit Dogmoch gesprochen, um abzuklären, ob dieser bereit wäre, zu den Ereignissen vom 11. September 2001 etwas auszusagen. In dem Gespräch hörte der Bundesanwalt heraus, dass Dogmoch eher bereit wäre, in Deutschland auszusagen als dort, »wo er sich augenblicklich aufhält«.

Der Anwalt fragte, ob eine eventuelle Aussage Dogmochs »sich günstig auf sein Verfahren bei der Staatsanwaltschaft Mannheim auswirken könnte«. Der Bundesanwalt wies darauf hin, dass er sich dazu nicht äußern könne und dass sein Telefonanrufer als Rechtsanwalt eigentlich wissen müsste, »dass Aufklärungshilfe bei Straftaten üblicherweise anerkannt werde«.

Am Ende des Gesprächs kündigte der Rechtsanwalt an, dass sich in Kürze der Münchner Anwalt Gauweiler mit ihm in Verbindung setzen werde. Als der Bundesanwalt ankündigte, dass er von dem Gespräch einen Vermerk anfertigen und der zuständigen Abteilung zuleiten werde, blieben weitere Anrufe aus. Auch von Peter Gauweiler. Mit diesen beiden Anrufen (und wahrscheinlich gab es hinter den Kulissen später weitere »Aufklärungsversuche«), so vermuteten die Ermittler vom Stuttgarter Landeskriminalamt, wollten Dogmochs Anwälte einen Deal anbieten: Informationen über den Anschlag vom 11. September 2001 gegen die Aufhebung des Haftbefehls gegen ihren Mandanten.

Doch selbst das, was der US-Anwalt dem Bundesanwalt telefonisch mitteilte, ist ja schon höchst aufschlussreich gewesen. Zwangsläufig stellt sich daher die Frage, wer dieser Multimillionär Yassin Dogmoch in Wirklichkeit ist.

Sein Name tauchte zum einen Ende der Neunzigerjahre in Hamburg auf, als Vorsitzender des »First German Education and Technology Fund«. Im Beirat dieser Stiftung waren damals unter anderem Rudolf Lange, Konteradmiral und Kommandeur der Führungsakademie der Bundeswehr in Hamburg, der Geschäftsführer der Hamburger Wasserwerke Hanno Hames, ein Professor namens Helmut Thomas als Berater des Ministerpräsidenten von Nordrhein-Westfalen und der ehemalige Innensenator Hamburgs, Alfons Pawelczyk, vertreten. Das Grußwort für die Werbebroschüre (Ich wünsche dem Fonds Erfolg bei der Verwirklichung seiner Ideen) schrieb Bundeskanzler a. D. Helmut Schmidt.

Dann begegnet man Yassin Dogmochs Namen wieder im Zusammenhang mit der FlowTex-Affäre und später in der Anklageschrift der Staatsanwaltschaft Mannheim vom 17. März 2003 (Aktenzeichen 628 Js 33559/00). Vorgeworfen werden ihm hier unter anderem besonders schwerer Betrug in einer Höhe von mehreren Millionen Euro und Betrug als Mitglied einer Bande, die sich zur fortgesetzten Begehung von Straftaten nach § 263 StGB verbunden hatte.[4]

Später zitierte der parlamentarische Untersuchungsausschuss in Stuttgart noch Erkenntnisse spanischer Ermittler über Yassin Dogmoch: »Besonderes Augenmerk legten damals die spanischen Ermittler insbesondere darauf, dass die Firma ›KSK‹ in irgendeiner Weise zur Firmengruppe ›FlowTex‹ – so weit konnten die spanischen Kollegen das nicht beschreiben – gehörte, dass an der Firmengruppe ›FlowTex‹ die Person Dogmoch beteiligt war, dass die Person Dogmoch ehemals Eigentümer der Firma ›La Maquinista‹ war und die Person Dogmoch nach spanischen Erkenntnissen Waffenhändler und in angebliche Geldwäscheangelegenheiten des Monzer al-Kassar involviert gewesen sein soll, wobei das eine rein spanische Erkenntnis war.«[5]

Für Helmut Görling, Frankfurter Rechtsanwalt mit dem Spezialgebiet Wirtschaftskriminalität und Anwalt der Dresdner

Bank, ist »Dogmoch das schwerste Geldwäschekaliber, das ich in meiner langjährigen Anwaltstätigkeit jemals erlebt habe«.[6] Und Helmut Görling, der ehemalige Kriminalkommissar im Hessischen Landeskriminalamt und heute einer der renommiertesten deutschen Anwälte, hat in diesem kriminellen Milieu viel erlebt. Doch noch nicht erlebt hatte er bis dahin, dass er wegen seiner Recherchen über die Geldflüsse im Zusammenhang mit Yassin Dogmoch von Privatermittlern observiert wurde. Auftraggeber war eine Münchner Anwaltskanzlei.

Karriere eines Hamburger Ehrensenators

Yassin Dogmoch, 1941 in Damaskus geboren, reiste nach seinem Abitur in Damaskus 1959 als Tourist nach Deutschland. Es muss ihm gut gefallen haben. Wenige Monate später kam er erneut, »der Liebe wegen«, und besuchte in Murnau das Goethe-Institut. Nach einem Semester wechselte er an die Universität Mannheim. Hier studierte er bis 1963 Volkswirtschaft. Am 12. Januar 1970, inzwischen hatte er geheiratet, beantragte er die deutsche Staatsangehörigkeit (die ihm schließlich am 6. August 1981 verliehen wurde) und wollte sich seinen Lebenstraum erfüllen – die ganz großen Geschäfte machen. Bereits während des Studiums hatte er sich entschlossen, eine kaufmännische Tätigkeit zu beginnen, und im September 1963 in Mannheim ein Geschäft gegründet, in dem Geschenkartikel aus Entwicklungsländern verkauft wurden.

In den folgenden Jahren expandierte er und eröffnete bis 1979 bundesweit 116 Filialen. Seine Ladenkette Ypsilon war in ganz Baden-Württemberg bekannt. 1984 verkaufte er seine Filialen an seinen guten Freund Helmut Horten und orientierte sich anschließend geschäftlich in Richtung Spanien, Frankreich und in die arabischen Länder. »›Mir war das mit den Läden irgendwann zu eintönig. Ich hasse nichts mehr als Monotonie‹, sagt der Grauhaarige und trinkt genussvoll einen

Schluck besten Loire-Weißwein – den liebt er, genauso wie die ›Action‹ in seinem Leben.«[7]

Zwei Jahre nach dem Verkauf der Ypsilon-Filialen an Horten meldete *Die Zeit*: »Ein schönes Kind war sie nie, die Geschenkartikelfirma Dogmoch-Ypsilon – jetzt hat der Düsseldorfer Warenkonzern Horten den Schlussstrich gezogen: Die missratene Tochter wurde an zwei Münchner Kaufleute verkauft.«[8]

Von 1993 an diente Dogmoch als Vermittler und »Türöffner« für deutsche Firmen im arabischen Raum, darunter die Linde AG, SAP Walldorf, Sixt München. In der Anklageschrift ist zu lesen, dass diese Kooperationen für die vertretenen Firmen eher bescheidenen Erfolg hatten. »Teilweise wurden die Kooperationsverträge von den deutschen Firmen schnellstmöglich wieder gekündigt, um wenigstens die laufenden monatlichen Kosten, die die Firmen an die Dogmoch-Gruppe bezahlen mussten, wieder einzusparen.«

In dieser Phase jedoch scheint einiges über Dogmochs Aktivitäten im Nebel zu verschwinden. Dabei ist es eine ungewöhnlich abenteuerliche Angelegenheit.

Märchen aus Marbella

Bereits im Jahr 1997 lag auf dem Schreibtisch des Frankfurter Staatsanwalts Dirk Scherp eine Geldwäscheverdachtsanzeige der Dresdner Bank. Es ging um eine geplante Bareinzahlung in Höhe von mehreren Millionen D-Mark. Bestimmt waren sie für die Übernahme eines deutschen Industrieunternehmens. Den Verträgen konnte man entnehmen, dass ein in Marbella lebender Unternehmer in das Geschäft involviert war. Dirk Scherp, der zuständige Staatsanwalt in Frankfurt, wusste damals nicht, um wen es sich bei dem reichen Investor aus Marbella handelte. Deshalb fragte er offiziell beim Bundeskriminalamt nach.

»Nein, wir haben keine Erkenntnisse über diese Person«, antwortete ihm das BKA. Diese Aussage entsprach jedoch nicht ganz der Wahrheit. Denn ein BKA-Beamter, der einem Drogenhändlerring in Marbella auf den Spuren war, meldete bereits 1992 nach Wiesbaden, wer diese Person sei, nach seinen Angaben ein Yassin Dogmoch. Und der war in Deutschland zu dieser Zeit als deutscher Unternehmer durchaus eine bekannte Figur.

Der BKA-Beamte hatte zudem behauptet, dass Yassin Dogmoch mit dem Syrer Monzer al-Kassar in Verbindung stehen würde. Monzer al-Kassar, das ist ein Name, der für besondere Qualitäten im internationalen Geflecht von Nachrichtendiensten und von Topkriminellen bürgt. Seine Macht verdankte er in den Achtzigerjahren nicht nur dem Drogen- und Waffenhandel, sondern auch dem Umstand, dass er palästinensische Terrororganisationen unterstützte und in Europa ein logistisches Netz aufbaute, um Israelis ermorden zu lassen. Er finanzierte deutsche Rechtsextremisten oder ließ im Libanon Konkurrenten erschießen. Trotzdem war er wegen seiner guten Beziehungen zu Syrien ein begehrter Geschäftspartner westlicher Konzerne.

Ehrensenator Yassin Dogmoch, der wie Monzer al-Kassar manchmal auch in Marbella residierte, bestritt vehement, mit Monzer al-Kassar etwas zu tun zu haben, als über seine Verbindungen zu dem bekannten Waffenhändler spekuliert wurde. Schließlich hat er ja seine Prinzipien: »Ich vermittle keine Waffengeschäfte, das könnte ich als gläubiger Mensch nicht«, sagte Dogmoch in einem Interview 1999. Doch was den bestrittenen Kontakt zu dem Waffen- und Drogenhändler Monzer al-Kassar angeht, so will ein Besucher in Dogmochs Beiruter Büro ein Foto gesehen haben, auf dem dieser zusammen mit Monzer al-Kassar in die Kamera lächelt. Wahrscheinlich war das nur ein Zufall, dass beide abgelichtet wurden. Aber warum steht das Foto in Dogmochs Büro?

Seinem Dementi steht auch ein Dokument des Bundeskriminalamtes (GB 25-208-Tgb.-Nr. 4/92) entgegen. In dem Bericht vom 4. August 1992 ist Folgendes zu lesen: »Maha Y. Dogmoch, angeblich syrischer Abstammung mit deutschem Pass. Geschätztes Vermögen: 500 Millionen US-Dollar. Dogmoch soll heiße Gelder verwalten und eng mit Monzer al-Kassar, geb. 1.7.1945, zusammenarbeiten. In diesem Rahmen würden entsprechende Geldwaschaktivitäten durchgeführt. Dogmoch soll in diesem Zusammenhang Geschäfte über die Deutsche Bank und die Dresdner Bank anbahnen. Vertraulich wurde bekannt, dass Dogmoch, Vorname Yassin, Kunden der Deutschen Bank in Marbella zuführen würde.«

In dieser Zeit war Yassin Dogmoch – jedenfalls nach Angaben der Mannheimer Staatsanwaltschaft – häufiger in Spanien. Was er dort genau tat, ist jedoch weitgehend nicht bekannt. Die Behauptung des BKA-Berichts aus dem Jahr 1992 stammt zudem aus einer Zeit, lange bevor Yassin Dogmoch zum ersten Mal mit Schmider in Kontakt trat.

Ein Anfang der Neunzigerjahre in Marbella arbeitender V-Mann (Nr. 656) des BKA, der auf große Drogendealer angesetzt war, behauptete zudem in einem Schreiben vom 24. Dezember 1998: »Wenn Sie einmal die finanziellen Verbindungen Dogmochs im Ausland untersuchen würden, könnten Sie feststellen, dass hier eine gut funktionierende ›Geldwaschanlage‹ existiert. Allein in Dubai hat Dogmoch enorme Kapitalflüsse zur Verfügung. Damals arbeitete er mit einem Scheich Nasser Abbasi zusammen, welcher nach außen hin als ›smarter‹ Multimillionär auftritt, aber in Wirklichkeit ein knallharter Finanzmann ist, von dem nur die Hälfte seiner Investitionen bekannt sind. Hier fließen ›heiße Gelder‹ in Kanäle, die keiner kontrollieren kann. Dogmoch ist mittlerweile die ›Schlüsselfigur‹ in der Finanzwelt des Mittleren Ostens.«

Einmal dahingestellt, ob der V-Mann übertrieben (was in dieser besonderen Sparte von Informanten nicht ungewöhnlich ist) oder eine schöne Geschichte erfunden hat, es bleibt die Frage, warum das BKA diesen Vorgang nicht weiter ermittelt hat und die vorhandenen Erkenntnisse später nicht den Ermittlern in Baden-Württemberg zur Verfügung stellte. Insbesondere auch deshalb, weil es doch im Zusammenhang mit Yassin Dogmoch und dem V-Mann des BKA sogar eine koordinierte Aktion zwischen dem BKA und der Schweizer Polizei gegeben hatte.

Denn am 1. Juli 1992 flog der V-Mann zusammen mit Yassin Dogmoch von Marbella aus nach Zürich. Vorausgegangen waren zahlreiche Gespräche des V-Manns mit Yassin Dogmoch in Marbella. In einer mir vorliegenden Notiz an das Bundeskriminalamt schreibt er: »In langen Gesprächen, die bei entsprechendem Inhalt nur während eines im Freien stattgefundenen Spaziergangs abgehalten wurden, erreichte ich einen Durchbruch bei Dogmoch, und er gab zu, Geld zu waschen. Und zwar über eine deutsche Bank. Jede noch so hohe Summe könne er unterbringen, wobei der Mittlere Osten als Waschplatz dienen würde. Ich für meinen Teil erklärte, dass ich bestimmte Kartelle aus Kolumbien finanztechnisch beraten würde und wir es gerne sehen würden, in Marbella einen Stützpunkt zu errichten.«

Um Yassin Dogmoch zu überzeugen, wurde eine sogenannte »Geldvorzeigeaktion« durch das BKA in Wiesbaden organisiert. Dogmoch und V-Mann übernachteten laut Meldeschein im Züricher Airport-Hotel Hilton. Dogmoch in Zimmer 327 und der V-Mann in Zimmer Nr. 441.

Am nächsten Tag sollte die Geldvorzeigeaktion stattfinden. »Wie verabredet«, berichtete die Züricher Kantonspolizei, »erschien der V-Mann in Begleitung des Dogmoch um 11.30 Uhr in der SKA-Bank [Schweizerische Kreditanstalt].«

Zusammen mit einem BKA-Beamten gingen sie in den Tresorraum der Bank. Der V-Mann präsentierte dort seinem neuen Geschäftsfreund 700 000 Franken, die die Beamten des BKA für ihn im Safefach Nr. 11 681 deponiert hatten. Nachdem beide das Bankgebäude verlassen hatten, wurde das Safefach durch einen Beamten der Kantonspolizei geleert und das Vorzeigegeld wieder in einem Tresor der Kantonspolizei in Sicherheit gebracht.

Dogmoch jedenfalls war zufrieden. Er soll nun dem V-Mann angeboten haben, ihn als Präsidenten einer seiner Verwaltungsgesellschaften in Marbella einzusetzen. Den Kontakt zu dem V-Mann des BKA hat Yassin Dogmoch, als ich ihn im Jahr 1999 – damals war mir FlowTex noch ein Fremdwort – danach befragte, übrigens nie bestritten. Hingegen leugnete er, dass er irgendwelche geschäftlichen Beziehungen zu Monzer al-Kassar gehabt habe. Zu der Geldvorzeigeaktion in Zürich gab er keine Stellungnahme ab.

Dass Yassin Dogmoch »heiße Gelder« verwaltet haben soll, ist übrigens ein Verdacht, den der Dresdner-Bank-Anwalt Helmut Görling ebenfalls mit sich herumträgt. Aber erst zehn Jahre nach diesen seltsamen Vorgängen in Marbella. Doch bewiesen davon ist bislang nichts, und es ist sowieso eine alte Klamotte. Obwohl: Vielleicht wäre es doch der Mühe Wert gewesen, diesen Geschichten aus Marbella nachzugehen? Denn diese Szenen werfen zumindest ein Schlaglicht auf die schillernde Figur des Senators h.c. Yassin Dogmoch.

Wenden wir uns wieder dem zu, was eindeutig ist – und dabei wird auch Syrien später wieder eine Rolle spielen.

Am 24. Februar 1999 wurde Dogmoch in Hamburg der Titel »Ehrensenator der Technischen Universität Hamburg-Harburg« verliehen. An diesem Tag spendete er einer Stiftung, die es Studenten aus dem Nahen Osten ermöglichen sollte, in Hamburg zu studieren, 500000 D-Mark, also jene Summe, die im Zusammenhang mit dem 11. September 2001 genannt wurde.

Mit Manfred Schmider kam er, so die Erkenntnisse der Mannheimer Staatsanwaltschaft, erstmals im April 1995 zusammen, und zwar auf Veranlassung der damaligen Vorstandsmitglieder der Sparkasse Mannheim. Es ging um die Anbahnung von Geschäftsbeziehungen zwischen der FlowTex-Gruppe und Yassin Dogmoch. Ein Vorstandsmitglied der Sparkasse erinnert sich laut der Anklageschrift: »Wir lernten Herrn Dogmoch als einen sehr agilen und engagierten Mann kennen, der in idealer Weise seine Kenntnisse der arabischen und der europäischen Mentalitäten geschäftlich umsetzen kann. Darüber hinaus sind seine Verbindungen sowohl in Spanien, aber insbesondere in Arabien exzellent. Wir planen, mit der Dogmoch-Gruppe sowohl auf dem Geschäftsfeld FlowTex ... in Arabien und Südspanien aktiv zu werden.«

Danach wurde eine »FlowTex-Arab« gegründet. Über sie schrieb die Mannheimer Staatsanwaltschaft in ihrer Anklageschrift vom März 2003: »Bald merkten die Beteiligten, dass die FlowTex-Arab, mit ihrem Sitz im Libanon, weit entfernt vom Zugriff und einer möglichen Überprüfbarkeit seitens europäischer Banken- und Wirtschaftsprüfungsgesellschaften, für kriminelle Zwecke eingesetzt werden konnte.« Die Zedernrepublik Libanon gehörte in dieser Zeit zu den international berüchtigten Geldwäscheparadiesen.

Der Ehrensenator und seine cleveren Anwälte

Yassin Dogmoch bestreitet bekanntlich alle Vorwürfe, die von der Staatsanwaltschaft gegen ihn erhoben wurden. Dazu benötigt er ein Heer von Anwälten – die Rede ist von zeitweilig (in der Zeit als der Skandal im Frühjahr 2000 ans Licht kam) sage und schreibe über fünfzig hochkarätigen Rechtsanwälten, die für ihn im Zusammenhang mit der FlowTex-Affäre agieren sollen. Koordiniert wurde seine anwaltliche Vertretung in München wahrscheinlich durch den CSU-Bundestagsabgeordneten Peter Gauweiler, dem Träger unter anderem des Bayerischen Verdienstordens, des Bundesverdienstkreuzes am Bande und der Medaille »München leuchtet« in Gold. Der Ehrenoffizier der Gebirgsschützenkompanie Traunstein ist gern gesehener Talkshow-Gast, ein blendender CSU-Politiker und Anwalt mit dialektischer Intelligenz.

Peter Gauweiler, der sich mit dem Titel »Bayerischer Staatsminister a. D.« schmückt, ist zudem stellvertretender Vorsitzender des Ausschusses für Kultur und Medien im Deutschen Bundestag, und er hat eine bewegte politische Vergangenheit hinter sich. In seiner Zeit als bayerischer Staatsminister für Landesentwicklung und Umweltfragen (1990–1994) hörte man Thesen wie jene von der Umweltbelastung durch Zuzug von Ausländern (wer unser ohnehin dicht besiedeltes Land zum Einwanderungsland machen wolle, gebe das umweltpolitische Ziel, den Flächenverbrauch zu begrenzen, auf). In die politische Schusslinie geriet der einstige Favorit des damaligen Ministerpräsidenten Franz Josef Strauß durch die Kanzlei-Affäre. Ihm wurde vorgeworfen, während seiner Zeit als Kreisverwaltungsreferent in München und später als Staatsminister seine Anwaltspraxis zu Unrecht verpachtet zu haben.

In einem Untersuchungsausschuss urteilte die Opposition, dass »Gauweiler in der Kanzlei-Affäre das Parlament und die Öffentlichkeit belogen, sein Ministeramt zur Mandantenwerbung missbraucht und für die Vermittlerdienste rechtswidrig Provisionen kassiert habe«.[9] Der Staatsminister war nicht zu halten, wurde Staatsminister a. D. und kandidierte für das Amt des Münchner Oberbürgermeisters. Er scheiterte. Auch wenn die Kanzlei-Affäre »für ihn letztlich glimpflich ausging, kostete [sie] ihn vorher aber seinen Job als Minister«.[10] Die Staatsanwaltschaft hatte das Verfahren gegen ihn später eingestellt. Und der von der Anwaltskammer München angerufene Bayerische Anwaltsgerichtshof stellte am 7. Dezember 1995 fest, dass Gauweiler berechtigt gewesen sei, seine Praxis zu verpachten.

Heute weiß sich Peter Gauweiler wieder grandios in Szene zu setzen, und als politischer Querdenker erreicht er manchmal viel mediale Aufmerksamkeit. Das zeigen seine Kolumnen in Zeitungen wie *Bild*, *Bild am Sonntag*, in der *Süddeutschen Zeitung* oder der *Abendzeitung* (München). Er ist eine bemerkenswerte Persönlichkeit, wobei wohl zwei Seelen in seiner Brust miteinander ringen müssen. Einmal als »Vertreter des Volkes« im Bundestag und dann als Vertreter der Interessen beispielsweise von Yassin Dogmoch. Doch das nur als psychologischen Konflikt zu sehen wäre wohl etwas naiv. Sicher dagegen dürfte sein, dass er als Politiker und als Anwalt über ein fein gesponnenes Netzwerk in Politik, Medien und Wirtschaft verfügt, um das ihn viele beneiden.

Was Anwälte im Zusammenhang mit Yassin Dogmoch angeht, so könnte auch Rechtsanwalt Helmut Görling, wenn er wollte, einige amüsante Geschichten erzählen. Im Jahr 2000 hielt er sich im Auftrag der Dresdner Bank in Beirut auf, um mit Yassin Dogmoch über eine gütliche Regelung bezüglich der Forderungen der Dresdner Bank gegen ihn zu sprechen. Während des Gesprächs habe Dogmoch Görling einen Vorschlag unterbreitet, den man eigentlich kaum ablehnen konnte.

Er habe, so Yassin Dogmoch, in Deutschland einen Prozess gegen die Ehefrau seines einstigen Kumpans Schmider zu führen, und da ginge es um 100 Millionen D-Mark. »Sie übernehmen den ›Fall als Anwalt in Deutschland für mich und erhalten ein Drittel der Summe als Erfolgshonorar‹.« Also knapp 33 Millionen Mark. Rechtsanwalt Helmut Görling lehnte dankend ab. Später übernahm ein anderer Anwalt das Mandat und gewann den Prozess.

Ob Peter Gauweiler von Yassin Dogmoch für seine anwaltlichen Dienstleistungen im Zusammenhang mit der FlowTex-Affäre ebenso viel Geld kassiert hat, das ist eher unwahrscheinlich. Aber das Mandat dürfte ihm einige Millionen Euro eingebracht haben – im Orient ist vieles möglich, wenn es darum geht, die Ehre eines Unschuldigen zu verteidigen.

Senator h. c. Yassin Dogmoch hatte ja sehr früh angekündigt, »sich mit allen Mitteln gegenüber der Staatsanwaltschaft

Mannheim zu verteidigen«. Dennoch tauchen hier Widersprüche auf. Zwar erklärte er gegenüber der Staatsanwaltschaft, er sei um »lückenlose Aufklärung« bemüht, und versicherte eidesstattlich, keine strafbaren Handlungen im Zusammenhang mit FlowTex begangen zu haben. Entsprechende Berichte waren auch in den deutschen Medien zu lesen.

Doch irgendwann, so die Staatsanwaltschaft Mannheim, muss bei Dogmoch ein Sinneswandel eingetreten sein, und das innerhalb von nur wenigen Monaten. Der Ehrensenator h. c. ging dabei, das sah nicht nur die Mannheimer Staatsanwaltschaft so, »sehr weit«, um seinen Ruf als ehrbarer Unternehmer zu verteidigen. Er legte Dienstaufsichtsbeschwerden gegen den zuständigen Sachbearbeiter bei der Staatsanwaltschaft Mannheim ein. Dann wurde nicht nur gegen den Sachbearbeiter, sondern auch den Abteilungsleiter und den Behördenleiter der Staatsanwaltschaft Mannheim bei der Generalstaatsanwaltschaft Karlsruhe Strafanzeige erstattet. Schließlich erhoben Dogmochs Anwälte sogar beim Bundesverfassungsgericht Verfassungsbeschwerde. Die jedoch wurde zum Leidwesen von Dogmochs Anwälten erst gar nicht angenommen.

Als Nächstes ging er gegen die Insolvenzverwalter vor, wegen Besorgnis der Befangenheit. Die Insolvenzverwalter halten dazu in einer Aktennotiz fest: »Der Versuch, diejenigen zu diskreditieren, die nicht im Interesse von Herrn Dogmoch davon überzeugt sind, dass er Opfer und nicht Mittäter oder Beteiligter ist, hat bei Herrn Dogmochs Rechtsanwälten System.«

Dann erreichte die Insolvenzverwalter eine Stellungnahme von Dogmoch, mit der versucht wurde, von den Ansprüchen abzulenken, die sie ihm gegenüber geltend gemacht haben. Und es wurde der Vorwurf erhoben, dass es ein »unerlaubtes Zusammenspiel der Insolvenzverwalter mit der Dresdner Bank AG« geben würde. Die Insolvenzverwalter reagierten auf die Vorwürfe in einer Presseerklärung: »Diese Überlegungen und Feststellungen sind von einer phänomenalen Unkenntnis des geltenden Insolvenzrechts geprägt. Ganz offensichtlich haben die Bevollmächtigten von Herrn Dogmoch die Vorschrift des § 92 Insolvenzordnung noch nicht entdeckt. Danach ist der Insolvenzverwalter nicht etwa berechtigt, sondern verpflichtet, Schadenersatzansprüche, die sich als Gesamtschaden darstellen, geltend zu machen.«

Doch damit hatte es immer noch kein Ende. Die Verteidigung bat nun um ein Gespräch mit dem Generalstaatsanwalt, was abschlägig beschieden wurde. Danach wollten sie ein Gespräch mit dem Justizminister in Stuttgart. Der lehnte ab. Dogmoch selbst wandte sich dann am 29. Dezember 2001 persönlich an den Justizminister und beschwerte sich über die Ermittlungen der Staatsanwaltschaft Mannheim. Später erhob die Verteidigung noch Dienstaufsichtsbeschwerde gegen den Generalstaatsanwalt. Im Magazin *Focus* wurde Yassin Dogmoch derweil mit der Überschrift zitiert: »Ich bin der Sündenbock«.

Denn Yassin Dogmoch selbst sieht sich ja als bedauernswertes Opfer, als der wirklich Geschädigte durch die Flow-Tex-Affäre. In Zeitungsinterviews, zum Beispiel in der *Stuttgarter Zeitung* und in der *Welt*, gelang ihm diese Darstellung besonders gut. Als der Journalist der *Welt* ihn fragte: »Sie sagen, Sie seien Geschädigter in diesem Fall, und verlangen noch Geld zurück«, antwortete Dogmoch: »Das stimmt.« Und schließlich: »Meine Unschuld ist ganz einfach nachzuweisen.« Die Staatsanwaltschaft Mannheim und die Insolvenzverwalter sahen das etwas anders. Nach Erkenntnissen der Mannheimer Staatsanwaltschaft verstand er es zudem eindrucksvoll, die Verantwortung auf andere zu schieben.

»Skurrile Züge weist das von ihm entworfene Szenario auf: Dogmoch, international angesehener Konzernchef der Dogmoch-Group, ist umstellt von zwei Chefsekretärinnen, die eine handelt eigenmächtig, die andere wurde von Manfred Schmider mit Schmiergeldern versorgt. Von einem Stellvertreter, den er nicht bevollmächtigt hat, Wechsel auszustellen, und der dies dennoch über einen Betrag von zirka 97 Millionen eigenmächtig tut. Von seinem langjährigen Berater (...), der ihn bei der Rückdatierung von Papieren nicht richtig berät und der zugleich für Manfred Schmider rechtsberatend tätig ist.«

Das Ergebnis der »geschäftlichen Aktivitäten« von Yassin Dogmoch ist auf jeden Fall beeindruckend. In der Anklageschrift vom März 2003 gegen ihn steht dazu: »Die Insolvenzverwalter haben berechnet, dass in den Jahren 1996 bis 2000 DM 291 851 855,05 von der FlowTex-Gruppe an Dogmoch beziehungsweise seine Gesellschaften gezahlt worden sind. Im Gegenzug zahlten Dogmoch beziehungsweise von ihm beherrschte Gesellschaften in diesem Zeitraum D-Mark 188 216 220,74 an die FlowTex-Gruppe, im Saldo wurden demnach an Dogmoch DM 103 636 634,31 gezahlt. Das ist der Mindestbetrag, der Dogmoch letztlich zum Nutznießer aus der – überwiegend strafrechtlich relevanten – Zusammenarbeit mit FlowTex macht.« Umgerechnet bedeutete das einen jährlichen Durchschnittsprofit für Dogmoch in Höhe von zirka 26 Millionen Mark.

Die Ermittler des Stuttgarter Landeskriminalamts, die trotz aller Attacken durch Dogmochs Anwälte eine exzellente Ermittlungsarbeit geleistet haben, vermuten, dass Yassin Dogmoch der »Geldwäscher« für FlowTex gewesen sein könnte. Aufschlussreich in diesem Zusammenhang ist eine Presseerklärung von Dogmochs Anwälten vom 16. August 2001. In dieser Erklärung wiesen sie den Verdacht der Beihilfe der Geldwäsche über Liechtenstein gegen ihren Mandanten zurück und erklärten, die Vorwürfe seien »ein jämmerlicher Gegenangriff mit uralten Kamellen«.

In dieser Ermittlungsphase, also im Spätsommer 2001, hatten die Beamten überprüft, ob Dogmoch und seine Schwägerin im Jahr 1996 Gründungsunterlagen der Liechtensteiner Finakant AG fälschten, um deren Zugehörigkeit zum Flow-

Tex-Imperium zu vertuschen. Genau diesen Vorwurf bestritten Dogmochs Anwälte so vehement.

In der Anklageschrift vom 7. März 2003 taucht der Name der Finakant AG in Liechtenstein wieder an prominenter Position auf. Der Schrift ist zu entnehmen, dass die Finakant für Geldwäsche benutzt worden sei. Sie war nämlich die Muttergesellschaft der national und international tätigen FlowTex-Servicegesellschaften, die überwiegend mit Verlusten das operative Geschäft mit den von FlowTex gemieteten Bohrgeräten betrieben und die Lizenz dazu von FlowTex erworben hatten.

Auf Bitten von Manfred Schmider hatte sich Dogmoch bereit erklärt, am 15. November 1995 den neugierig gewordenen Betriebsprüfern des Finanzamtes in Deutschland mitzuteilen, er sei Eigentümer von Finakant, obwohl er wusste, dass in Wirklichkeit Manfred Schmider einer der Eigentümer war. Die Banken wussten dadurch nicht, dass tatsächlich Schmider der Besitzer war und gaben diesem erneut Kredite. »In der Folgezeit, insbesondere um den 10. und 12. 6. 1996, wurde Dogmoch bei mehreren Mittagessen im Hotel Erbprinz in Ettlingen von Manfred Schmider über das betrügerische Finanzierungssystem im Einzelnen eingeweiht. ... Vor diesem Hintergrund beschaffte Dogmoch vom 21. bis 22. 6. 1996 in Damaskus auf das Jahr 1990 zurückdatierte Papiere, wonach seine Mitarbeiterin und Schwägerin Eigentümerin der Finakant und er selbst Treuhänder und ihr Bevollmächtigter sei.«

Seit 13. Januar 2005 wird ihm vor der Wirtschaftsstrafkammer des Landgerichts Mannheim der Prozess gemacht. Ein Urteil wird im Sommer 2006 erwartet. Vor dem Gericht bestritt er wieder alle Vorwürfe. Er habe nichts von dem Skandal gewusst, und seine Anwälte forderten einen umfassenden Freispruch. Der Haftbefehl wurde unterdessen aufgehoben, und Dogmoch reist nun von Beirut aus zu den entsprechenden Verhandlungsterminen nach Mannheim. Zu seinem Verhandlungstermin im Februar 2006 konnte er nicht kommen.

Er sei schwer krank. Wird mehr als sechs Wochen nicht verhandelt, muss der Prozess gegen ihn neu aufgerollt werden.

Yassin Dogmoch gehört für seine Anwälte in Wahrheit ja auch zu den FlowTex-Geschädigten und habe im Rahmen des Insolvenzverfahren selbst Forderungen geltend gemacht. »Ich bin seit dem Jahr 2000 ein weiteres Opfer der FlowTex-Affäre geworden«, zitierte *dpa* den angeklagten Ehrensenator.

Zu den Hauptgegnern von Dogmoch wurden – verständlicherweise – unterdessen die Dresdner Bank und besonders deren Anwalt Helmut Görling. Bei Letzterem trudelte, abgestempelt von der Staatsanwaltschaft Frankfurt, Ende Dezember 2005 eine Vorladung für eine Gerichtsverhandlung in Beirut ein. Es klagte Senator Yassin Dogmoch, derzeit Hauptwohnsitz Beirut, gegen die Dresdner Bank in Genf und gegen Rechtsanwalt Helmut Görling, und zwar wegen Betrugs, Verleumdung, Verletzung von Bankgeheimnis und Raubs (Aktenzeichen Nr. 2691/2002 vom 18. November 2002).

Zum einen wird in dieser Klage der Dresdner Bank vorgeworfen, unter anderem durch falsche Informationen einen Arrestbeschluss gegen Dogmochs Firmen erlassen zu haben, wonach sämtliche Konten, die zur Dogmoch-Gruppe gehörten, eingefroren wurden. Dann folgt ziemlich viel orientalisches Geschwafel, und schließlich geht es weiter in dem Schriftsatz: »Tatsächlich waren die Auswirkungen dieses Betrugsskandals so groß, dass die Bank [Dresdner Bank, d. Autor] insgesamt darunter gelitten hat, in dem Maße, dass es möglich war, dass die Mehrheit der Aktien [der Dresdner Bank, d. Autor] von einem großen Versicherungsunternehmen erworben werden konnte. Deshalb hat die Dresdner Bank einen ›höllischen Plan‹ durchgeführt, um Teile ihres Verlusts zurückzuerwirtschaften durch falsche Beschuldigungen der Dogmoch-Firmengruppe. Verantwortlich dafür sei Anwalt Helmut Görling.«

Und zum Schluss fordern Dogmochs Anwälte in Beirut: »Wir verlangen, dass die Beklagten verhört werden und in

Haft genommen werden und dazu verurteilt werden, den Kläger nicht weiter zu verleumden und an den Kläger einen Schadenersatz zu bezahlen, den wir vorläufig mit 60,8 Millionen Euro sowie 25 Millionen US-Dollar beziffern, zuzüglich aller Auslagen sowie Gerichts- und Anwaltskosten.«

Bei der allseits bekannten richterlichen Unabhängigkeit im Libanon und dem wahrscheinlichen Einfluss von Yassin Dogmoch im Land ist leicht zu erahnen, dass Dogmoch mit seiner Klage sogar Erfolg haben könnte. Während von Dogmochs Anwälten die Klage gegen die Dresdner Bank und Anwalt Helmut Görling eingereicht wurde, meldete sich der libanesische Erzbischof zu Wort: »Öffentliche Gelder werden aus persönlichen Gründen und privater Gier gestohlen. Dadurch wird das Vertrauen der Bevölkerung in die Regierung systematisch zerstört. Und die Situation wird immer verzweifelter.«[11]

Sollte Anwalt Helmut Görling der Vorladung nach Beirut nachkommen, um sich selbst zu verteidigen, droht ihm unter Umständen die Verhaftung. Ein solcher Irrsinn hätte jedoch der Frankfurter Staatsanwaltschaft zumindest auffallen sollen, und diese hätte das Begehren aus Libanon postwendend zurückschicken müssen. Aber alles geht seinen normalen rechtsstaatlichen Weg, zumindest in Deutschland. Das Beispiel demonstriert jedoch, mit welcher Kaltschnäuzigkeit hier operiert wird. Hätte der Anwalt nicht die Rückendeckung in diesem Fall der Dresdner Bank – er wäre wirtschaftlich bereits ein toter Mann.

Der große Spender

Tatsächlich dauerte es einige Zeit, bis die ganze Schwindelkonstruktion um FlowTex überhaupt aufflog, obwohl doch seit Jahren bekannt war, dass im Imperium nicht alles mit rechten Dingen zugegangen sein kann. Vielleicht lag es daran, dass das Betrugssystem einfach perfekt organisiert war. Immerhin konnte das Unternehmen den Banken Bilanzen vorweisen, die die Wirtschaftsprüfungsgesellschaft KPMG geprüft und abgesegnet hatte. Ob große Banken, Ratingagenturen oder internationale Finanzdienstleister, sie alle haben Schmider aufgrund von perfekt gefälschten Unterlagen mit Milliardensummen finanziert. Noch im Jahr 2000, kurz bevor der Schwindel aufflog, wurde eine Anleihe von 1,5 Milliarden D-Mark vorbereitet, und die ersten 500 Millionen waren schon platziert.

Tatsache ist, dass ermittelnde Beamte aus Thüringen bereits im Jahr 1999 Durchsuchungsbefehle gegen Schmider in der Hand hatten und in letzter Sekunde daran gehindert wurden. »Ob sie von oben behindert wurden«, konnte der parlamentarische Untersuchungsausschuss im Stuttgarter Landtag jedenfalls nicht eindeutig klären. »Aber alle Indizien sind da und die Fragen unbeantwortet geblieben«, klagte der Abgeordnete Nikolaos Sakellariou im Untersuchungsausschuss.

Und nicht weniger bedeutsam für Manfred Schmider war sein eng geknüpftes Beziehungssystem in die baden-württembergische Highsociety hinein. Auf der Gästeliste zu seinem 50. Geburtstag im Jahr 1999 standen beispielsweise die Namen von Lothar Späth, des Karlsruher Umweltbürgermeisters Eidenmüller (FDP), der Oberbürgermeisterin von Baden-Baden, Sigrun Lang, ihres Vorgängers Ulrich Wendt (CDU), des Wirtschaftsministers Walter Döring (FDP) und des Innenministers Thomas Schäuble (CDU); daneben waren weitere Kommunalpolitiker, Journalisten, Betriebsprüfer und Steueranwälte geladen. Ministerpräsident Erwin Teufel gratulierte schriftlich.

Denn der Unternehmer war nicht nur ein Gauner, sondern auch ein großer Gönner, schreibt Meinrad Heck, der journalistisch am saubersten die Machenschaften des FlowTex-Managers recherchierte. »Die Pferderennbahn in Iffezheim wird auf Schmiders versprochene Millionenspritze beim Großen

Preis von Baden-Baden verzichten müssen. Die Ettlinger Schlossfestspiele suchen sich einen neuen Geldgeber, und ein Privatgymnasium in Ettlingen gerät in Schwierigkeiten. ›Ich baue meinen Kindern eine eigene Schule‹, soll er gesagt haben. Partnern aus der Luftfahrtbranche, mit denen er über eine Vierzig-Millionen-Investition verhandelte, erfuhren von ihm: ›Die zahl ich aus der Portokasse.‹«[12]

Äußerst spendabel und großzügig verhielt sich Schmider auch gegenüber einigen Politikern. In Schreiben vom 15. Januar 1998 und 26. Januar 1998 zeigte er seine Bereitschaft, den damaligen Oberbürgermeister von Baden-Baden im Wahlkampf finanziell zu unterstützen. Beigefügt waren diesen Schreiben vier Schecks von FlowTex-Unternehmen und ein Scheck von Manfred Schmider persönlich, jeweils in der Höhe von 19500 D-Mark. Mit dieser Stückelung sollte die Veröffentlichung dieser Spende im Rechenschaftsbericht unterlaufen werden, die ab 20000 D-Mark vorgeschrieben ist.

Vor dem Untersuchungsausschuss bestätigte der Ex-OB von Baden-Baden, Ulrich Wendt, die Annahme des Geldes. An nähere Einzelheiten, insbesondere die Stückelungen des Gesamtbetrages, konnte oder wollte er sich nicht erinnern. Für Wendts zweiten Wahlgang bezahlte Manfred Schmider eine Rechnung über Werbemaßnahmen in Höhe von 79000 D-Mark und eine Kostenpauschale in Höhe von 3000 D-Mark. Im Ergebnis sponserte er den damaligen OB mit insgesamt 160000 D-Mark, bei Gesamtkosten des Wahlkampfes in Höhe von 260000 D-Mark.

Über großzügige Zuwendungen freute sich auch der Bürgermeister von Karlsruhe (FDP). Die Ermittlungen der Sonderkommission FlowTex im Landeskriminalamt hatten ergeben, dass im August 1998 aus dem Firmenkomplex FlowTex 30000 Mark an eine Werbeagentur in Karlsruhe bezahlt wurden. Es handelte sich in Wirklichkeit um die Übernahme der Kosten, die bei dem Bürgermeister im Zusammenhang mit der Kandidatur bei der OB-Wahl 1998 entstanden sind. Ein gegen ihn eingeleitetes Ermittlungsverfahren wegen Schenkungssteuerhinterziehung wurde wegen Verjährung gemäß § 170 Abs. 2 StPO (Strafprozessordnung) wieder eingestellt. Vor dem Untersuchungsausschuss machte er keine Angaben. Immerhin fand der SPD-Abgeordnete Nikolaos Sakellariou klare Worte. In Bezug auf die verdeckten Parteispenden von Manfred Schmider erklärte er: »Viele Leute haben sich bezahlen und blenden lassen, ohne sich zu fragen, wie ein Schrotthändler [Schmider] zum Millionär werden konnte.«

Ein stellvertretender Ministerpräsident stellt sich selbst ein Bein

Schmider war also einer dieser gehätschelten Unternehmer, der, obwohl schon in Untersuchungshaft, am 4. August 2000 sogar noch einen Abstecher ins südbadische Achern machen und im Restaurant Schwarzwälder Hof speisen durfte. Zum Glück begleiteten ihn zwei Polizeibeamte des Polizeireviers Mannheim-Oststadt, die ihm, damit er kein Aufsehen erregte, die Handschellen abnahmen, bevor sie das Restaurant betraten. Die gesamte Zeche, also auch die der beiden Beamten, in Höhe von 202,90 D-Mark übernahm Manfred Schmiders Rechtsanwalt.

In vielen Vermerken hatten die Abgeordneten des baden-württembergischen Landtags im Untersuchungsausschuss gelesen, dass FlowTex immer wieder als »brisanter Fall« von den Behörden eingestuft wurde, und es gab entsprechende Hinweise auf die guten politischen Verbindungen des Unternehmers. Aber die vor den Ausschuss geladenen Zeugen hüteten sich, etwas zuzugeben. Doch da gab es ja noch den FDP-Wirtschaftsminister Walter Döring und die FDP-Justizministerin Corinna Werwigk-Hertneck. Im Landtag in Stuttgart erklärte Wirtschaftsminister Döring am 5. Mai 2004: »Seit Monaten, wenn nicht seit Jahren steht fest, dass ich von all dem, was mir FlowWaste [einer Tochtergesellschaft von FlowTex, d. Autor] angeboten hat, nichts, aber auch gar nichts angenommen habe. Ich habe in dieser Angelegenheit ein absolut reines Gewissen. Ich habe mir in dieser Angelegenheit nichts zuschulden kommen lassen.«

Ähnlich kategorisch dementierte der Wirtschaftsminister auch, dass der umtriebige Moritz Hunzinger ihm im Mai 1999 angeboten habe, bei einer der Meinungsumfragen des Infas-Instituts kostenlos ein paar Fragen über seine Wirtschaftspolitik in Baden-Württemberg anzuhängen. Döring war selbst an dem Unternehmen »Hunzinger Information AG« beteiligt, kaufte er doch im Jahr 1999 fünfzig Aktien der AG. Deshalb wohl schrieb Walter Döring am 20. November 1999 an den »lieben Herrn Hunzinger«, dass er die Informationen über die Entwicklung der Hunzinger Information AG »mit großem Interesse und mit Freuden gelesen« habe. »Herzlichen Glückwunsch zu diesen großartigen Erfolgen, die auch mich als Aktionär natürlich freuen.« Das entsprechende Schreiben findet sich im Abschlussbericht des parlamentarischen Untersuchungsausschusses.

Auch darüber hinaus bestanden zwischen beiden Männern recht gute Beziehungen. Und Walter Döring – das ist so üblich in Netzwerken – setzte sich natürlich für seine Freunde ein. Zum Beispiel in seinem Brief vom 7. September 2001. »Gerne werde ich mich bei Herrn Ministerpräsident Erwin Teufel, der das Vorschlagsrecht ein wenig mehr als ich hat, für Herrn Dr. G. verwenden, den ich ja persönlich kenne und außerordentlich schätze.« Dr. G. war häufig Gast in den von Hunzinger veranstalteten politischen Salons und wurde später Aufsichtsratsvorsitzender der Hunzinger Information AG. Diesmal ging es um die Verleihung der Wirtschaftsmedaille an Dr. G., für die sich Walter Döring stark machen sollte.

Anlässlich einer Pressekonferenz, bei der es um die Übernahme einer Karosseriebaufirma durch das Unternehmen

MBB Security Cars ging, an dem Hunzinger mit seinem Privatvermögen mehrheitlich beteiligt ist, bewertete der stellvertretende Ministerpräsident Döring das »als positives Signal für den Standort Baden-Württemberg«.

Um den Standort Baden-Württemberg, insbesondere um die erfolgreiche Politik des Wirtschaftsministers, ging es auch bei der Infas-Umfrage. Auf jeden Fall nahm Walter Döring das – wie immer – großzügige Angebot des PR-Experten Hunzinger an, und Infas zimmerte eine schöne Umfrage. Das Ergebnis: »Das Infas-Institut für angewandte Sozialwissenschaft in Bonn führte eine repräsentative Bevölkerungsumfrage zu verschiedenen wirtschaftspolitischen Themen ... Die von Walter Döring geführte liberale Wirtschaftspolitik wird mehrheitlich mit gut bis sehr gut bewertet.«

Zudem war auf einer Notiz, die später im Sekretariat von Walter Döring gefunden wurde, zu lesen: »Gute Artikel platzieren bis BPT.« BPT war der Bundesparteitag der FDP am 28. Mai 1999, der später stattfand. Die Umfrage wurde anlässlich des Bundesparteitages der FDP in Bremen an die Delegierten übergeben, auf dem Walter Döring auch wegen seiner »erfolgreichen Wirtschaftspolitik« zum stellvertretenden Bundesvorsitzenden gewählt wurde.

So läuft es halt mit den Netzwerken in Baden-Württemberg – man fördert sich wie geschmiert.

Für die Umfrage stellte Infas knapp 40 000 D-Mark in Rechnung. Davon wollte Hunzinger selbst jedoch nur 30 000 D-Mark übernehmen. Blieben schlappe 10 000 D-Mark übrig. Die Differenz wurde mit einer Scheinrechnung ausgeglichen, die Infas an die Firma FlowWaste schickte. Geschäftsführerin Bettina Morlok war die Nichte des baden-württembergischen FDP-Ehrenvorsitzenden Jürgen Morlok. Und der wiederum war als Vorstandsvorsitzender der Baden Airpark AG mit FlowTex und Schmider aufs Engste verbunden. Außerdem diente der FDP-Ehrenvorsitzende »Schmider als Türöffner in die Landespolitik« hinein.

Wirtschaftsminister Walter Döring hingegen, der noch im Mai 2004 seine Unschuld beteuerte, erklärte am 18. Juni 2004 seinen Rücktritt als Wirtschaftsminister und stellvertretender Ministerpräsident sowie als Landesvorsitzender und stellvertretender Bundesvorsitzender der FDP. Nur wegen einer Rechnung in Höhe von 10 000 D-Mark?

Ende März 2005 erließ das Amtsgericht Stuttgart gegen ihn einen Strafbefehl über neun Monate Haft zur Bewährung wegen uneidlicher Falschaussage vor dem FlowTex-Untersuchungsausschuss. Nach Ansicht der Staatsanwaltschaft hatte er sich zudem der Vorteilsnahme schuldig gemacht, was jedoch wegen Verjährung eingestellt wurde. Wenige Wochen später musste auch seine Parteifreundin, FDP-Justizministerin Corinna Werwigk-Hertneck, zurücktreten. Sie hatte ihren FDP-Kollegen über den Stand der staatsanwaltschaftlichen Ermittlungen informiert, über die sie in ihrer Eigenschaft als Justizministerin unterrichtet wurde.

Beachtlich ist, was auf einer Präsidiumssitzung der FDP noch im Jahr 2004 gesagt wurde. Ein Teilnehmer sagt dazu: »Ich kann mich erinnern, dass von einigen Präsidiumsmitgliedern Verärgerung geäußert wurde, dass die Justizministerin nicht anwesend sei, und auch Äußerungen dergestalt fielen, sie solle für ein schnelles Ende der Ermittlungen Sorge tragen, schließlich habe sie ein Weisungsrecht gegenüber der Staatsanwaltschaft.«

Das gesamte Sittengemälde Baden-Württembergs demonstrierte noch einmal die abschließende Parlamentsdebatte am 15. Dezember 2005 im Haus des Landtags. Hier ein Auszug. Es spricht der FDP-Abgeordnete Jürgen Hofer und wendet sich dabei an die SPD und die Grünen:

»Sie sagen, es wurden in Baden-Württemberg zwei Bürgermeister bei Bürgermeisterwahlkämpfen unterstützt, einer in Karlsruhe und einer in Baden-Baden. Dass ein Bürgermeister von der SPD auf der anderen Seite des Rheins, in Rheinland-Pfalz, das auch noch zum Einzugsbereich von

Mittelbaden gehört, genauso unterstützt worden ist, lassen Sie weg.«

(Beifall bei Abgeordneten der FDP/DVP und der CDU – Abg. Dr. Scheffold, CDU: »So ist es! Das verschleiern Sie!« – Abg. Herrmann, CDU: »Unseriös!« – Abg. Sakellariou, SPD: »Wir sind doch nicht im Landtag von Rheinland-Pfalz!«)

»Übrigens: Auch dieser hat das ohne jeden bösen Glauben angenommen. Sonst könnte das Antwortschreiben der SPD nicht gelautet haben: ›Die Spende wird sicherlich dazu beitragen, die gute Zusammenarbeit zwischen Ihrem Hause Schmider und unserem Bürgermeister fortzusetzen.‹ Das hat die SPD genau so geschrieben.« (Heiterkeit – Beifall bei der FDP/DVP und der CDU.)

Und was gibt es noch zu berichten. Ende Dezember 2005 meldete *Bild* Neues über Manfred Schmider. Der zu knapp zwölf Jahren Haft verurteilte Manfred Schmider durfte Weihnachten 2005 seinen ersten Hafturlaub antreten. Und den genoss er offensichtlich. Er reiste nach Informationen von *Bild* im Porsche Cayenne zum idyllischen verschneiten Tegernsee und gönnte sich, seiner Frau und seinen zwei Kindern die Präsidentensuite des 5-Sterne-Luxushotels »Bachmair am See« in Rottach-Egern, in dem »Individualität, Komfort und Qualität« für 1025 Euro pro Nacht geboten werden.

Nachdem der Luxusurlaub des Mannes, der sich seit seiner Verhaftung im Jahr 2000 in Privatinsolvenz befindet und über keinerlei Vermögen und Grundbesitz im In- und Ausland verfügen soll, durch *Bild* bekannt wurde, regte sich in Baden-Württemberg heftiger Protest. In einer Pressemitteilung der SPD-Landtagsfraktion schimpfte deren rechtspolitischer Sprecher: »Die Bevölkerung hat kein Verständnis dafür, wenn ein Großkrimineller mit Samthandschuhen angefasst wird und die zahlreichen Opfer Schmiders, darunter viele Handwerker, nicht die geringste Aussicht auf eine auch nur begrenzte Wiedergutmachung des Schadens haben.«[13]

Schmiders Anwalt hingegen meinte: »Mein Mandant ist von seiner Familie zum gemeinsamen Weihnachtsurlaub eingeladen worden. Die Familie und nicht Herr Schmider selbst hat die Urlaubsunterkunft ausgewählt, gebucht und bezahlt.«

Familienglück an Weihnachten – da bringt es viel, wenn die liebevolle Ehefrau an der Seite des Sünders steht. Der Insolvenzverwalter hatte ihr kümmerliche 10 Millionen Euro Eigenvermögen überlassen. Und nach Ende des Verfahrens ist immer noch »der Verbleib von rund 100 Millionen Euro ungeklärt«.[14]

Beamte des Landeskriminalamtes erzählen hinter vorgehaltener Hand, dass ihnen vor den Anhörungen im Untersuchungsausschuss eindringlich nahegelegt wurde, nicht alle ihre Erkenntnisse auszuplaudern – das würde ansonsten Probleme bei der Beförderung geben. Deshalb ist bis heute nicht wirklich geklärt, wer denn noch von den »Spenden« aus den Flowtex-Kassen profitierte.

6. Über ein politisch-kriminelles Netzwerk nicht nur in Norddeutschland

»Ihre Multifunktionalität macht es so schwer, bestimmte Personen, angesiedelt zwischen höchsten Regierungskreisen und Führungsstrukturen der organisierten Kriminalität, unschädlich zu machen, das heißt, sie durch das Zusammentragen gerichtsverwertbarer Beweise für ihre Machenschaften zu belangen und der Justiz zuführen zu können.« Diese Aussage stammt von einer deutschen Bundesbehörde, und zwar dem Bundesnachrichtendienst im Februar 2005. Sie bezieht sich auf ein geografisch eher fernes Land, den Kosovo. Aber diese Aussage könnte fast genauso auf die Verhältnisse in einer norddeutschen Stadt zutreffen. Zumal es engste personelle Verbindungen zwischen den politisch-kriminellen Strukturen im Kosovo und dieser norddeutschen Stadt gibt. Diese kriminellen Strukturen in Deutschland wurden in dem gleichen BND-Bericht übrigens ebenfalls erwähnt.

Im Mittelpunkt steht eine kosovo-albanische Familie, die zum Beispiel einem klammen Fußballverein ein paar Millionen anbietet oder sich bereit erklärt, ein Stadion zu bauen – als Denkmal für den Spender. Das ist das eine Gesicht der Familie. Einer, der mit dieser generösen Familie zusammengearbeitet hatte, erzählte Journalisten:

»Ich habe Dinge gesehen, die ich besser nie hätten sehen sollen. Ich wurde in eine albanische Familie aufgenommen, von der selbst die Presse sagt, ihr Oberhaupt sei einer der führenden ›Köpfe‹. Ihre Verbindungen liefen durch das gesamte Bundesgebiet über die Schweiz, Spanien, Italien bis in den Balkan. Ich habe Anwälte kennengelernt, die dieser Familie eine gutbürgerliche Fassade gaben, und einer von ihnen ist jetzt sogar als Staatsrat tätig. Ich habe mitbekommen, wie hohe Beamte für gewisse Tätigkeiten ein angemessenes Honorar erhielten.«

Was den Staatsrat angeht, so sagte er: »Den Staatsrat kenne ich aus meiner Zeit bei der albanischen Familie. Ich war des Öfteren in der Kanzlei, wenn wir irgendwelche Probleme mit Türstehern hatten.«

Auf den Einwand, dass dieser Staatsrat bestreitet, etwas mit der albanischen Familie zu tun zu haben, antwortete er: »Ja. Deswegen musste ich auch ein wenig schmunzeln. Weil, wenn sich jemand halbwegs mit Vornamen und ›Hallo, wie geht's?‹ oder ›Komm doch rein!‹ begrüßt, kann ja nicht die Rede davon sein, dass man sich nicht kennt.«

Der Clanchef, bei dem der traditionelle Familienzusammenhalt viel zählt, raste von Prag in die norddeutsche Stadt, als seine Tochter Anfang Juli 2005 dort einen schweren Unfall erlitt, obwohl er gerade bei Geschäftsverhandlungen mit seinen tschechischen Partnern war.

Familiensinn erweist er auch bei Sportveranstaltungen. Da findet man ihn, zusammen mit dem ganzen Clan, bei Boxveranstaltungen am vordersten Ring, um das von ihm mitfinanzierte einheimische Boxidol zu unterstützen. Selbst dem Politiker S. wurde die Gunst gewährt, auf der Yacht des Familienoberhaupts in den Genuss vieler junger Edelhuren zu kommen – ohne etwas zu bezahlen. Und in der albanischen Familie herrscht, wie auch in ihrer Heimat, der Kanun. Kaum einer in der norddeutschen Stadt weiß, was der Kanun wirklich bedeutet, dem sich der Clan verpflichtet fühlt.[1] Zum Beispiel gehört die Omertà dazu, die Schweigepflicht gegenüber allen Außenstehenden.

Besondere Erfahrungen mit dem Einfluss dieser Familie machte ein Kripobeamter, der Besuch von einem »Freund« der albanischen Familie erhielt. Er erzählt mir Folgendes:

»Der besuchte mich im Jahr 2000 bei meiner Dienststelle. Bei einer Tasse Kaffee erklärte er mir, dass er aufgrund seiner guten Kontakte zu den Ämtern in der Nordheide immer noch den Waffenschein verlängert bekommt. Nun benötige er noch gewisse Kontakte, um ab und zu gewisse Informationen zu erhalten. Es sei auch bestimmt nicht zu meinem Schaden und würde keinerlei Konsequenzen nach sich ziehen. Da ich ihm diplomatisch, aber deutlich zu verstehen gab, dass ich ihm nicht helfen könne, hat sich sein Bemühen um Kontakt zu mir recht schnell erledigt. Er hatte keinerlei Skrupel, einen Polizeibeamten sogar in dessen Diensträumen und während der Dienstzeit danach zu fragen. Er muss sich also sehr sicher fühlen. Wer sich so sicher fühlt, muss von irgendwoher Rückendeckung erhalten.«

Die Familie dürfte ein Vermögen von mindestens 500 Millionen Euro besitzen. Und woher kommt das viele Geld? Alles verdient durch ehrliche Arbeit? Vermutet wird, dass es auch aus »kriminellen Aktivitäten wie dem Drogenhandel, der Schutzgelderpressung, Prostitution, dem Kfz-Schmuggel stammen würde«, so die Erkenntnisse des Bundesnachrichtendienstes in einem Bericht aus dem Jahr 2003, ein Bericht, der übrigens allen Landeskriminalämtern vorliegt.

Und irgendwie muss das auf diese Weise erwirtschaftete Geld ja wieder investiert werden, und ohne die Hilfe ehrenhafter deutscher Notare, deutscher Anwälte und deutscher Banken ginge da überhaupt nichts.

In Deutschland leiden Tausende Unternehmer unter der wirtschaftlichen Krise. Ihre finanzielle Liquidität ist äußerst angespannt, weil ihnen die Banken keine Kredite einräumen. Das ist die Stunde für diejenigen Investoren und Kapitalbeteiligungsgesellschaften, die entsprechendes Kapital zur Verfügung stellen können. Woher es kommt, spielt in Zeiten der wirtschaftlichen Not eine eher untergeordnete Rolle. Und keiner – ob Gemeindevertreter, Landes- oder Bundespolitiker oder der in finanzielle Schwierigkeiten geratene Unternehmer – hinterfragt wirklich dessen Herkunft.

Es war im Jahr 2001, als ein Bauträger aus Schweinfurt, die B-Baugesellschaft, an einen Projektmanager herantrat. Nach der Wende hatte die B-Baugesellschaft in Potsdam gegenüber der Staatskanzlei ein Grundstück gekauft. Für dieses Grundstück sollte der Projektmanager nun ein Nutzungskonzept für eine Seniorenresidenz entwickeln, einen Mieter finden, sich um eine Bankfinanzierung kümmern, da kein Eigenkapital vorhanden war, und die Vorlaufkosten (Anwälte, Gebühren, Architekten) finanzieren. Das gelang ihm auch. Aber nun sollte Merkwürdiges geschehen. Die Auflage der Bank war, dass der Bauträger 45 Prozent der 107 Appartements verkauft haben muss, um die ersten Auszahlungen aus dem Bauträgerkredit zu erhalten und mit dem Bau beginnen zu können. Der Verkauf der Wohnungen lief schleppend, weil in Potsdam die geforderten hohen Preise nicht erzielt werden konnten.

Dann stand plötzlich durch die Vermittlung eines Maklers ein Investor vor der Tür, der ein ganzes Paket von Appartements im Wert von fünf Millionen Euro kaufte. Bei einem Notar in Hamburg, dem Haus- und Hofnotar der albanischen Familie, wurden am gleichen Tag ein Kaufvertrag über die Appartements, ein Provisionsvertrag in Höhe von zirka 520000 Euro und ein Rückkaufvertrag geschlossen. Nun kommt der Investor ins Spiel, eben ein Mitglied der albanischen Familie. Der sicherte den Kaufpreis mit einer unbegrenzten Bürgschaft seiner Bank, die nach Abwicklung der Transaktion erlosch. Der Kaufvertrag nebst einer unbegrenzten Bürgschaft ging vom Notar an die Bank, und die Bank zahlte daraufhin die ersten Gelder an den Bauträger aus.

Der Rückkaufvertrag, der ja am gleichen Tag geschlossen worden ist, lag der Bank überhaupt nicht vor. Dabei wurden alle drei Verträge am gleichen Tag, am 16. Juni 2004, geschlossen. Der Bauträger in Schweinfurt bezahlte mit dem nun geflossenen Geld aber nicht die bisher entstandenen Kosten der involvierten Firmen, sondern stopfte damit andere finanzielle

Engpässe. Und der albanische Investor kassierte seine Provision in Höhe von 520 000 Euro, und das war's.

Diejenigen, die bisher Vorleistungen erbracht hatten, kleine Handwerker, Architekten und der Projektmanager, sahen keinen Pfennig. Eine dieser Firmen aus Neuruppin erstattete deshalb bei der Polizei in Potsdam eine Strafanzeige: »Von uns erbrachte Leistungen in Höhe von 200 000 Euro wurden nicht bezahlt. In diesem Zusammenhang gelangten wir zur Erkenntnis, dass die gesamte Finanzierung des Bauvorhabens durch großangelegte Manipulationen des Bauherrn erfolgte. Wir mussten daher am 11. Juni 2005 Insolvenz anmelden. Wir besitzen brisante Informationen. Wenn sie bekannt werden, besteht aber die Gefahr, dass es hier zu massiven Bedrohungen kommen könnte.«

Der geprellte Projektmanager dazu: »Da ich nun schon seit 20 Jahren im Geschäft bin, ist es undenkbar, dass eine Bank auf dieser Grundlage auszahlt, es sei denn, dass der zuständige Banker die Augen zugemacht und die Hände aufgehalten hat. So nebenbei sind hier bis heute ein Generalunternehmer, ein Subunternehmer, vier Architekturgesellschaften nicht bezahlt worden, obwohl der Bauträger durch die Bank das Geld bekommen hat. Eine Firma ist bereits in die Insolvenz geraten, die zweite steht kurz davor.« Der geschröpfte Projektmanager jedenfalls bewies großen Mut. Er hat bei der Staatsanwaltschaft Schweinfurt Anfang Dezember 2005 eine Strafanzeige gegen eine Baufirma in Schweinfurt wegen vorsätzlichen Betruges und Kreditbetruges in mehreren Fällen gestellt.

Seltsames erlebte auch ein Architekt, dessen Rechnungen ebenfalls nicht bezahlt wurden. Er hielt deshalb den bereits genehmigten Bauantrag zurück, um so Druck auf die Firma B. auszuüben. Was dann folgte, hatte er noch nie erlebt. Denn jetzt suchten ihn in seinem Büro mehrmals Albaner auf, die ihn und seine Angestellten massiv unter Druck setzten. Das nahm solche Formen an, dass einige Angestellte des Architekten den permanenten Druck nicht mehr aushielten und die Firma verließen. Der Architekt erzählte auch, dass der Schweinfurter Firmenbesitzer eine »albanische Leibwache« hatte, die ständig in seinem Auto mitfuhr.

Diese Geschichte deckt sich mit den Analysen des Bundesnachrichtendienstes (BND). Demnach würde der Albaner-Clanchef seine Investitionen häufig über Strohmänner durchführen lassen, schreibt der BND. Er soll zudem in einer norddeutschen Großstadt ein Casino besitzen und in Kroatien/Istrien Immobilien erworben haben, die auf andere Personen eingetragen sind. »Der Schwerpunkt seiner Immobilienkäufe liegt bei Gewerbeobjekten. Eine weitere Form des Immobilienerwerbs erfolgt über ›Finanzhilfen‹ an Personen in finanziellen Schwierigkeiten; kann die Schuld nicht getilgt werden, übernimmt eine dritte Person, die nicht in kriminelle Aktivitäten verwickelt ist, für den Clanchef das Objekt.«

An dieser Stelle fragt sich jeder Bürger, wie es denn kommt, dass es bislang nicht gelungen ist, die albanische Bande vor ein deutsches Gericht zu bringen, wie es kommt, dass sie so mächtig werden konnte, dass sie in der Lage ist, sogar die Pressefreiheit auszuhebeln?

Denn sollten Journalisten es wagen, über die Familie negativ zu berichten (und immer wieder wurde es versucht), darf sich der Clan des Schutzes der Pressekammer eines Landgerichts sicher sein. Die Unschuldsvermutung ist für die dortigen Richter geradezu ein Sakrileg, mag es noch so viele Ermittlungsverfahren oder polizeiliche Informationen über die albanische Bande gegeben haben. Einen besseren Schutz kann sie überhaupt nicht genießen, wie übrigens viele andere kapitalkräftige Dunkelmänner auch, die sich nach außen als ehrbare Unternehmer darstellen.

Teile der Justiz und professionelle Kriminelle gehen, ob bewusst oder nicht sei dahingestellt, eine unheilvolle Beziehung ein – und das nicht etwa im Kosovo, sondern im Norden der deutschen Republik. Dass einst führende Politiker eng mit der albanischen Bande kooperierten, ergänzt das Bild eines regionalen Netzwerkes. Aber in Wirklichkeit verbirgt sich viel mehr dahinter, wie im Folgenden noch gezeigt wird.

Im Mai 2006 erließ die Staatsanwaltschaft Schweinfurt, aufgrund der Anzeige des Projektmanagers, einen Haftbefehl gegen einen der Brüder aus dem Albaner-Clan. Seitdem sitzt er in bayerischer Untersuchungshaft. Alle Haftbeschwerden blieben bislang erfolglos. Einige Monate nach der Verhaftung ermittelte sogar das zuständige Landeskriminalamt gegen ihn, unter anderem wegen Mitgliedschaft in einer kriminellen Vereinigung. Über 60 Beamte ermitteln seitdem gegen den Albaner-Clan. Zehn Jahre mussten vergehen, bis die Medien unter voller Namensnennung über die vielfältigen Aktivitäten des Albaner-Clans in der gebotenen Ausführlichkeit berichten konnten. Der Zensurbann war zumindest teilweise aufgebrochen. Der von mir erstmals erwähnte Bericht des Bundesnachrichtendienstes darf hingegen, aufgrund eines Beschlusses des Landgerichts, nicht in den Medien zitiert werden, da es sich um unüberprüfte Behauptungen des BND handele. Dass der BND-Bericht an das Bundeskriminalamt, alle Landeskriminalämter, wie an das Auswärtige Amt und das Berliner Innenministerium geschickt wurde, interessierte die Richter nicht. Solange die Führungsriege des Albaner-Clans nicht verurteilt sei, müssen ihre Persönlichkeitsrechte gewahrt werden. Die sind für die Richter anscheinend wichtiger als die Aufklärung der Öffentlichkeit über das, was sich in ihrer Stadt zu einem unkontrollierten Machtfaktor entwickelt hatte. Die Richter des Landgerichts und die Anwälte des Clans konnten jedoch nicht mehr verhindern, dass durch die zahlreichen Presseveröffentlichungen der stetige Aufstieg der albanischen ehrenwerten Familie gestoppt wurde.

Die politische Rückendeckung

Dabei würde es sich lohnen, einmal zu erkunden, woran es liegt, dass die Strafverfolgungsbehörden, die sicher guten Willens sind, der albanischen Bande bislang nichts nachweisen können, was vor einem Gericht auch zu einer Verurteilung führen würde. Beamte des zuständigen Landeskriminalamtes begründen das mir gegenüber damit, dass es »außerordentlich schwierig ist, Zeugen und Beweise für die vermuteten kriminellen Aktivitäten des Clans zu finden. Und zudem hätte (er) es überhaupt nicht mehr nötig, sich mit ordinären kriminellen Geschäften die Hände schmutzig zu machen.« Doch das scheint nur die halbe Wahrheit zu sein.

Mit dem Handicap von Journalisten und Polizeibeamten muss sich der Bundesnachrichtendienst in diesem besonderen Fall glücklicherweise nicht auseinandersetzen. Er muss keine gerichtsverwertbaren Beweise vorlegen. Würden seine Berichte den Banken und norddeutschen Politikern vorliegen, die dem albanischen Clan zu Füßen liegen, dann hätte der sicher weniger Raum für seine diversen Aktivitäten. Der BND verfasste bereits im Jahr 2003 einen vernichtenden Bericht über die Ehrenmänner. Dieser Bericht liegt auch bei allen Landeskriminalämtern vor und sogar beim Bundeskriminalamt in Österreich, wo der Clan ebenfalls bekannt ist.

Bis hier wäre es ein Fall für die Polizei. Aber die Verbindungen des Albaner-Clans reichen ja noch viel weiter.

Im Februar 2005 legte der BND noch einmal nach. Diesmal beschäftigte er sich eigentlich nur am Rand mit dem Clanchef, umso mehr jedoch mit den politischen Netzwerken, in die er, nach Meinung des BND, eingebunden sein soll. Das wiederum wäre eine Erklärung, warum er unantastbar zu sein scheint. Auf Seite 13 der BND-Analyse heißt es unter anderem: »Sein Immobilienvermögen allein in einer Stadt wird auf 200 bis 300 Millionen Euro geschätzt; seine Immobilien erwirbt und verwaltet er über Strohmänner, dabei soll er seinerseits als Strohmann beim Immobilienerwerb für einen nicht näher bekannten, vermutlich ausländischen, Personenkreis (exjugoslawische ›Größen‹) agieren und eine Statthalterfunktion innehaben.«

Für den BND erklärt das, weshalb er sich nicht längst aus seinen kriminellen Machenschaften zurückgezogen habe, »obwohl er einflussreich ist und in Deutschland völlig autark agieren kann«. Es werden »gewisse Abhängigkeiten« vermutet.

Viel mehr steht in dem BND-Bericht über die Familie nicht. Umso mehr jedoch über die UÇK, die Kosovo-Befreiungsarmee, und deren enge Verflechtung mit politisch-kriminellen Gruppierungen im Kosovo und in Albanien. Der Bericht ist eine einzige Anklage gegen die Politik der rot-grünen Bundesregierung. Denn deutlich wird eine bisher weitgehend verschwiegene Komplizenschaft zwischen Berliner Politikern und kriminellen Strukturen im Kosovo, die weit über Norddeutschland hinausgeht. Es geht um den Krieg gegen Jugoslawien und um diejenigen, die davon auf ganz unterschiedliche Art und Weise profitierten.

Auf dem Weg zum ersten Mafia-Staat in Europa

In einem Bericht der KFOR (Kosovo Force) wird ein Schweizer Unternehmen in Zürich im Zusammenhang mit der norddeutschen Familie erwähnt. Dieses Unternehmen ist auch in der BND-Analyse zu finden und offenbart die Schnittstelle von politischen Entscheidungsträgern im Kosovo zu kriminellen Paten im schönen Norden Deutschlands. Demnach ist – neben dem norddeutschen Unternehmer – eine politische Führungsfigur aus dem Kosovo mit an dem Unternehmen beteiligt, die zum Familienclan von Ramush Haradinaj gehört, der Anfang Dezember 2004 zum Premierminister des Kosovo gewählt wurde. In dieser Position konnte er aber nur kurze Zeit verbleiben, denn im März 2005 erhob das internationale Kriegsverbrechertribunal in Den Haag Anklage gegen ihn.

Haradinaj stellte sich dem Gericht, wohl wissend, dass er vor dem Kriegsverbrechertribunal höchste Protektion aus Europa und den USA genießen würde. Ihm wurde vorgeworfen, während des Kosovo-Konfliktes in den Jahren 1998 und 1999 systematisch ethnische Säuberungen durchgeführt zu haben, verbunden mit Verschleppung, Einkerkerung, Folterung und Vergewaltigung von Serben und Roma. Er hingegen bestreitet alle Vorwürfe. Nach drei Monaten – auf massiven Druck der US-Regierung und gegen den erklärten Willen der Chefanklägerin Carla Del Ponte – wurde er aus der Untersuchungshaft in Den Haag entlassen und konnte in sein Heimatdorf zurückkehren.

Einem Bericht der CIU (Central Intelligence Unit – Nachrichtendienst der UNMIK) ist zu entnehmen, dass er »im Jahr 2000 die USA besuchte, sich offiziell mit dem damaligen US-Präsidenten Bill Clinton getroffen hat, ausgebildet wurde und amerikanische Institutionen ihm Unterstützung garantierten«. So hätten sie ihm zugesichert, dass er, »sollte das Kosovo unabhängig werden, der favorisierte Präsidentschaftskandidat werde«.[2]

Weit weniger positiv urteilt die KFOR über Ramush Haradinaj, mit dessen politischen und kriminellen Aktivitäten sie sich in den letzten Jahren beschäftigte: »Ramush Haradinaj ist der Führer des Haradinaj-Clans, der mächtigen kriminellen Organisation, die die Gebiete in Pec, Decani und Djakovica kontrolliert. Er ist eng verbunden mit der albanischen Mafia. Die im Raum Decani auf dem Familienclan basierende Struktur um Ramush Haradinaj befasst sich mit dem gesamten Spektrum krimineller, politischer und militärischer Aktivitäten, die die Sicherheitsverhältnisse im gesamten Kosovo erheblich beeinflussen. Die Gruppe zählt zirka 1000 Mitglieder und betätigt sich im Drogen- und Waffenschmuggel sowie im illegalen Handel mit zollpflichtigen Waren. Außerdem kontrolliert sie kommunale Regierungsorgane.«

Sowohl in Berichten des BND wie der KFOR wird der Vorwurf erhoben, dass Ramush Haradinaj eine bedeutende Figur der organisierten Kriminalität sei. Zu seiner Firmengruppe heißt es: »Mit deren legalen Aktivitäten tarnt er seine illegalen Machenschaften (Schmuggel von Waffen, Drogen, Zigaretten, Alkohol, Elektronikgeräten, Treibstoff, Kraftfahrzeugen). Sein Netzwerk operiert auf dem ganzen Balkan, reicht aber auch nach Griechenland, Italien, in die Schweiz und nach Deutschland.«[3]

Nach Deutschland insbesondere deshalb, weil in einer seiner Fabriken Zigaretten hergestellt werden. Maschinen, Verpackungsmaterial und Tabak stammen aus Deutschland, ebenso die vierzig in Deutschland ausgebildeten Mitarbeiter. In einer anderen seiner Fabriken wurden bei einer Durchsuchung am 13. September 2000 130 Tonnen Zigaretten sichergestellt. 46 Tonnen davon waren illegal importierte Zigaretten, die für den serbischen und bosnischen Markt bestimmt waren. Gleichzeitig war eine seiner Firmen sogar Vertragspartner der OSZE (Organisation für Sicherheit und Zusammenarbeit in Europa) für den Druck von zwei Millionen Formularen. So weit das Beziehungsnetz, in dem sich die Familie in Norddeutschland ausbreiten konnte und durch das sie so unantastbar wurde.

Und es gibt noch einen weiteren albanischen Clan, der in Deutschland unbehelligt agieren dürfte. Es handelt sich um den Clan der K. aus dem Kosovo. Er betätigt sich nach neuesten Erkenntnissen des BND »mit Drogen-, Waffen- und Treibstoffschmuggel, Menschenhandel, Geldwäsche, Prostitutions- und Erpressungsgeschäft«. Eine der wichtigsten Figuren dieses Familienclans ist Ibrahim K. Und wieder tun sich auf seltsame Weise Verbindungen auf.

In einem »Confidential Report« der »UN-Administration Mission Kosovo« vom Dezember 2004 ist zu lesen, dass dieser Ibrahim K. »nach Angaben verschiedener Quellen einer der wichtigen Kooperationspartner deutscher KFOR-Truppen im Kosovo ist, genauso wie von anderen Verwaltungsbehörden, die die deutsche Regierung im Kosovo unterhält«.

Der im UN-Bericht genannte Ibrahim K. hat eine besondere Geschichte. Die enge Beziehung zu deutschen Sicherheitsbehörden dürfte damit zusammenhängen, dass er viele Jahre in Deutschland lebte.

Über eine Tarnorganisation der LPK (Volksbewegung von Kosovo), die Demokratische Vereinigung der Albaner in Deutschland (DVAD), gründete er nach Angaben des BND einen Fonds und sammelte Spenden für die UÇK. Ibrahim K. betätigte sich darüber hinaus während des Kosovo-Krieges an der Versorgung der UÇK mit Waffen und ging nach Kriegsende mit seinem Bruder nach Pec und Priština, um Internetcafés zu eröffnen. So weit, so normal.

Er soll jedoch parallel dazu nach dem Kosovo-Krieg ein Drogennetzwerk in Deutschland anführen und in Deutschland in »Geldgeschäfte« aller Art verwickelt sein. Außerdem fungierte er als Koordinator des illegalen kosovarischen Nachrichtendienstes (SHIK) in Deutschland, so der BND. Dieser Dienst befasst sich hauptsächlich mit der Ausspähung, Einschüchterung und physischen Eliminierung demokratischer Kräfte (durch Profikiller), insbesondere auch von OK-Gegnern (organisierte Kriminalität). Der BND: »Das Netz in Deutschland wird von dem in Baden-Württemberg ansässigen Hasan U. geleitet. In der Funktion als Koordinator, der über U. steht, soll Ibrahim K. fungieren.«[4]

Den Schutz deutscher Politiker und Behörden genoss darüber hinaus Fazli V., einer der Hauptideologen der Nationalen Befreiungsarmee der Albaner (NBA). Am 15. Februar 2000 wurde er in Karlsruhe wegen der Organisation und Durchführung von Terroranschlägen in Mazedonien verhaftet, zu einer Gefängnisstrafe verurteilt und nach einigen Wochen trotzdem wieder freigelassen. Einem mazedonischen Antrag auf Auslieferung wurde nicht stattgegeben. V. ging nach Luzern und beteiligte sich von dort aus an der Führung der bewaffneten albanischen Gruppen auf mazedonischem Territorium.

Sie alle, ob die Familie aus Norddeutschland, der Clan von Ibrahim K. oder Fazli V., verbindet eines: Sie beteiligten sich in den Jahren 1997 und 1998 aktiv an der Unterstützung der UÇK zur Vorbereitung eines unabhängigen Kosovo beziehungsweise für ein Groß-Albanien. Denn auch die norddeutsche Familie soll vor dem Kosovo-Krieg die Organisation des Waffenschmuggels in den Kosovo sowie die des Drogenschmuggels aus dem Kosovo übernommen haben. In diesem Geschäftszweig waren sie besonders erfolgreich – dank der politischen Unterstützung auch durch deutsche Regierungsstellen, die in der UÇK und deren Freunden politische Erfüllungsgehilfen fanden.

Die Freiheitskämpfer und die Mafia

Die ungebrochene Macht dieser Clans nicht nur in Deutschland ist daher ohne die Geschichte des Kosovo-Krieges nicht zu verstehen.

Deutschland war neben der Schweiz in der Vergangenheit ein zentraler Dreh- und Angelpunkt für die »Freiheitskämpfer« für einen unabhängigen Kosovo. Hier wurden bereits vor dem Ausbruch des Kosovo-Konflikts Millionen für Waffen und Propaganda gesammelt, Kämpfer der UÇK rekrutiert, um den »Freiheitskampf« der armen unterdrückten Albaner im Kosovo gegen die jugoslawische Regierung zu finanzieren und zu steuern. Diese Aktivitäten wurden nicht nur geduldet, sondern massiv unterstützt, und daraus entstanden zumindest politische Freundschaften. So soll sich sowohl der ehemalige Außenminister Klaus Kinkel 1998 mit dem Clanchef aus der norddeutschen Stadt getroffen haben als auch später der

BND-Chef August Hanning, der extra aus Pullach in die norddeutsche Stadt geflogen sein soll.

In den Jahren 1998 und 1999 war aber auch ersichtlich, dass die rein kriminellen Vereinigungen aus Albanien und dem Kosovo, die bisher schon in Deutschland aktiv waren – zum Beispiel aus der norddeutschen Stadt –, diesen »Freiheitskampf« mit Geld und Waffen unterstützten und im Grunde genommen erst möglich gemacht haben. Bereits im Oktober 1998 klagte das Bundesaufsichtsamt für das Kreditwesen, dass »andere Bundesbehörden die kriminellen Aktivitäten der UÇK in Deutschland tatenlos hinnehmen«.

Die Kritik zielte, so der Geheimdienstexperte und Autor Erich Schmidt-Eenboom, vor allem auf den BND, »der mit der UÇK in Albanien und im Kosovo kooperiert«. Der BND tat das jedoch nicht eigenmächtig, sondern hatte einen entsprechenden Auftrag von der Bundesregierung.

Diese Kooperation oder Unterstützung geschah unter anderem durch illegale Lieferungen von Waffen und Fernmeldemitteln. Und das, obwohl selbst das Auswärtige Amt über den damaligen Untergrundkrieg der UÇK mit serbischen Verbänden Folgendes erklärte: »Nach Erkenntnissen des Auswärtigen Amtes sind die Maßnahmen der Sicherheitskräfte in erster Linie auf die Bekämpfung der UÇK gerichtet, die unter Einsatz terroristischer Mittel für die Unabhängigkeit des Kosovo, nach Angaben einiger ihrer Sprecher sogar für die Schaffung eines Groß-Albaniens kämpft.« Das war allerdings noch vor der Übernahme des Auswärtigen Amtes durch Außenminister Joschka Fischer.

Die serbischen Streitkräfte und von ihr beauftragte Kommandoeinheiten wie die des berüchtigten Arkan schlugen zurück und massakrierten dabei vielfach unbewaffnete Zivilisten. Zwar gab es im Oktober 1998 eine Waffenstillstandsvereinbarung, die jedoch gerade drei Monate hielt. Die UÇK nahm ihre militärischen Operationen, um ein unabhängiges Kosovo zu erreichen, wieder auf, finanziert und logistisch vorbereitet unter anderem in Deutschland. Die serbischen Streitkräfte schlugen blutig zurück.

Schließlich wurde vom US-Außenministerium die Legende in die Welt gesetzt, dass in dem Dorf Rajak ein Massaker stattgefunden habe. Und wieder geschieht etwas Seltsames. »Das Auswärtige Amt«, so Erich Schmidt-Eenboom, »verhinderte gezielt die Veröffentlichung der Obduktionsergebnisse einer finnischen Ärztekommission und half damit, das angebliche Massaker von Rajak als Kriegsauslöser zu legitimieren«.

Fakt war, dass es sich keineswegs um ein Massaker an unschuldigen Zivilisten gehandelt hatte, sondern dass die Toten mehrheitlich UÇK-Kämpfer waren, die in Kampfhandlungen getötet worden waren. Und deshalb schrieb der Journalist Hans Leyendecker: »Viele der Geschichten über angebliche Massengräber und Gräueltaten der Serben werden von Pullach als nachrichtendienstliche Desinformationen bewertet, mit denen Politik gemacht wird.«[5]

Die Serben allein als die Schuldigen für die gegenseitigen Massaker zu bezeichnen, das war eindeutig eine Strategie der Bundesregierung, zur damaligen Zeit unter Führung von Außenminister Joschka Fischer. Die rot-grüne Bundesregierung war es schließlich auch, die maßgeblichen strategischen Anteil an dem Bombardement von Serbien hatte, das am 24. März 1999 durch NATO- und US-Streitkräfte begann und Anfang Juni 1999 eingestellt wurde.

Nachdem die UN-Resolution 1244[6] verabschiedet worden war, marschierten die ersten KFOR-Truppen (Kosovo Force) am 16. Juni 1999 im Kosovo ein. Nun stand die serbische Provinz unter dem Protektorat der Vereinten Nationen. Aber nur scheinbar, denn erst vier Monate später wurde das Mandat auf die internationale Polizei übertragen; eine lokale Polizei gab es nicht.

In dieser Phase zwischen Juni und Oktober 1999 wurden die Grenzen zwischen den kosovo-albanischen Clans für ihre künftigen kriminellen Aktivitäten abgesteckt. Jetzt wurden die Rechnungen beglichen und alte Ansprüche eingefordert, und zwar von denjenigen UÇK-Führern, die sich mittlerweile in der Politik etabliert hatten, wie Hashim Thaci und Ramush Haradinaj. Ein damals im Kosovo arbeitender deutscher Polizeibeamter erzählte mir: »Man kann also zusammenfassend sagen, dass spätestens in diesen drei bis vier Monaten der Kosovo aufgeteilt wurde und dass sich in dieser Zeit die Strukturen der organisierten Kriminalität bildeten, und das alles unter den Augen der internationalen Polizeipräsenz.«

Und damit begann auch die untrennbare Verflechtung von Politik und Kriminalität im Kosovo mit den Beziehungsnetzen bis nach Deutschland, Österreich und in die Schweiz. Noch am 8. Mai 2001 erklärte der stellvertretende Vorsitzende der SPD-Bundestagsfraktion, Gernot Erler, in einem Interview im *Deutschlandfunk* zur Perspektive Mazedoniens und des Kosovo: »Gibt es so etwas wie Strategie und Konzept?«, erkundigte sich der Moderator des Morgenmagazins. Die Antwort des SPD-Politikers war bemerkenswert. In Anbetracht des »albanischen Strebens nach Separation in Mazedonien und im Kosovo« müsse man »nach der Zukunft der Grenzen in dieser Region [fragen], ob sie eigentlich für uns unantastbar sind, oder ob man bereit wäre, diese zum großen Teil ja willkürlich gezogenen Grenzen in irgendeiner Weise, natürlich nach einem entsprechenden politischen Prozess, zu verändern.« Im Klartext heißt das, dass sich ein führender Außenpolitiker der SPD eindeutig für die Ziele der UÇK stark machte. Wusste er nicht oder wollte er nicht wahrhaben, was sich in der Zwischenzeit im Kosovo abgespielt hatte?

»Auffällig ist«, notierte ein Polizeibeamter, der im Kosovo die organisierte Kriminalität bekämpfen soll, »dass bei all den Namen, die auf den OK-Dienststellen kursieren, [es sich] fast ausschließlich um UÇK-Kommandanten, Führer von Spezialeinheiten handelt. Diese hatten während der kriegerischen Auseinandersetzungen mit den Serben fest zugeteilte Kampfräume und Gebietszuständigkeiten, die nach Ende der Auseinandersetzungen so als Gebietszuständigkeiten für die illegalen Machenschaften übernommen wurden. Diese Personen genießen in der Bevölkerung einen zum Teil heldenhaften Ruf, sie werden verklärt und sind unantastbar. Aussagen gegen sie sind Selbstmord.«

Eine dieser zentralen Schlüsselfiguren ist Hashim Thaci, Spitzname »Schlange«, der Vorsitzende der Demokratischen Partei Kosovos (PDK). Stolz präsentierten seine Freunde ein Foto von ihm. Das entstand am 21. September 1999, nachdem UN, NATO und Hashim Thaci als politischer Führer der UÇK die Auflösung der UÇK beschlossen hatten. Das Foto zeigt ihn freudig lächelnd beim gemeinsamen brüderlichen Händedruck mit UN-Koordinator Bernard Kouchner, KFOR-General Sir Mike Jackson und NATO-Oberbefehlshaber General Wesley Clark. Bei den anstehenden Verhandlungen um die Klärung der Statusfrage des Kosovo sitzt er wieder mit am Tisch westlicher Politiker.

Vier Jahre später, 2003, dürfte Hashim Thaci zehn Prozent der gesamten kriminellen Aktivitäten im Kosovo und in Mazedonien kontrollieren. Seine vermuteten, aber juristisch nicht bewiesenen Verbindungen zu kriminellen Organisationen, das sagt der BND, resultieren aus seiner Drenica-Gruppe. »Mit Stand 2001 sollen direkte Kontakte zur tschechischen und albanischen Mafia bestanden haben«, schreibt der BND in seinem Analysebericht vom Februar 2005. Mitte 2003 wurde Thaci kurzfristig aufgrund eines internationalen Haftbefehls in Ungarn festgenommen, wenig später aber, auf Intervention eines bekannten ungarischen Geschäftsmanns, der sich im Treibstoffhandel im Gebiet Vojvodina engagiert, wieder freigelassen.

Und Hashim Thaci soll, so glaubt der BND zu wissen, »im Zusammenhang mit umfangreichen Drogen- und Waffenhandelsgeschäften im Oktober 2003 in engem Kontakt zur Familie K. gestanden haben«, jener Familie also, die in Deutschland so präsent ist.

Hashim Thaci sei zudem, nach Ansicht des BND, ein Auftraggeber des berüchtigten Profikillers Afrimi, genannt Bekimi. Afrimi ist Führungsmitglied der AKSH (Albanische Nationalarmee), auf sein Konto sollen mindestens elf Auftragsmorde gehen. Häufig sei er, so der BND, in München und in Frankfurt am Main zu sehen.

Beziehungen von Thaci bestehen, das behauptet die KFOR in mir vorliegenden vertraulichen Dokumenten, darüber hinaus auch zu Muhamed Krasniqi, genannt »Kommandeur Malisheva«. Er hatte im Dezember 2003 seinen Pass verloren und war mit einem Pass der UNMIK (United Nations Interim Administration Mission in Kosovo/UN-Übergangsverwaltung des Kosovo) in die Schweiz gereist. Die Behauptung des BND: »Er führt eine 18 Mann starke Gruppe an, betätigt sich im Heroinhandel und soll gute Drogenverbindungen in Winterthur unterhalten.« Und Hashim Thaci verkündet unterdessen staatsmännisch: »Wir wollen Eigenstaatlichkeit, mit einem eigenen Sitz in der UNO. Unabhängigkeit ist die einzige Lösung, die für Frieden und Stabilität auf dem Balkan sorgen kann.«[7]

Organisierte Kriminalität ist auf dem Balkan, insbesondere im Kosovo, mehr oder weniger der einzig wachsende und profitable Wirtschaftsfaktor. Er ermöglicht die Wahlkampf- und Parteienfinanzierung, Bestechung von politischen Funktionsträgern sowie die Finanzierung paramilitärischer Gruppen. Und dieser kriminelle Wirtschaftszweig breitet sich ständig auch international weiter aus. Gleichzeitig werden die Entwicklung von legalen Wirtschaftstätigkeiten und die Finanzierung des Staatshaushaltes im Kosovo aus regulär erwirtschaftetem Steuereinkommen behindert, und diese kriminellen Vereinigungen beteiligen sich massiv an der Privatisierung bisher staatlicher Unternehmen. Dadurch verschaffen sie sich weitere Transportkapazitäten und Möglichkeiten zur Geldwäsche und weiten ihren wirtschaftlichen und politischen Einfluss noch aus.

Wie heißt es doch im BND-Bericht vom Februar 2005: »Der Kosovo und der gesamte West-Balkan-Raum werden bis auf Weiteres eine Schlüsselrolle als Transitregion für den Drogenhandel in Richtung Westeuropa behalten. Gerade der Kosovo gilt dabei als ein Zentrum der organisierten Kriminalität, aus dem kriminelle Aktivitäten in ganz Europa gesteuert werden.«

Im krassen Gegensatz dazu stehen die Beschönigungen der Bundesregierung. Und so wundert es wenig, dass nach Kriegsende in keiner anderen Besatzungszone des Kosovo die UÇK ein vergleichbar größeres Maß an Pogromfreiheit erhielt als in der deutschen Zone. »In Prizren haben es die deutschen Soldaten den albanischen Kämpfern der Kosovo-Befreiungsarmee überlassen, das in der Stadt geltende Recht zu bestimmen, und damit die serbischen Familien ihrem Schicksal überlassen«, kritisierte der in Paris erscheinende *Figaro*. Die UÇK habe erklärt, Prizren stehe »vollständig unter ihrer Kontrolle«, bestätigte auch die *FAZ*. »Selbst das geistliche Oberhaupt der Serben im Kosovo, Bischof Artemije, hatte vergeblich Sicherheitsgarantien vom deutschen KFOR-Kontingent in Prizren erbeten.«[8]

Die beinahe uneingeschränkte Herrschaft der UÇK über Prizren wurde zwar niemals in Deutschland, wohl aber von Stellen der Vereinten Nationen kritisiert. Wie deren Sprecher erklärte, seien die Benennung des Bürgermeisters von Prizren durch die UÇK und die Duldung dieses Vorgangs durch die deutschen KFOR-Truppen illegal. Doch auch diese Kritik änderte nichts »am in Bonn durchaus gebilligten zurückhaltenden Umgang mit der Kosovo-Untergrundarmee UÇK«.[9]

Der Kosovo-Experte Matthias Küntzel, einer der wenigen unabhängigen Beobachter des Kosovo, meinte dazu: »Zwar wurden allein am Bundeswehrstandort Prizren fast alle 10 000 dort ehemals lebenden Serben erschlagen oder vertrieben, zwar waren die Roma der mörderischsten und systematischsten Verfolgung ausgesetzt, die Europa seit 1945 gesehen hat, und auch die letzte jüdische Gemeinde von Priština wurde unter Gewaltandrohung verjagt. Dennoch wird diese ›ethnische Säuberung‹ in Deutschland nicht nur selten registriert, sondern von verantwortlichen Stellen geradezu mit einem Siegel der Normalität versehen.«

Und deshalb verstieg sich der damalige Verteidigungsminister Rudolf Scharping in der *FAZ* zu einer geradezu hanebüchenen Äußerung: »Im Kosovo ist die Kriminalität nun geringer als in Moskau.« Und auch der ehemalige deutsche KFOR-Kommandant Klaus Reinhardt gab sich nach Abschluss seiner Dienstzeit im Kosovo hochzufrieden: »Heute geht es in Prizren und Priština wie in anderen westlichen Städten zu: Die Diskos sind voll, die Leute sitzen auf den Boulevards und freuen sich, dass sie in Frieden leben können.« Eine Einschränkung machte der General dann aber doch: »Nur in den Zonen, wo die verschiedenen ethnischen Gruppen aufeinanderstoßen, sind die Spannungen noch groß.« Matthias Küntzel meint dazu: »Man könnte es auch so formulieren: Nur in Zonen und Ländern mit ›ethnischer Reinheit‹ sind die Gefahrenpotenziale eliminiert und die Bewohner zufrieden.«

Wie jedoch konterte der Bundesnachrichtendienst diese Aussagen von Exverteidigungsminister Scharping und Ex-KFOR-Kommandant Klaus Reinhardt? In seiner Analyse vom Februar 2005 stellte er fest: »Über die Key-Player wie Thaci, Haradinaj und Lluka bestehen engste Verflechtungen zwischen Politik, Wirtschaft und international operierenden OK-Strukturen im Kosovo. Die dahinterstehenden kriminellen Netzwerke fördert dort die politische Instabilität. ... Eine große albanische Diaspora in zahlreichen europäischen Ländern (namentlich in Deutschland und in der Schweiz) bietet der OK eine ideale Operationsbasis.«[10] In der Bundesregierung waren solche Analysen, die selbst von Kritikern des BND als ausgezeichnet beschrieben wurden, wertlos. Sie wanderten in den Papierkorb der politischen Entscheidungsträger, denn sie widersprachen vollkommen der bisherigen Politik der Bundesregierung gegenüber der UÇK beziehungsweise deren Nachfolger in der Politik.

Obwohl diese Erkenntnisse des BND sowohl der Bundesregierung als auch allen zuständigen deutschen Behörden bekannt sind, weigerten sich einige deutsche Sicherheitsbehörden sogar, Ermittlungen gegen die albanischen kriminellen Gruppierungen in Deutschland zu führen.

Bereits im Sommer 2005 versuchten das Bayerische wie auch das Niedersächsische Landeskriminalamt das Bundeskriminalamt davon zu überzeugen, zentrale Ermittlungen gegen die bekannten Clans und Personen in Deutschland zu führen. Gerade weil viele kriminelle Protagonisten aus dem Umfeld der UÇK sich in Deutschland niedergelassen haben. Doch das wurde abgelehnt, obwohl das österreichische BKA wie die italienische Polizei ihre deutschen Kollegen eindringlich aufforderten, endlich diese Ermittlungen zu führen. Die Ablehnung, sich mit der Problematik der kriminellen Gruppierungen aus dem Kosovo und Albanien zu befassen, kam direkt – so eine vertrauliche Quelle aus dem österreichischen Bundeskriminalamt – vom Innenministerium in Berlin.

Einen Trost gibt es. Die alte Bundesregierung hatte beschlossen, die Regierung des Kosovo mit Wirtschaftshilfen in Höhe von 22,5 Millionen Euro zu unterstützen. Die Politiker im Kosovo, die so eng mit kriminellen Strukturen verbunden sind, dürften ob der indirekten Komplizenschaft und Hilfe deutscher Politiker wieder einmal jubeln.

Die Konsequenzen dieser heimlichen Komplizenschaft (ob bewusst oder unbewusst – darüber lässt sich trefflich streiten) zeigen sich auch an einem besonders skandalösen Vorgang. In Deutschland wurde er als Konflikt zwischen verfeindeten ethnischen Gruppen, also den Albanern und den Serben, dargestellt. Die Wirklichkeit sieht ganz anders aus.

Wenn Kriminelle, die von der Bundesregierung einst gefördert wurden, einen Bürgerkrieg inszenieren

Es war im März 2004. Gebäude und Kirchen brannten, überforderte KFOR-Soldaten versuchten marodierende Menschenmengen in Schach zu halten – der Kosovo drohte wieder in einem blutigen Bürgerkrieg zu versinken. Die Pogrome endeten am 21. März damit, dass nach offiziellen Angaben der KFOR (Kosovo Force) 28 Menschen ermordet, 1000 verletzt, 41 christliche Kirchen zerstört und Dutzende Gebäude der UNMIK (UN-Übergangsverwaltung des Kosovo) schwer beschädigt wurden.

Waren das spontane Gewaltausbrüche, Ausdruck der schwelenden Empörung von Menschen, die weder Arbeit noch eine Zukunft haben? Dokumente der im Kosovo stationierten KFOR und Nachrichtendienste belegen: Es gab einen Masterplan, an dem einflussreiche kriminelle Strippenzieher mitwirkten. Doch diese Erkenntnisse werden bis heute geheim gehalten.

Nach einem Bericht der »United States National Intelligence Cell« in Priština vom 15. April 2004 wurden »die Aktivitäten zwischen dem 17. und 19. März 2004 mit dem Ziel geplant und organisiert, den Unabhängigkeitsprozess voranzutreiben und den Aufenthalt der UNMIK im Kosovo zu verkürzen«.

In einem vertraulichen Bericht des deutschen Bundesnachrichtendienstes (BND) ist zu lesen: »Anfang April 2004 wurde aus Sicherheitskreisen auf dem Balkan bekannt, dass die jüngsten Unruhen im Kosovo durch die organisierte Kriminalität vorbereitet und in deren Auftrag durchgeführt worden sein sollen. Mitglieder der albanischen (bzw. kosovarischen) und serbischen Mafia sollen parallel die Vorbereitungen auf beiden Seiten getroffen haben. Dabei soll die AKSH (Albanische Nationalarmee) nur als Handlanger der albanischen Mafia fungiert haben.«

Dass kriminelle Gruppierungen, also jene, die Jahre zuvor auch von der Bundesregierung gepäppelt wurden, bei den »März-Unruhen« eine entscheidende Rolle spielten, geht auch aus einem Dokument der KFOR hervor. Demnach hätten »ehemalige UÇK-Angehörige und kriminelle Machtstrukturen erheblichen Einfluss bei den Unruhen gehabt«.

Alle diese nachrichtendienstlichen Erkenntnisse werden von UN-Polizeibeamten in Priština bestätigt. Und sie beklagen sich, dass bis zum heutigen Tag nichts gegen die kriminellen Strippenzieher unternommen wurde. Anfang Januar 2005 berichtete mir ein leitender Beamter der UN-Polizei in Priština, Abteilung zur Bekämpfung der organisierten Kriminalität (OK): »Obwohl namhafte Personen, bis hin zum aktuellen Premierminister, hinter den März-Unruhen gesteckt haben und diese Unruhen von einer bekannten kriminellen Struktur vorbereitet wurden und dies zahlreichen Diensten bekannt war, wird nichts gegen diese Struktur unternommen.« Und weiter: »Man will hier keine weiteren Unruhen, und die würde es geben, wenn man derzeit gegen den gewählten Premier Haradinaj OK-Ermittlungen führen würde.«

Ein Ergebnis dieser »Unruhen« war, dass zur gleichen Zeit Großlieferungen (ganze Lastwagen) von Heroin und Kokain über die nicht kontrollierte Grenze in Richtung Westen, unter anderem nach Norddeutschland, geschmuggelt wurden.

Wie eng die März-Unruhen mit dem florierenden Drogenhandel in Verbindung standen, beweisen Aussagen, die erst Ende Dezember 2006 bekannt wurden. Den Grenzübergang Vrbnica zwischen dem Kosovo und Albanien, Hauptdrogenschmuggelroute, kontrollieren im Auftrag der KFOR türkische Militärs. Obwohl die Unruhen bereits am 17. März 2004 begannen, rückten die türkischen Einheiten erst einen Tag später und erst auf massives Drängen anderer Kommandeure an den Grenzübergang Vrbnica vor. Sie unternehmen jedoch nichts, um die Unruhen einzudämmen. Der Grund dafür war, dass türkische Offiziere selbst tief in den Drogenhandel verwickelt waren. Im Mai 2004 informierte die Central Intelligence Unit/CIU (eine von Deutschland, Großbritannien, Italien, Frankreich und den USA betriebene kriminalpolizeiliche Sammelstelle für Informationen und Erkenntnisse), dass einige türkische Offiziere in die Türkei zurückgeschickt wurden, weil sie am Drogenhandel im Kosovo beteiligt waren. Durch die Ablösung sollte verhindert werden, dass die wirklichen Drahtzieher des Schmuggels ermittelt werden.

Wenn vom Kosovo und von der Unterstützung der UÇK durch die rot-grüne Bundesregierung die Rede ist, darf Albanien nicht vergessen werden, obwohl sich für dieses Land kaum jemand zu interessieren scheint. Albanien entwickelte sich in den letzten Jahren zum »kriminellen Flugzeugträger« Europas. Denn ein großer Teil der (ständig wachsenden) Opiumernte in Afghanistan gelangt in Form von Heroin auf den westeuropäischen und amerikanischen Markt. Dabei schmuggeln die kosovo-albanischen Drogenkartelle das Heroin vor allem entlang der Balkanroute nach Westeuropa, etwa nach Deutschland. Durch die Allianz zwischen sizilianischer und albanischer Mafia ist in den vergangenen Jahren in Albanien das weltweit größte Drogenkartell im Herzen Europas entstanden. Vertreter des italienischen Mazarella-Clans wurden bei ihrer Ankunft in Tirana sogar in Regierungsfahrzeugen abgeholt.

Die Fakten: Pro Monat werden 5000 Kilo Heroin durch Albanien in Richtung Westen geschmuggelt, teilweise in eigenen Laboratorien weiterverarbeitet. 90 bis 95 Prozent des gesamten albanischen Geldverkehrs werden immer noch außerhalb der Banken abgewickelt. Entsprechend groß ist die Möglichkeit, kriminell erwirtschaftetes Geld zu investieren, insbesondere in Immobilien.

Verantwortlich für diese Entwicklung dürfte der ehemalige Premierminister Fatos Nano (Amtszeiten: 1991, 1997–1998,

2000–2005) gewesen sein, so übereinstimmend westliche Botschafter und Polizeidienststellen.

Er wird als »dramatischer Zocker« bezeichnet, der in einigen Nächten horrende Geldsummen verspielte. Gleichzeitig setzte er bekannte Waffen- und Drogenschmuggler als Polizeidirektoren ein. Genauso bekannt ist, dass führende Regierungsmitglieder tief in den Drogenhandel verstrickt waren. Der Premierminister hatte sich zum Beispiel mit den höchsten Richtern des Landes in einem Hotel in Tirana getroffen. Da sagte er zu dem Vorsitzenden des Verfassungsgerichts: »Wir müssen dringend das Strafrecht ändern, das 1996 den Drogen- und Waffenhandel unter Strafe stellte.«

In einem Vortrag im Dezember 2005 vor Polizeibeamten, der von der Hans-Seidel-Stiftung organisiert wurde, erzählte Professor Klaus Schmidt, zuständig in Albanien für die PAMECA (einer EU-Institution zum Aufbau einer Polizei in Albanien), einiges aus dem Innenleben Albaniens. Demnach sei das Justizsystem völlig korrupt. 15 Milliarden Dollar Bargeld würden in Tirana zirkulieren und nur darauf warten, im Westen investiert zu werden. Es sei Geld, das überwiegend aus kriminellen Geschäften, insbesondere dem Drogenhandel, stammen würde.

Diese Erkenntnisse, die der Bundesregierung wohlbekannt waren, hielten die rot-grünen Politiker indes nicht ab, Premierminister Fatos Nano mit allen Ehren in Berlin zu empfangen. Am 18. November 2004 hielt dieser sich in Berlin auf. Dabei erfuhr der Premierminister aus dem Mafialand Albanien, dass die deutsche Regierung ihn auf seinem Weg zur europäischen Integration unterstützen wolle. Kanzler Gerhard Schröder und Fatos Nano betonten nach ihrem gemeinsamen Gespräch im Bundeskanzleramt die engen politischen und wirtschaftlichen Beziehungen beider Länder. Da es keine bilateralen politischen Probleme gibt, haben sich die beiden Regierungschefs auf Fragen der Wirtschaft und des Infrastrukturbereichs konzentriert. Albanien sei auf einem guten Weg in die EU, meinte

Schröder. Der blanke Zynismus angesichts der Situation in Albanien.

Nach ihrem Gespräch waren Nano und Schröder zugegen, als ein Vertrag zur Übernahme des Flughafens von Tirana unterzeichnet wurde. Die Baufirma HOCHTIEF aus Essen darf ein Konsortium anführen, das den Flughafen Tirana zwanzig Jahre lang betreiben wird. Es ist der gleiche Flughafen, auf dem in der Vergangenheit nachts Flugzeuge landeten und tonnenweise Kokain unter den Augen der Polizeibeamten ausluden. Mit dem Auftrag verbunden waren zahlreiche Modernisierungs- und Ausbaumaßnahmen wie die Errichtung eines neuen Terminals. Fatos Nano nahm während seiner Deutschland-Reise im November 2004 auch an der 4. Wirtschaftskonferenz Südosteuropa in Berlin teil und traf dort Bundesinnenminister Otto Schily. Weder öffentlich noch intern wurde bekannt, dass Innenminister Schily ein besonders kritisches Wort zu Korruption und Kriminalität in Albanien gesagt hätte.

So durfte Premierminister Nano die strategische Bedeutung Deutschlands bei den albanischen Bemühungen um Integration in die EU und die NATO loben. »Das Treffen mit dem Bundeskanzler habe einen weiteren starken Impuls für die bilateralen Beziehungen geliefert.« Nano würdigte auch die Bedeutung der Zusammenarbeit mit Deutschland und der EU zur Stabilisierung des westlichen Balkans. Mit dem Bundeskanzler teile er in dieser Beziehung die gleiche Vision, die auch die Einbindung Serbiens und des Kosovo beinhaltet.

Im Juli 2005 wurde Nano vom albanischen Volk abgewählt, und sein Nachfolger Sali Berisha hat der internationalen Gemeinschaft versichert, dass er gegen die kriminellen Gruppierungen energisch vorgehen werde. Wie tief verwurzelt diese in Albanien trotzdem sind, demonstriert das Beispiel eines Unternehmers. Er gilt als Mafioso, ist Präsident der »K-Group«, kontrolliert Hotels, Restaurants, das Tourismuswesen, ist Eigentümer einer Radiostation und einer Tageszeitung sowie einer Wirtschafts- und Finanzzeitung. Und er ist in Albanien einer der Verantwortlichen für Investitionsvorhaben. Entsprechend eng sind die Beziehungen zu deutschen Unternehmern, die Albanien als billigen Produktionsstandort favorisieren oder gerne Bauaufträge übernehmen.

Das zeigt sich auch in der Hafenstadt Durrës, die bei den internationalen Polizeibehörden als Mafianest gilt und in der ohne Bewilligung der Mafiabosse keine Geschäfte laufen. Was nichts daran änderte, dass ein großes Berliner Unternehmen, »Berlinwasser«, die neue Infrastruktur installierte, und zwar für die vielen auch illegalen Hotels und Appartementblocks der albanischen und US-italienischen Cosa Nostra. Ein Unternehmer aus Bayern, die viel mit Albanien zu tun hat, kommentiert: »Die Europazentrale für den Drogenhandel sollte eine exklusive Kanalisation und Trinkwasserversorgung erhalten.«

Seit Anfang März 2007 steht Ramush Haradinaj wieder vor dem Kriegsverbrechertribunal in Den Haag. Chefanklägerin Carla Del Ponte wirft ihm schwere Kriegsverbrechen an Serben, Roma und albanischen Gegnern der UÇK vor. Vor seiner Abreise nach Den Haag empfing ihn der deutsche Joachim Rücker, der Chef der UN-Verwaltung UNMIK. Ob sie gemeinsam die von Ramush Haradinaj geschätzten Cohiba-Zigarren geraucht haben, ist nicht bekannt. Der ehemalige Oberbürgermeister von Sindelfingen und außenpolitische Berater der SPD-Bundestagsfraktion ist bei den im Kosovo arbeitenden deutschen Kriminalbeamten bekannt dafür, dass er die Mafiapaten eher integrieren als ins Gefängnis bringen will. Nach Informationen dieser Kripobeamten blüht und gedeiht das organisierte Verbrechen prächtiger als je zuvor. Carla Del Ponte jedenfalls war empört. Der gemeinsame Auftritt könne als »falsches Signal« verstanden werden, Zeugen eingeschüchtert und die Aufklärung der Verbrechen behindert werden, denn so sagt sie: »In keinem anderen Verfahren seien aussagewillige Zeugen solchen Einschüchterungen ausgesetzt gewesen.« Carla Del Ponte weiß genau, dass dieser Prozess gegen Ramush Haradinaj in Den Haag sowohl von den USA wie den Europäern eigentlich nicht gewünscht ist. Vergeblich hatten zum Beispiel in den Jahren 2005 und 2006 Staatsanwälte des Gerichtshofes in Den Haag versucht, die detaillierten Berichte des Bundesnachrichtendienstes und der KFOR über die hochkriminellen Machenschaften von Ramush Haradinaj zu bekommen.

Ein Beamter des hessischen Landeskriminalamtes, der in Priština organisierte Kriminalität bekämpft, hat sich davon jedoch nicht beeindrucken lassen. Aufgrund seines persönlichen Engagements wurden am 12. März 2007 sowohl der Chefberater des Premierministers als auch der Vorsitzende der Kasabank wegen Geldwäsche verhaftet. Mehrere Millionen Euro wurden von den beiden engsten Vertrauten Haradinajs für dessen Prozess-Fonds in Den Haag abgezweigt. Ob durch diese Aktion der erste Mafia-Staat in Europa verhindert werden kann, bleibt trotzdem fraglich.

7. Putin – Schröder, Gas und Öl: die Hintergründe eines schillernden West-Ost-Netzwerkes

Am 14. Dezember 2005 meldete *Spiegel*-Online, dass sich der russische Energiekonzern Gasprom erst Altkanzler Gerhard Schröder als Aufsichtsratschef geholt habe und »jetzt will das Staatsunternehmen in Deutschland auf Einkaufstour gehen. In Zukunft wolle man auch deutsche Stadtwerke erwerben, erklärte der Deutschland-Chef des Unternehmens.«

Es ist das gleiche Unternehmen, das engste, auch geschäftliche Beziehungen zum militärisch-industriellen Komplex in Russland hat. Die letzte Konferenz zwischen den Chefs der russischen Öl- und Erdgaskonzerne und der russischen Rüstungsindustrie fand übrigens am 24. Mai 2005 in Moskau statt.[1]

Gasprom und Gerhard Schröder – das ist eine unheimliche deutsch-russische Komplizenschaft. Weil sie unüberschaubar ist und so viele Nebelschwaden um sie herum erzeugt wurden, ist es notwendig, ausführlich dieses Beziehungssystem nicht nur in Deutschland, sondern in Russland einmal näher zu beleuchten. Gerade deshalb, weil Russlands wichtigster Handelspartner Deutschland ist und die deutsche Industrie wie eine läufige Hündin den russischen Pitbulls hinterherläuft. Das aus den einzelnen Mosaiksteinchen von Kooperationen, Bündnissen und Netzwerken entstehende Bild ist für jeden gutgläubigen demokratischen Staatsbürger erschreckend.

Während in den Medien und bei Politikern von CDU und FDP Empörung über den Wechsel von Gerhard Schröder zu einem Gasprom-Unternehmen groß war, war der Mann, der die Affäre wegen seiner überraschenden Berufung ins Rollen brachte, für seine Verhältnisse selbst ungewöhnlich zurückhaltend. Vielleicht spekulierte er ja darauf, dass sich – nach den ersten Wellen der Empörung über seine Berufung in den Aufsichtsrat einer deutsch-russischen Pipelinegesellschaft, an der Gasprom mit 51 Prozent beteiligt ist – die Aufregung in kurzer Zeit legen würde.

Zwar verteidigte ihn sein Parteifreund Franz Müntefering kurz vor Weihnachten 2005 nochmals mit bedenkenswert klugen Sätzen wie: »Einige gönnen ihm schlichtweg das Geld nicht. Andere mögen Putin nicht und wollen sich da jetzt mal die Füße abputzen.«[2] Und Kurt Beck, Ministerpräsident des weinseligen Bundeslandes Rheinland-Pfalz, nannte die Kritik an Gerhard Schröder »völlig maßlos«.[3] Beide politischen Spitzenkräfte der SPD demonstrierten, dass sie überhaupt nicht verstanden haben, um was es im Fall Schröder in Wirklichkeit geht.

Tatsächlich geht es um in jeder Beziehung skrupellose Netzwerke, in denen im besten Fall gutmeinende Machtmenschen wie Gerhard Schröder sich mit politischen und wirtschaftlichen Kräften einlassen, die eine bedenkliche Geschichte haben. Eine Geschichte, die sich charakterisieren lässt durch Begriffe wie organisierte Kriminalität, Korruption, Geheimdienste und auf maximale Profite bedachte deutsche Konzerne und Banken.

Im Folgenden sollen mehrere Faktoren näher beleuchtet werden, die in der öffentlichen Diskussion bislang kaum Erwähnung fanden, aber zur Beurteilung dieses einzigartigen Vorgangs von zentraler Bedeutung sind und vielleicht deshalb vertuscht werden.

Erstens stellt sich die Frage, wann das höchst delikate Angebot aus Moskau Gerhard Schröder überhaupt erreichte?

Zweitens: Wer ist Wladimir Putin, und was wurde im Laufe der Amtszeit von Schröder in Bezug auf Putin (und umgekehrt) von Deutschland aus getan und insbesondere nicht getan und warum?

Und drittens: Was versteckt sich alles hinter dem Gasprom-Imperium?

Die Vertuschung eines Deals

Im April 2005 besucht Wladimir Putin samt Entourage die Hannover Messe. Er und Bundeskanzler Gerhard Schröder verstanden sich – wie in der Vergangenheit – bestens, insbesondere weil nicht wenig pfälzischer Riesling und Spätburgunder kredenzt wurden. Am nächsten Tag standen beide vor einer großen Landkarte.

»Ganz rechts, im Nordosten Sibiriens, sieht man ein paar dicke gelbe Flecken, die Gasfelder, im Westen ist Europa, mittendrin Deutschland, und darüber liegt ein dichtes rotes Spinnennetz mit Pipelines, ergänzt durch eine gestrichelte Linie in der Ostsee. ›In Planung‹, heißt es zu der Strichlinie am Rand. Schröder und Putin treiben das Milliardenprojekt einer Gaspipeline auf dem Grund der Ostsee seit bald zwei Jahren voran.«[4]

Mit zur Moskauer Delegation gehörte auch Informationsminister Leonid Reiman, der davon sprach, dass Russland in Hannover demonstrieren wolle, dass es auch auf dem innovativen Sektor konkurrenzfähig sei.[5] Ob er damit gemeint hatte, dass er während seiner Zeit in Sankt Petersburg an großen Geldverschiebungen mitgewirkt haben soll? Natürlich bestreitet er das heftig. Aber das ist ein besonderes Kapitel der Sankt-Petersburg-Connection. Überhaupt nicht beachtet wurden Äußerungen von Amnesty International. Wahrscheinlich hat Bundeskanzler Gerhard Schröder die Protestnote nicht einmal gelesen, um seinen Freund Putin nicht zu düpieren.

»Bundeskanzler Gerhard Schröder darf vor dem Hintergrund der Menschenrechts- und Tschetschenienpolitik von Russlands Präsident Wladimir Putin nicht wieder die falschen Zeichen setzen. Die bisherigen öffentlichen Äußerungen des Bundeskanzlers über sein Vertrauen in eine rechtsstaatliche Entwicklung in Russland und einen Normalisierungsprozess in Tschetschenien haben wenig mit der Wirklichkeit zu tun. Vielmehr behindern Schröders Äußerungen die Arbeit derjenigen, die sich in Russland oder auch auf europäischer Ebene für die Menschenrechte einsetzen«, so Peter Franck, der Russland-Experte von Amnesty International in einer Presseerklärung, die anlässlich des Besuches von Putin in Hannover veröffentlicht wurde.

Besonders besorgt äußerte sich Amnesty International auch wegen Meldungen, nach denen der tschetschenische Vizepremier Ramsan Kadyrow, Sohn des im Mai 2004 ermordeten moskautreuen Präsidenten Achmed Kadyrow, Putin auf seiner Reise nach Hannover begleitete. Die von Kadyrow geleitete bewaffnete Gruppe wird seit Jahren für Entführungen, Folter und Mord verantwortlich gemacht. »Die Verantwortlichen werden de facto nicht zur Rechenschaft gezogen. Die Zivilbevölkerung ist der Willkürherrschaft dieser Miliz hilflos ausgeliefert«, so Amnesty International in der gleichen Presseerklärung: »Wir hoffen, dass der Bundeskanzler Wege findet, seine Distanz zu tschetschenischen Regierungsmitgliedern wie Kadyrow deutlich zu machen.«

Die Stimmung in Hannover wurde natürlich nicht durch kritische Fragen nach den dubiosen Begleitern von Wladimir Putin gestört. Andere Dinge waren viel wichtiger, Aufträge für die deutsche Wirtschaft und nochmals Aufträge für die Wirtschaft – Menschenrechte und Demokratie müssen da leider außen vor bleiben.

Und so ging die Geschichte über das freundschaftliche Angebot Putins an den damaligen Kanzler Gerhard Schröder weiter: In Moskau wurde dem *Focus*-Redakteur Boris Reitschuster am 13. August 2005 aus Kreml-Kreisen die Information zugespielt, »die Petersburger« wollten Bundeskanzler Schröder bei Gasprom oder einer Tochter unterbringen, sollte er die anstehenden Bundestagswahlen verlieren. Als der Moskau-Korrespondent des *Focus* Regierungssprecher Béla Anda um eine Stellungnahme bat, reagierte der nur mit dem Wort »absurd«. Das war immerhin bereits am 19. August, mitten im Wahlkampf.[6]

Am 8. September 2005, zehn Tage vor der Bundestagswahl, wurde schließlich der Vertrag über die Ostseegasleitung überraschend schnell feierlich unterschrieben. Eigentlich sollte der Vertrag erst zu einem späteren Zeitpunkt unterzeichnet werden.

»Bereits am 21. September«, so wird ein deutscher Geschäftsmann aus Moskau in der *Frankfurter Allgemeinen Sonntagszeitung (FAZ)* zitiert, »haben wir erfahren: ›Der Schröder hat sich schon ein Plätzchen bei uns gesichert.‹ Es sei klar, dass über den Posten für Schröder schon vor der Bundestagswahl vom 18. September entschieden worden sei.«[7]

Wenn das so war, beruft sich Markus Wehner in der gleichen *FAZ* auf den Staats- und Verwaltungsrechtler Hans-Herbert von Arnim, »dann müsste die zuständige Staatsanwaltschaft dem Verdacht der Vorteilsnahme nachgehen«. Diese Informationen über die Anbahnung wurden jedoch erst nach Schröders Berufung in den Aufsichtsrat im Dezember bekannt.

Konkreter und öffentlicher wurden allerdings Gerüchte im Oktober 2005. Am 10. Oktober berichtete die *Bild*-Zeitung, dass Bundeskanzler Schröder bei dem russischen Energiekonzern Gasprom eine Stelle als Berater angeboten bekommen würde. Quelle dieser Meldung war eine Nachricht des russischen Radiosenders *Echo Moskwy*. Demnach sei das Thema angeblich während Schröders Kurzbesuch beim russischen Präsidenten Putin am 7. Oktober 2005 aufgekommen. Der Chefredakteur des Radiosenders *Echo Moskwy*, Alexej Wenediktow: »Nicht nur Schröder und Putin wussten davon, sondern auch die diplomatischen und juristischen Berater von beiden, deren Ehefrauen und Kinder. Diese Information über das Angebot, nicht über die Entscheidung, war ziemlich weitverbreitet.«

Die britische Zeitung *The Times* wollte aus deutschen diplomatischen Kreisen erfahren haben, dass der russische Gas- und Ölkonzern Gasprom Schröders neuer Arbeitgeber sein könne. Immerhin sei Gasprom »durch die jüngst beschlossene Übernahme von Sibneft, dem Ölgeschäft des Fußballmäzens und Kreml-loyalen Oligarchen Roman Abramowitsch, ein neuer Global Player auf dem Energiemarkt geworden – und bei den gegenwärtigen Ölpreisen wohl durchaus in der Lage, auch einem deutschen Exkanzler ein mehr als angemessenes Beratergehalt zu zahlen«.

In der Internetzeitung *Russland-Aktuell* war ein interessanter Kommentar zu diesem Vorgang zu lesen: »Auch in Russland spekulierte man seit dem deutschen Wahlpatt schon darüber, ob Putin für Schröder nicht einen netten Ruhestandsjob übrig hätte. Schließlich gehört es zur Geschäftspraxis des russischen Präsidenten, ›überflüssig‹ gewordene Politiker aus seinem Dunstkreis nicht in die Wüste zu schicken, sondern mit gesichtswahrenden Posten und Positionen zu versorgen. ... Kleine Geschenke erhalten die Freundschaft – und große Geschenke große Freundschaften.«[8]

So mancher Expremier wie Wiktor Tschernomyrdin oder der im Zusammenhang mit kriminellen Kontakten in Verruf geratene Exgouverneur von Sankt Petersburg erhielten von Putin unter anderem einen netten Botschafter- oder Ministerposten zugeschoben.

Regierungssprecher Béla Anda reagierte erst, nachdem die *Bild*-Zeitung am 10. Oktober 2005 in Deutschland über den Deal berichtete. Er dementierte wütend: »Das stimmt nicht.« Gleichzeitig beschwerte er sich darüber, dass die *Bild*-Zeitung »trotz Kenntnis seines Dementis dies nicht in ihrer Berichterstattung erwähnt hat«.[9]

Und SPD-Generalsekretär Uwe Benneter sprach von einem »üblen Gerücht«. Warum eigentlich, wenn es sich zwei Monate später um eine ehrenhafte und höchst seriöse Angelegenheit handelt?

Fast zeitgleich mit den Veröffentlichungen in Deutschland reagierte ein Gasprom-Sprecher mit den Worten, dass er sich nicht zu Spekulationen über einen möglichen Beraterposten für den bisherigen deutschen Bundeskanzler Gerhard Schröder nach dessen Ausscheiden aus dem Kanzleramt äußern würde. Danach war erst mal Ruhe.

Wenige Tage nach den eindeutigen Dementis erzählte mir ein hoher Mitarbeiter der Gasprom-Bank, ich sollte den Aussagen aus Berlin und Moskau nicht glauben – natürlich werde Schröder für Gasprom aktiv werden. Nur das Wie – das war zu diesem Zeitpunkt nicht eindeutig. Nach seiner Aussage hätten sich bereits Anfang Oktober die am Pipelineprojekt beteiligten führenden deutschen Konzernchefs – zusammengetrommelt vom ehemaligen Wirtschaftsminister Werner Müller – darüber geeinigt, dass Schröder bei entsprechender Zustimmung an dem neuen Pipelineprojekt beteiligt werden soll. Zeitgleich berichtete eine Moskauer Bankerin, deren Vater Regierungsmitglied in Moskau ist, einem Banker in Baden-Württemberg, dass Gerhard Schröder von seinem »Freund Putin« einen guten Posten angeboten bekommen habe. Noch befand sich zu diesem Zeitpunkt alles im Stadium mehr oder weniger gesicherter Gerüchte. Konkretes war nicht bekannt.

Dafür gab es aber die Stellungnahme von Valdas Adamkus, dem litauischen Präsidenten. Er bescheinigte dem deutschen Bundeskanzler am 25. Oktober »völlige Unkenntnis der nachbarschaftlichen Beziehungen im Streit um die Ostseepipeline«. Mit drastischen Worten warnte er vor möglichen Folgen der Unterwasserpipeline. In der Baltischen See lagerten große Mengen Explosivstoffe und Chemikalien, darunter Senfgas. »Wenn das zufällig berührt wird, würde es die gesamte Baltische See aus dem Gleichgewicht bringen. Niemand kann garantieren, dass es beim Bau nicht zu einem Unfall kommt. Das würden wir alle bezahlen.«[10] Die Verlegung der Pipeline über Land wäre zudem weitaus kostengünstiger als die auf dem Seeweg.

Er blieb ungehört. Das Projekt war bereits beschlossene Sache. Dass Gasprom in Litauen, wie auch in den beiden anderen Baltenrepubliken Estland und Lettland, urplötzlich eine Preiserhöhung für Erdgas um 50 Prozent forderte, was eine 20-prozentige Erhöhung der Heizpreise bedeutete, spielte keine große Rolle für Schröder wie für Putin.

Dann, im November 2005, stand fest – Schröder wird sich wohl oder übel aufs Altenteil zurückziehen. Und es wurde leidenschaftlich darüber spekuliert, was er denn in der Zukunft tun werde. »Schröder organisiert in diesen Wochen sein Leben als Altkanzler. Eine wichtige Rolle in der SPD wird er weiter spielen. Doch das allein dürfte ihn nicht ausfüllen. Was tun mit der freien Zeit? Englisch lernen wollte er. Malen. Als Anwalt arbeiten. Sein berufliches Zentrum bleibt die Hauptstadt.«[11]

Eine Frage stellte sich damals mancher, warum nämlich Gerhard Schröder mitten in der heißen Phase der Verhandlungen über eine Große Koalition noch schnell für einen Abend nach Sankt Petersburg fliegen musste. Um ganz privat seinem Freund Wladimir zum 53. Geburtstag zu gratulieren?

Im November 2005 traf ich in Krakau den künftigen Chef des polnischen Nachrichtendienstes Zbigniew Wassermann. Wir redeten über Gasprom und die neue Pipeline. Er wusste bereits, dass Schröder für Gasprom arbeiten solle. Und er sagte: »Das zeigt, mit wem wir es zu tun haben. Diejenigen, die für Gasprom eintreten, würden sich korrumpieren lassen. Es bestätigt meine These einer riesengroßen Gefahr aufgrund der Möglichkeit, die in Gasprom steckt, wenn sich niemand widersetzt.«

Wenige Tage nach diesem Gespräch in Krakau, am 21. November, dem Vorabend der Wahl seiner Nachfolgerin Angela

Merkel, wurde Gerhard Schröder von Abgeordneten und SPD-Mitgliedern mit Standing Ovations gefeiert. Der neue Fraktionschef Peter Struck überreichte ihm zum Abschied das »Rechtsanwaltsvergütungsgesetz«, und Franz Müntefering schenkte ihm die Stimmkarte, mit der der frühere SPD-Vorsitzende Willy Brandt im Bundestag für die deutsche Wiedervereinigung gestimmt hatte.

Am Tag, als der Bundeskanzler aus dem Bundestag ausschied, am 22. November, verkündete er, dass er schon einen neuen Job habe. Er werde Berater des in der Schweiz ansässigen Ringier Verlages. »Wundern brauchte man sich auch nicht, wenn er jetzt sprichwörtlich die ›Dividende‹ von denen einfährt, die von seiner ›Reformpolitik‹ profitiert haben«, schrieb der Kommentator Albrecht Müller am 22. November 2005 in den Internet-NachDenkSeiten.[12]

Nachdem Schröder einen Job als »Berater für außenpolitische Fragen« bei dem Schweizer Zeitungskonzern Ringier angenommen hatte, konfrontierte ich die Gasprom-»Quelle« damit, dass sie wohl mit ihrer Information falsch gelegen habe. Sie sagte: »Das ist alles Camouflage. Er wird für Gasprom arbeiten. Seien Sie sicher.«

Damals, Ende November, kursierte darüber hinaus auch in Schröders anwaltlichen Freundeskreisen bereits das Gerücht, dass er in Zukunft bei einem großen russischen Konzern aktiv sein werde.

Am 1. Dezember 2005, am späten Vormittag, fand in einer russischen Ölfirma ein streng geheimes Treffen statt, berichtete mir am gleichen Tag die schon erwähnte »Quelle« aus der Gasprom-Bank. Die Teilnehmer mussten demnach schriftlich eine »Verschwiegenheitsverpflichtung« unterschreiben. Hier wurde auch darüber gesprochen, wer eine »Beratungsfunktion« (Adviser) im Board der neu zu gründenden Pipelinegesellschaft übernehmen werde.

Am nächsten Tag, dem 2. Dezember, wurde das neue Konsortium North European Gas Pipeline (NEGP) im schweizerischen Steuerparadies Zug eingetragen. Mit 51 Prozent ist Gasprom beteiligt, die anderen Anteile werden unter anderem von den deutschen Konzernen E.ON und BASF gehalten. Dieser bisherige Ablauf der Anbahnung, wie sie nach Angaben all dieser Informanten stattgefunden haben soll, steht nun im krassen Widerspruch zu den offiziellen Erklärungen, die wenige Tage später folgten.

Denn erst in Babajewo, rund 400 Kilometer nordöstlich von Moskau, als die ersten Rohre der neuen Erdgasleitung aus Sibirien nach Deutschland verschweißt wurden, kam der Deal an die Öffentlichkeit. Das war am 9. Dezember 2005.

Nicht Gerhard Schröder, sondern Gasprom-Vorstandschef Alexej Miller verkündete, dass Schröder Aufsichtsratschef der Betreibergesellschaft der deutsch-russischen Gaspipeline werden soll. Aber, so der Vorstandschef von Gasprom, er habe mit Altkanzler Gerhard Schröder erst nach dessen Ausscheiden aus der Politik über den Aufsichtsratsvorsitz der Pipelinegesellschaft gesprochen. Er formulierte das etwas verschwommen: »Das Angebot wurde zu dem Zeitpunkt gemacht, als bekannt wurde, dass Herr Schröder die große Politik verlässt und Deutschland einen neuen Kanzler haben wird.«[13] Das muss demnach auf jeden Fall Ende September, Anfang Oktober 2005 gewesen sein. »Sein endgültiges Einverständnis haben wir am Tag des Baubeginns an der Ostseegaspipeline bekommen«, sagt Alexej Miller.[14]

BASF-Sprecher Michael Grabicki versicherte hingegen laut Zeitungsmeldungen, dass Schröder erst am 2. Dezember von Gasprom berufen wurde.

Gerhard Schröder wiederum sagte, er sei am 9. Dezember von russischer Seite angerufen worden. Dabei sei ihm das Amt im Aufsichtsrat angeboten worden. So als wäre das Angebot aus heiterem Himmel, vollkommen unerwartet auf ihn eingestürzt. »Er habe in dem Gespräch darauf hingewiesen, dass er einen solchen Posten nur dann antrete, wenn die an dem Konsortium beteiligten beiden deutschen Firmen E.ON und BASF damit einverstanden seien«, wird er in der *Süddeutschen Zeitung* am 13. Dezember 2005 zitiert. Von den Unternehmen war jedoch zu hören, dass sie von dem Angebot überrascht wurden. Vieles spricht hingegen dafür, dass der brisante Deal extrem gut eingefädelt worden ist.

Am 15. Dezember 2005 kommentierte das *Wall Street Journal*: »Willkommen im Kreml, Herr Schröder. Unglücklicherweise – für Deutschland und seine Nachbarn – ist Herr Schröder nicht an den normalen Beschäftigungen für ausgeschiedene Staatsmänner interessiert. Etwa Armenhäuser zu bauen. Aber der Exkanzler wird seinen neuen Job zweifellos als finanziell lohnend und seine neuen Genossen bei Gasprom und deren Weltansichten kompatibel mit seinen eigenen einschätzen.«[15] Seitdem ist es merkwürdig ruhig geworden um die Affäre Gasprom – Schröder. Bis auf eine kleine Meldung im *Spiegel* Anfang Januar 2006.

Demnach habe Gerhard Schröder im Streit zwischen der Ukraine und Russland, als Gasprom der Ukraine den Gashahn kurzfristig zudrehte, »in Telefonanrufen mit Russlands Präsident Wladimir Putin und dem Chef des halbstaatlichen Gaskonzerns Gasprom, Alexej Miller, auf einen Kompromiss in der Ukraine gedrängt, berichten Vertraute Schröders. Sein Berliner Büro wollte die Aktivitäten weder bestätigen noch dementieren.«[16] Die Botschaft war klar: Gerhard Schröder, ganz Staatsmann, setzt sich für die gebeutelte Ukraine ein. Doch stimmt das überhaupt?

Gerhard Schröder, den der *Spiegel* »Gasprom-Kanzler«[17] nannte, nahm in Kauf, dass lange darüber spekuliert werden konnte, wann genau er seine Zusage für einen Posten in einer Tochtergesellschaft von Gasprom gegeben hat. Im April 2006 nahm er gegenüber dem *Handelsblatt* Stellung. Demnach wurde das Thema »erstmals im November an mich herangetragen. Am 9. Dezember bin ich dann der Bitte des russischen Präsidenten nachgekommen. Ich kann daran nichts Falsches sehen.«[18] Das Interview stand im Zusammenhang mit den

Vorwürfen, seine Regierung habe dem russischen Gasprom-Konzern noch kurz vor dem Amtswechsel zu einer milliardenschweren Staatsbürgschaft verholfen. Es ging um eine Bundesbürgschaft für das Ostseepipelineprojekt von Gasprom beziehungsweise der Tochtergesellschaft, in der Gerhard Schröder Aufsichtsratsvorsitzender geworden ist. Bereits im Februar 2005 wurde die Bundesregierung über den Wunsch der Deutschen Bank und der staatlichen Kreditanstalt für Wiederaufbau über eine erwünschte Bundesbürgschaft für das Projekt in Höhe von knapp einer Milliarde Euro informiert. Am 24. Oktober 2005 genehmigte der interministerielle Ausschuss der Bundesregierung die Bürgschaft. Dem Ausschuss gehörten die Fachexperten des Wirtschaftsministeriums, Finanzministeriums, Auswärtigen Amtes und des Ministeriums für wirtschaftliche Zusammenarbeit an.

Am 28. Oktober, es sind die letzten Tage Gerhard Schröders im Kanzleramt, unterzeichnete Wirtschaftsminister Wolfgang Clement die Vorlage. Die Wirtschaftspolitikerin der FDP, Gudrun Kopp, bezeichnete die zügige Abzeichnung als »unüblich«. Es handelte sich schließlich um die höchste Bürgschaft überhaupt, die der Bund je für eine ausländische Firma zu übernehmen bereit war. Sollte das Bundeskanzleramt wirklich, wie es der Staatssekretär im Wirtschaftsministerium, Bernd Pfaffenbach, vor dem Parlament erklärte, nicht eingeschaltet gewesen sein? Der parteilose Bernd Pfaffenbach war bis November 2004 Chefökonom im Kanzleramt mit direktem Zugang zum Regierungschef, galt als wichtigster ökonomischer Berater von Gerhard Schröder und wechselte im Dezember 2004 in das Wirtschaftsministerium. Wirtschaftsminister Wolfgang Clement will seinen Chef ebenfalls nicht eingeweiht haben. Der CDU-Haushaltspolitiker Ulrich Schäfer fragte deshalb, wer damals im Herbst 2005 Druck gemacht habe: die Banken oder die Regierung? Eine eindeutige Antwort steht noch aus. Nachdem die seltsamen Wege der Milliardenbürgschaft im Frühjahr 2006 zu einer heftigen öffentlichen Diskussion führten, hieß es offiziell, das Bundeskanzleramt sei nicht eingeweiht gewesen. Nach einer parlamentarischen Anfrage der FDP-Fraktion musste das Bundeskanzleramt Ende April 2006 jedoch einräumen, dass die Wirtschaftsabteilung des Bundeskanzleramtes informiert war. Aber natürlich nicht der Bundeskanzler.[19] Er, so erklärte er im *Handelsblatt*, hatte von diesem Vorgang keine Kenntnis.

Die Deutsche Bank sollte den Kredit auszahlen. Genehmigt hatte die entsprechende Bürgschaft Caio Koch-Weser, der Staatssekretär im zuständigen Finanzministerium. Einen Tag, nachdem er die Bürgschaft unterschrieben hatte, gab er sein Ausscheiden aus der Bundesregierung bekannt. Caio Koch-Weser verschwieg, dass er als Berater zur Deutschen Bank wechseln würde. Nun ermittelt die Staatsanwaltschaft gegen ihn wegen des Verdachts der Vorteilsnahme. Die umstrittene Bankbürgschaft für den im Geld schwimmenden Gasprom-Konzern hat damit nichts zu tun. Es geht um den Verkauf der Russland-Schulden des Bundes, der in den Verantwortungsbereich von Caio Koch-Weser gefallen war. »Nicht nur, dass der Auftrag an die Deutsche Bank und Goldman-Sachs vergeben worden war, ohne ein Konkurrenzangebot einzuholen – laut den Prüfern führte das Geschäft auch zu einem Schaden für den Steuerzahler in Höhe von 1,2 Milliarden Euro.«[20]

Der Banker und der Präsident –
alle Wege führen nach Sankt Petersburg

Dabei ist in der Diskussion, wie ehrenhaft Gerhard Schröder im Zusammenhang mit dem neuen Job bei Gasprom gehandelt habe, eine bedeutende Personalie eher am Rande erwähnt worden. Dass nämlich zum Vorstandsvorsitzenden des neuen Pipelinekonsortiums ein Mann auserwählt wurde, der eine bewegte Vergangenheit hinter sich hat und ebenfalls als Freund von Wladimir Putin in den Medien beschrieben wurde. Es ist Matthias Warnig, der im Jahr 1991 von der Dresdner Bank nach Sankt Petersburg beordert wurde, um das dortige Bankgeschäft aufzubauen. Er war außerordentlich erfolgreich und stieg danach bei der Dresdner Bank in Russland zu deren mächtigstem Mann im Bereich des Investmentbankings auf, eine eigentlich ungewöhnliche Karriere angesichts seiner Biografie. Sicher ist, dass die Dresdner Bank selbst und insbesondere deren Investmentabteilung »Dresdner Kleinwort Wasserstein« zu einem der mächtigsten westlichen Finanzinstitute in Russland werden konnte.

In Sankt Petersburg will Warnig Wladimir Putin zum ersten Mal Anfang der Neunzigerjahre getroffen haben. Und irgendwie entwickelte sich zwischen der Dresdner Bank und Wladimir Putin so etwas wie ein Verhältnis des Gebens und Nehmens. Ob und inwieweit Putin bei seinen zahlreichen Besuchen in Deutschland auch von der Dresdner Bank alimentiert wurde, ist unbestätigt – offiziell bestätigt die Dresdner Bank nur, dass Anfang der Neunzigerjahre lediglich einmal ein Krankenhausaufenthalt von Ludmilla Putin von der Dresdner Bank bezahlt wurde. Nicht bestätigt wurde hingegen, dass Putins beiden Töchtern die Übernahme der Reise- und Lebenshaltungskosten während ihres Studiums in Deutschland angeboten wurde. Übrigens: Bei seinen Frankreichbesuchen wurde Putin in der damaligen Zeit von der Crédit Lyonnais alimentiert, genau wie sein Vorgesetzter, der Sankt Petersburger Bürgermeister Anatolij Sobtschak.

Die Dresdner Bank und Putin – das ist in der Tat ein besonderes Kapitel. Denn Matthias Warnig ist ja nicht irgendein Banker, sondern ein Mann, der aus der früheren DDR kam und dort für die Stasi gearbeitet hatte. Nach einer Bilderbuchkarriere in der DDR wurde Warnig in den Achtzigerjahren nach Westdeutschland beordert. Hier war er bis 1989 Mitarbeiter in der handelspolitischen Abteilung der ständigen Vertretung der DDR in Düsseldorf, wobei Warnig nach eigenen Angaben in dieser Funktion ausschließlich offzielle und geschäftliche, nicht aber nachrichtendienstliche Kontakte zur Dresdner Bank unterhielt. Ein gegen ihn geführtes Strafverfahren wegen geheimdienstlicher Agententätigkeit jedenfalls wurde von der Staatsanwaltschaft wegen geringer Schuld eingestellt. Nach dem Mauerfall im November 1989 und gleich nachdem im Februar 1990 das Ministerium für Staatssicherheit aufgelöst wurde, erhielt er bereits eine Anstellung bei der Dresdner Bank. Und danach ging die Karriere in Sankt Petersburg weiter.

Ehemalige Angehörige der Staatssicherheit, die mit der engen Kooperation zwischen Stasi und KGB zur damaligen Zeit vertraut waren, halten es für wenig schlüssig, dass eine Kapazität wie Matthias Warnig mit Putin nicht schon während dessen Aufenthalt in der DDR zusammengekommen sein soll. Immerhin war Wladimir Putin in der DDR ein einflussreicher KGB-Resident mit Sitz in Dresden und stand ständig eng mit den jeweiligen Stasioffizieren in Verbindung. Im Februar 1990 endete die schöne Zeit Putins in Dresden. Übrigens der gleiche Zeitpunkt, zu dem auch Warnigs Beschäftigung bei der Stasi ein für ihn sicher unerwartetes Ende fand. Doch das Happy End, ihr unaufhaltsamer Aufstieg, stand ja erst noch bevor.

Ein ehemaliger Major der Stasi, der wegen seiner Verbindung zum damaligen KGB sogar einige Monate in Deutschland in Untersuchungshaft saß, behauptete mir gegenüber, dass er genau wisse, dass Warnig mit Putin in der damaligen DDR zusammengekommen sei. Auf jeden Fall hatte die Dresdner Bank, dank des hervorragenden Kontaktes von Matthias Warnig, einen besonders guten Draht zu Wladimir Putin.

So hat die Dresdner Bank im Zuge der Privatisierung für die russische Regierung Öl- und Kohlekonzerne bewertet. Und im Jahr 2003 schließlich hat sie eine Anleihe von 1,75 Milliarden Dollar für Gasprom genehmigt. Im Sommer

2004 erhielt die Investmenttochter »Dresdner Kleinwort Wasserstein« vom russischen Justizministerium den heiklen Auftrag, ein Jukos-Tochterunternehmen im Zuge der Versteigerung zu bewerten. Und entsprechend niedrig wurde das Unternehmen von der Dresdner-Bank-Investmenttochter auch bewertet, aber erst nachdem Michail Chodorkowski, dem Jukos gehörte, ausgeschaltet war.

Journalisten aus Moskau schrieben damals: »Es war ein kalkulierter Akt der Bosheit von Putin, der für andere Oligarchen, die vielleicht daran dachten, sich in die Politik einzukaufen, ein abschreckendes Exempel statuieren wollte. Die Generalstaatsanwaltschaft verkündete denn auch wenig später, man werde Chodorkowski der massiven Steuerhinterziehung, des Betrugs und des Diebstahls in einer Gesamthöhe von einer Milliarde Dollar anklagen. Eingeweihte meinen jedoch, er sei verhaftet worden, weil er sich für die am 7. Dezember anstehende Wahl die Unterstützung von rund 150 Duma-Kandidaten für jeweils 30 000 bis 50 000 Dollar erkauft habe.«[21]

Chodorkowski wurde in einer spektakulären Polizeiaktion wie ein Schwerverbrecher in die Haftanstalt Matroskaja Tischina (Seemannsruhe) eingeliefert. Über die fehlende Rechtsstaatlichkeit bei dem Verfahren gegen Chodorkowski hat sich bei der Dresdner Bank kaum jemand Gedanken gemacht. Und von der Bundesregierung kam im Zusammenhang mit dem Verfahren gegen den Oligarchen kein mahnendes Wort an Putin. Wie auch, wenn man so eng mit ihm verbandelt ist.

Und so gesehen gibt es im Zusammenhang mit dem Pipelinekonsortium ein Wiedersehen zwischen einem Exjuso-Vorsitzenden und späteren Altkanzler, einem ehemaligen Stasimajor, der sich in kurzer Zeit anscheinend zum erfolgreichen Banker gewandelt hat, und einem Ex-KGB-Offizier aus Deutschland, der nun Russland regiert – wie die Zeit vergeht.

Weniger bekannt ist, dass Putins Aufstieg von Ende der Neunzigerjahre – vom Generaldirektor des FSB, des Nachfolgedienstes des KGB, zum Wunschkandidaten von Boris Jelzin und Vorsitzenden der Regierung und Präsidenten im Jahr 2000 – unter anderem erst möglich wurde, nachdem tschetschenische Terroristen im September 1999 in Moskau zwei Wohnhäuser in die Luft sprengten. Dabei kamen mindestens hundert Menschen ums Leben.

Nach offizieller Auskunft in Moskau – und so wurde es weltweit verbreitet – waren für den Anschlag tschetschenische Terroristen verantwortlich. Die Anschläge dienten wiederum als Auslöser, um Tschetschenien zu bombardieren mit dem Ziel, die Terroristen zu vernichten. Es schlug die Stunde für einen autoritären Herrscher. Und die Anschläge garantierten Putin seine Ernennung zum Nachfolger von Boris Jelzin.

Hartnäckig hielt sich bei einigen Oppositionellen das Gerücht, dass nicht tschetschenische Terroristen den Anschlag planten und ausführten, sondern vom FSB gesteuerte Männer. Doch diese Gerüchte wurden schnell als billige Propagandamärchen bezeichnet. Weitaus seriöser sind Berichte des BND zu bewerten, die im Oktober und November 1999 geschrieben wurden und im Bundeskanzleramt landeten.

Ein ehemaliger Abteilungsleiter des BND erzählte mir, dass aus diesen Berichten klar hervorging, dass die Bombenanschläge nicht von tschetschenischen Terroristen verübt worden seien, sondern vom FSB initiiert wurden.

Diese Berichte wurden in Berlin jedoch als »unglaubwürdig« abgelegt, sagte er. Waren sie wirklich unglaubwürdig? Der Ex-BND-Abteilungsleiter ist bis zum heutigen Tag davon überzeugt, dass es sich um Meldungen von qualifizierten Informanten gehandelt hat und in der Tat für ihn und seine Mitarbeiter in Pullach der FSB die Anschläge initiiert hatte. Chef des FSB zur damaligen Zeit war Wladimir Putin.

Mag man in diesem Fall noch von politisch motivierter Desinformation sprechen, so sieht es in einem anderen Bereich ganz anders aus. Hier ist der »weiße Fleck« von Wladimir Putin, hier herrscht nur bedingt Kenntnis über seine wahre Natur. Es geht um seine Rolle und die seiner Freunde in Sankt Petersburg bis Mitte der Neunzigerjahre. Und immer wieder spielen Deutschlands Politiker und Banken mit.

Die Sankt-Petersburg-Connection

Das Dokument des Schweizer Bundesamtes für Polizeiwesen in Bern mit der Überschrift »Crime Organisé« aus dem Jahr 2001 enthält politischen Sprengstoff. Die Analyse der Schweizer Ermittler beschäftigt sich mit den Verbindungen Wladimir Putins zu einer kriminellen Organisation in Sankt Petersburg, deren Kopf ein Wladimir Kumarin sei. Auf Seite 10 des Berichtes steht: »Die Bedeutung der Angelegenheit bezieht sich zum Teil auf die genaue Natur der Beziehungen, wie sie zwischen Wladimir Sergejewitsch Kumarin, Wladimir Alexejewitsch Smirnow und Wladimir Wladimirowitsch Putin bestehen. Dieser Aspekt wird später ausführlich behandelt werden und bezieht sich insbesondere auf den Werdegang und die Funktionen des gegenwärtigen russischen Präsidenten während der in Sankt Petersburg verbrachten Jahre, Jahre, von denen wir der Ansicht sind, dass sie von entscheidender Bedeutung dafür sind, um in der Lage zu sein, die Stellung von Wladimir Putin in Bezug auf die russische organisierte Kriminalität verstehen zu können.«

In dem öffentlich zugänglichen »Bericht 2003 zur Inneren Sicherheit« des Schweizer Bundesamts für Polizeiwesen, des Eidgenössischen Justiz- und Polizeidepartements, der im Mai 2004 veröffentlicht wurde, steht unter der Hauptüberschrift »Kriminelle Organisationen aus der GUS« (Gemeinschaft unabhängiger Staaten): »Im Mai 2003 haben deutsche Ermittler umfassende Durchsuchungen im Umfeld der in Hessen ansässigen Sankt Petersburg Immobilien und Beteiligungs AG (SPAG) vorgenommen. Die Firma wird schon seit längerem verdächtigt, mehrere Millionen Euro der Sankt Petersburger kriminellen Organisation Tambowskaja gewaschen und in Immobilien in Russland reinvestiert zu haben. Für Deutschland stellt dieser Fall ein Novum dar, weil erstmals der Verdacht der Geldwäscherei über eine deutsche Aktiengesellschaft konkretisiert werden konnte.« Der Name Putin fällt diesmal nicht.

Im offiziellen Geschäftsbericht 2003 dieses in Verdacht geratenen Unternehmens werden unter anderem die folgenden Vorwürfe der Darmstädter Staatsanwaltschaft aufgeführt, die das in dem Schweizer Jahresbericht genannte Verfahren auslösten:

»Zunächst ist festzustellen, dass bislang kein expliziter strafrechtlicher Vorwurf gemacht wurde. ... Es soll sich um folgende Punkte handeln: Untreue durch Darlehensgewährung an die Tochtergesellschaften, das Bemühen, eine weitere Kapitalerhöhung in Höhe von 6 Millionen Euro zu platzieren. Da dies bei einem potenziellen russischen Geschäftspartner geschah, der bei den deutschen Behörden im Verdacht steht, Mitglied einer Mafiaorganisation zu sein, könne dies, so die Ermittler, eine Vorbereitung zur Geldwäsche darstellen. Auf sonstige Vorwürfe wie Kursmanipulation, Vorbereiten der eigenen Flucht aus Deutschland et cetera soll hier nicht weiter eingegangen werden, da sie noch weniger Substanz beinhalten.«

Und schließlich wird der Anwalt des Unternehmens mit den Worten zitiert: »Ich habe ein solch aufgeblähtes Verfahren in meiner dreißigjährigen Berufstätigkeit noch nicht erlebt. Ausweislich der bislang eingesehenen Akten ergibt sich kein strafrechtlicher Vorgang.«[22]

Im Geschäftsbericht des Jahres 2004 wiederum ist zu lesen: »Es ist allgemein verständlich, dass eine Gesellschaft, welche von deutschen Ermittlern in engen Zusammenhang mit Schwerkriminalität bzw. der russischen Mafia gerückt wird, bei dem Unterfangen, Geschäftspartner zu identifizieren – vorsichtig ausgedrückt –, schwer gehandikapt ist.« Wahrscheinlich wird das Verfahren eingestellt werden. Ob die Darmstädter Staatsanwaltschaft und das Bundeskriminalamt fahrlässig gehandelt haben und einen Verdacht aufblähten oder ob die Vortat (Hintergrund für die angenommene Geldwäsche) aufgrund der Blockade aus Sankt Petersburg und Moskau nicht geklärt werden konnte, sei dahingestellt. Hier laufen Ermittlungen, deren Ergebnis abzuwarten bleibt.

Im September 2001 erwähnten die Journalisten Mark Hosenball und Christian Caryls vom amerikanischen Nachrichtenmagazin *Newsweek*[23] zum ersten Mal den Namen Putin im Zusammenhang mit einem BND-Bericht. Nach den *Newsweek*-Recherchen sei der Präsident im deutschen Handelsregister als einer der Firmengründer der SPAG eingetragen – in beratender Funktion. Putin habe diesen Ehrenposten in seiner Zeit als Vizebürgermeister von Sankt Petersburg übernommen, um ausländische Investoren anzulocken.

Das US-Nachrichtenmagazin berichtete auch, dass Wladimir Putin sich insgesamt sechsmal mit Klaus-Peter Sauer, dem Mitglied des Aufsichtsrats der SPAG, getroffen habe, sowohl in Russland als auch in Frankfurt. Sauer habe außerdem erzählt, dass Wladimir Smirnow sich regelmäßig mit Putin getroffen habe. »Russische Quellen berichteten *Newsweek*, dass Smirnow und Putin so eng vertraut seien, dass sie sogar gemeinsam Datschas außerhalb von Sankt Petersburg besäßen.« So eindeutig hatte in den Medien noch niemand die Beziehungen zwischen Wladimir Putin und Klaus-Peter Sauer beziehungsweise der SPAG beschrieben.

Einen Tag nach der Veröffentlichung in *Newsweek* wurde in die Moskauer Büroräume der Zeitschrift eingebrochen, sinnigerweise am Jahrestag der Gründung des Geheimdienstes »Tscheka« (Außerordentliche Allrussische Kommission zur Bekämpfung von Konterrevolution, Spekulation und Sabotage) im Jahr 1917, dem Vorläufer des KGB. Laptops und Notebooks wurden gestohlen und die Einrichtungen im Büro zertrümmert. Die Einbrecher benutzten eine Leiter, um von außen in die Büroräume im zweiten Stock zu gelangen. Die Leiter wurde an der Hauptstraße an das Haus gelegt, das in einer Gegend liegt, die regelmäßig von der Polizei kontrolliert wird. Die Polizei behauptete danach, der Einbruch wurde von einem Konkurrenten der Zeitschrift durchgeführt.

Spuren von Putin führten auf jeden Fall nach Frankfurt. Tatsache ist, das bestätigte mir ein Wirtschaftsprüfer aus dem Taunus, dass der damalige Oberbürgermeister von Sankt Petersburg, Anatolij Sobtschak, dessen Stellvertreter Wladimir Putin und – welche Überraschung – Wladimir Smirnow sich im Jahr 1992 in Frankfurt aufgehalten hatten. Dieser Wirtschaftsprüfer muss es wissen, weil er alle drei getroffen hat und mit Wladimir Smirnow im August 1992 sogar eine Firma gründete, die 1995 wieder liquidiert wurde. Der deutsche Wirtschaftsprüfer selbst war mit 51 Prozent an dem Unternehmen beteiligt, Wladimir Smirnow mit 19 Prozent.

Was hatte die hochrangige Delegation aus Sankt Petersburg noch in Frankfurt unternommen? »Sie haben verschiedene Leute und Firmen besucht, unter anderem die Dresdner Bank und die KPMG.« Also jene internationale Wirtschaftsprüfungsgesellschaft, in der Klaus-Peter Sauer zur damaligen Zeit zuständig für Corporate Finance war. Und alles fällt zusammen mit der Gründung der SPAG. Da stehen im ersten vorläufigen Prospekt der SPAG vom Dezember 1992 als Mitglieder des Aufsichtsrats nicht nur Wladimir Smirnow, sondern auch Wladimir Putin als Stellvertreter des Oberbürgermeisters und Leiter des Außenwirtschaftsmagistrats sowie Sergej Belajew, Leiter des Magistrats für Immobilienvermögen. Dass Putin in dem ersten Prospekt in der Funktion als Mitglied des Aufsichtsrats erwähnt wurde, sei ein Fehler gewesen, ließ die SPAG verlauten. Danach tauchte er tatsächlich nur noch als Mitglied des Beirats der Aktiengesellschaft auf.

Der Wirtschaftsprüfer aus dem Taunus kann sich darüber hinaus erinnern, dass bei dem Besuch der Sankt Petersburger Delegation in der Dresdner Bank Frankfurt auch Wladimir

Smirnow und Klaus-Peter Sauer dabei waren. Welche Bedeutung Smirnow damals hatte, wollte ich von dem Wirtschaftsprüfer wissen. »Er war ein sehr geschäftstüchtiger Mann und hatte eine Firma namens ›Inform-Future‹.« Nach seiner Erinnerung habe Wladimir Putin bei den Verhandlungen in Frankfurt immer »ruhig« dagesessen und »inhaltlich nie etwas gesagt«.

Dabei war das nicht der erste Besuch von Sobtschak und Putin in Deutschland. Ende Mai 1991 reisten sie, diesmal auf Einladung des »Ostausschusses der deutschen Wirtschaft«, erneut nach Deutschland ein. Als Anatolij Sobtschak vier Monate später das nächste Mal nach Deutschland kam, organisierte der Ostausschuss der deutschen Wirtschaft ein Spitzentreffen mit Bundeskanzler Helmut Kohl, bei dem Putin als »Dolmetscher« fungierte. Ende 1992 weilte Putin, der bei deutschen Unternehmern immer beliebter wurde, auf Einladung des Ostausschusses erneut in Deutschland. Diesmal war er in Berlin Gast auf dem Privatisierungskongress der Treuhand.

In einem Artikel in der Zeitschrift *Telebörse* mit der Überschrift »Heißes Geld an der Börse« schrieb die Journalistin Tanja Treser, dass das BKA mittlerweile »Vorermittlungen gegen die SPAG eingeleitet hat und die Dresdner Bank Anfang des Jahres eine Verdachtsanzeige wegen Geldwäsche gegen das Unternehmen erstattete«.[24] Wieder tauchen in dem Artikel Wladimir Putin und Wladimir Smirnow auf. »Smirnow, einstmals Verwalter der Sankt Petersburger Friedhöfe, sitzt heute in Putins Beraterteam im Kreml.«

Der Artikel verursachte helle Aufregung – und nicht nur bei den Verantwortlichen der SPAG. Im Bundeskanzleramt in Berlin kam es bei der wöchentlichen »ND-Lage« (an jedem Dienstag werden Regierungsmitglieder von den Spitzen der Nachrichtendienste informiert) zu einem heftigen Streit zwischen dem Chef des Bundeskriminalamts, Ulrich Kersten, und dem BND-Präsidenten August Hanning. Das BKA vermutete, dass die Information für den Satz, das BKA habe »Vorermittlungen gegen die SPAG eingeleitet«, der Journalistin Tanja Treser von einem Mitarbeiter des Bundeskanzleramtes zugesteckt worden sei. Und dieser Mitarbeiter hätte beste Beziehungen zum BND.

Eine Konsequenz dieser Diskussion bei der nachrichtendienstlichen Lagebesprechung im Bundeskanzleramt könnte gewesen sein, dass keine Informationen mehr an den BND gegeben wurden. Außerdem erhielt der zuständige Staatsanwalt in Darmstadt, David Kirkpatrick, keinerlei Unterstützung, obwohl ihm die zugesagt worden war. Im Gegenteil. Der Frankfurter Generalstaatsanwalt tat alles, damit der Darmstädter Staatsanwalt das Verfahren einstellte. Dafür tummelte sich ein BND-Agent mit dem kuriosen Tarnnamen Mielke bei verschiedenen Polizeibehörden, um an Informationen über das Verfahren gegen die SPAG zu gelangen. Merkwürdig auch: Der Vorgang SPAG wurde bei der Kanzlerlage besprochen, und danach kümmerte sich niemand mehr darum. Politische Rücksichtnahme?

Was weiß Schröder über Putins Vergangenheit

Viel ist über den russischen Präsidenten Wladimir Putin geschrieben worden. Aber wenig ist über seine Zeit in Sankt Petersburg bekannt.

Sankt Petersburg war die erste russische Stadt, in der Staatseigentum privatisiert wurde. Der Kampf um die Umverteilung von staatlichem Vermögen, auch unter kriminellen Strukturen, hat in Sankt Petersburg entsprechend früh begonnen und ungleich größere Ausmaße angenommen als in anderen russischen Städten. Putin verfügte in diesem Sankt Petersburg über viele Möglichkeiten. Zum Beispiel durfte er Firmen die so wichtigen Lizenzen für den Ex- beziehungsweise Import erteilen und die Quotierung von Exportgütern festlegen.

Das führte bald zu einem ersten großen Skandal. Von 1990 bis 1992 herrschte in Sankt Petersburg große Not. Es fehlte insbesondere an Lebensmitteln; Fleisch und Brot mussten rationiert werden. Um Geld in die Stadtkassen fließen zu lassen, wurden Lizenzen vergeben, um Öl und Metall zu exportieren. Mit dem Erlös sollten Lebensmittel eingekauft werden. Putin war für dieses Programm zuständig. Dann aber wunderten sich Abgeordnete des Stadtparlaments, dass die Lizenzen zwar vergeben und die Güter exportiert wurden, aber in den Geschäften immer noch keine Lebensmittel zu finden waren.

Die Abgeordnete Marina Salie, damals Vorsitzende der »Kommission Lebensmittel« im Sankt Petersburger Stadtparlament, setzte deshalb im Januar 1992 eine Arbeitsgruppe von Abgeordneten ein. Sie sollten untersuchen, ob es beim Einkauf von Lebensmitteln und beim Verkauf von Ölprodukten, Holz, wertvollen Metallen sowie Baumwolle durch die Stadt Sankt Petersburg zu Unregelmäßigkeiten gekommen war. Das Ergebnis war niederschmetternd für Wladimir Putin und seine Gefolgsleute. An mindestens vier dubiosen Verträgen soll Wladimir Putin direkt mitgewirkt haben.

Die Beschuldigungen von Marina Salie waren lange Zeit im Internet auf der Webseite der Moskauer »Glasnost Foundation« nachzulesen. Mittlerweile ist diese Seite vom Netz genommen worden. Hier ein Auszug aus dem mir vorliegenden Untersuchungsbericht:

»Neben der Prüfung der Rechtmäßigkeit der unterzeichneten Verträge sollte außerdem untersucht werden, ob der Vorwurf von Machenschaften und Amtsmissbrauch bei der Realisierung dieser Verträge durch verantwortliche Leiter und Mitarbeiter des Komitees für Außenwirtschaftsbeziehungen beim Bürgermeisteramt von Sankt Petersburg zutraf.«

Immerhin ging es für die Bürger Sankt Petersburgs um einen Schaden von über 22 Millionen US-Dollar. Wladimir Putin, so der Vorwurf, soll dabei gegen Bestimmungen der russischen Regierung (Verordnung Nr. 90 vom 31. Dezember 1991) verstoßen haben, indem er keine öffentlichen Ausschreibungen vornehmen ließ. Der Untersuchungskommission war aufgefallen, dass bei allen abgeschlossenen Verträgen Unterschriften und Stempel, bei einigen die Zusätze wie Ort und Datum der Vertragsunterzeichnung fehlten. Und das in einer Bürokratie, wo ohne Dutzende von Unterschriften ansonsten überhaupt nichts läuft.

Unter vier der Verträge steht die Formulierung: »Im Auftrag von Wladimir Putin«, unterzeichnet vom Stellvertreter des Komitees für Außenwirtschaftsbeziehungen. Was war daran faul? Das Komitee für Außenwirtschaftsbeziehungen hatte kein Recht zur Vergabe der erforderlichen Lizenzen. Wladimir Putin unterzeichnete selbst zwei Lizenzen. Diese betrafen die Ausfuhr von 150 000 Tonnen Ölprodukte (Wert 32 Millionen US-Dollar) sowie die Ausfuhr von 50 000 Kubikmeter Holz. Beide Lizenzen wurden ausgestellt, bevor die russische Regierung die Ausfuhrquoten für diese Produkte überhaupt festgelegt hatte.

Auch ein Vertrag mit dem Direktor des Internationalen Handelszentrums Sankt Petersburg war dubios. Es ging um Ölexporte im Wert von 32 Millionen Dollar. Der Direktor war ein bekannter Krimineller, der 1991 in betrügerische Machenschaften mit der Westgruppe (so wurden die in der Ex-DDR stationierten sowjetischen/russischen Soldaten von 1989–1995 genannt) verwickelt war und später in den USA verhaftet wurde.

Bis zum heutigen Tag ungeklärt ist der Verbleib von Warenbeständen, die (ohne Belege) aus dem Staatshaushalt veräußert wurden: 997 Tonnen reines Aluminium im Wert von etwa 700 Millionen US-Dollar; 20 000 Tonnen Zement; 100 000 Tonnen Baumwolle (Wert 120 Millionen US-Dollar) – um nur Einiges zu nennen.

Ob sich Wladimir Putin in den wilden Jahren des russischen Raubtierkapitalismus und während der akuten Hungersnot in Sankt Petersburg in den Jahren 1990–1992 jemals selbst bereichert hat – das ist die Frage. »Ich habe keine Zeit gehabt, alles nachzuprüfen«, wehrte sich Putin damals gegen die Vorwürfe. Die dramatische Lage habe »rasches, unbürokratisches Handeln verlangt«. Aber er war in dieser Zeit der einflussreichste Politiker in Sankt Petersburg, und auch seine Freunde, die später in Moskau wiederauftauchten, waren damals in der Stadtregierung an prominenter Stelle aktiv.

Marina Salie jedenfalls kritisierte Wladimir Putin damals massiv: »Förderung von Korruption und organisierter Kriminalität und nicht der Kampf dagegen ist Putins Stempel. Seine Verbindungen zu Kriminellen sind durch verschiedene Tatsachen belegt. Zwischen 25 und 50 Prozent betrugen die Einnahmen aus den gefälschten Vereinbarungen.« Bis heute blieb im Verborgenen, wer in der Stadtverwaltung durch die damaligen Geschäfte reich geworden ist und sich die Erlöse auf die Landesbank in Estland überweisen ließ.

Als im Januar 2000 ein Reporter der US-Zeitschrift *Newsday* die Vorgänge um die Ergebnisse des Untersuchungsausschusses in Sankt Petersburg nochmals recherchieren wollte, wurde er von einem Ex-KGB-Agenten angesprochen, der zu jener Zeit in einer privaten Sicherheitsfirma arbeitete, die für Putins Schutz zuständig war. »Wir denken über Ihre Sicherheit nach, wenn Sie in einem Krankenhaus auf der Intensivstation liegen.«[25] Er verstand die Warnung und verließ Sankt Petersburg.

Es darf angenommen werden, dass Wladimir Putin – schon wegen seiner Position im Machtgefüge von Sankt Petersburg – von Anfang an keine unbedeutende Rolle in dieser wilden Aufbruchzeit spielte, die zur kriminellen Bereicherung bestimmter Machtcliquen führte. Und sicher ist, dass während seiner Amtszeit in Sankt Petersburg insbesondere eine kriminelle Organisation, nämlich die Tambowskaja, einen rasanten Aufstieg nehmen konnte.

Es sollte auch nicht völlig vergessen werden, dass Wladimir Putin später im Kreml für Pawel Borodin arbeitete, den Vermögensverwalter des Kremls, der Millionen an Bestechungsgeldern von Schweizer Unternehmern kassierte, die an die Familie des Präsidenten Boris Jelzin weitergeleitet wurden. Die Rede ist von 26 Millionen Euro.

Daher stellt sich die Frage, wie jemand direkt oder indirekt mit so vielen Menschen, die in hochkriminelle Machenschaften verwickelt sind, zusammenarbeiten kann, ohne selbst involviert zu werden?

Die Mafia-Connection aus Sankt Petersburg

So wie deutsche Banken und Unternehmen sich bereits Anfang der Neunzigerjahre erfolgreich in Sankt Petersburg etablierten, infiltrierten gleichzeitig die Mitglieder einer kriminellen Organisation, der Tambowskaja, Industrie und Wirtschaft der Stadt und des gesamten Umlands. Anatolij Ponidelko, der ehemalige Polizeichef von Sankt Petersburg, erzählte mir über seine Erfahrungen: »Als ich 1996 in Sankt Petersburg zum Polizeichef ernannt wurde und mit meiner Arbeit begann, habe ich als Erstes natürlich Analysen über die kriminellen Strukturen machen lassen. Wer ist bestimmend, wer gehört dazu, welchen Einfluss haben sie? Da ist mir Kumarin natürlich begegnet. Da habe ich in aller Öffentlichkeit auch gesagt, dass die Stadt Sankt Petersburg nicht von gewählten politischen Repräsentanten der Bürger regiert wird, sondern von Vertretern der kriminellen Strukturen, insbesondere der Tambowskaja.«

Wegen dieser Aussage wurde er 1998 als Polizeichef entlassen. Wenig später explodierte vor seiner Datscha eine Bombe. Er entkam dem Anschlag und ist jetzt Geschäftsführer einer Sankt Petersburger Fleischverarbeitungsfirma.

Dabei wurde in dieser Entwicklungsphase, also seit Ende der Neunzigerjahre, bereits strikt auf die Einhaltung der Gesetze geachtet, und strafrechtlich belastete Personen wurden nicht mehr für Aktionen eingesetzt. Neu war, dass die erwirtschafteten Gelder über die Firmen und Organisationen der Tambowskaja wieder in den heimischen Wirtschaftskreislauf eingespeist wurden, während man Anfang und Mitte der Neunzigerjahre noch Milliarden Dollar ins Ausland verschoben hatte. Viele führende Mitglieder der Tambowskaja rückten Ende der Neunzigerjahre zu Mitarbeitern staatlicher Behörden in einflussreichen Positionen auf. Danach waren die Machtverhältnisse geklärt.

Die Tambowskaja kontrolliert inzwischen fast vollständig den Handelshafen von Sankt Petersburg sowie die »Nordwestliche Schifffahrtsgesellschaft«, bedeutende Teile des Energieunternehmens PTK[26] sowie etwa 70 Prozent des gesamten Brennstoffmarktes von Sankt Petersburg. Nach den Aussagen des ehemaligen russischen Innenministers Boris Gryslow werden die vier wichtigsten baltischen Seehäfen – Sankt Petersburg, Kaliningrad, Archangelsk und Murmansk – zu 80 Prozent von der Tambowskaja und anderen kriminellen Gruppen kontrolliert. »Außerdem«, so Boris Gryslow, »ist die Tambowskaja in die Leicht- und Lebensmittelindustrie, den Export von Holz, den Import von Alkohol und Tabak und den Verkauf von Öl involviert.«[27] Hier bezog sich Gryslow auf die PTK.

Der Mann im Hintergrund, der verdächtigt wird, der Chef der Tambowskaja zu sein, und der so gute Beziehungen zu Wladimir Putin und dessen Freunden haben soll, hat bis heute alle Anschuldigungen weit von sich gewiesen. Er habe nichts mit der Tambowskaja zu tun und sei ansonsten ein ehrenwerter Unternehmer. Trotzdem erhielt er sogar vom Bundeskriminalamt Besuch. Und zwar im März 2004, ein Jahr nachdem die Büroräume der SPAG in Darmstadt durchsucht wurden, und nicht nur in der internationalen Presse fand diese Durchsuchung große Beachtung.

Er, Wladimir Barsukow, der früher Kumarin hieß, sei ja, so der Verdacht der Staatsanwaltschaft und des Bundeskriminalamts, der Kopf der kriminellen Vereinigung und derjenige, der Auskunft über die Vortat für die behauptete Geldwäsche geben könnte. Ein Jahr hatte er Zeit, sich auf den »unerwarteten« Besuch aus Deutschland vorzubereiten. Aber immerhin, Anfang März 2004, so die Zeitung *Kommersant* am 5. April 2004, wurde er zwei Tage lang vernommen. Wenn es stimmt, was Barsukow gegenüber der Zeitung *Kommersant* zu Protokoll gab, dann sei die Vernehmung ein riesiger Flop auf Steuerzahlers Kosten gewesen und eine unendliche Blamage für das Bundeskriminalamt.

»Die Fragen wurden von russischen Beamten im Beisein der deutschen Ermittler und deren Dolmetscher gestellt. Die von den Deutschen vorgegebenen Fragen hätten dabei ›reichlich allgemeinen Charakter‹ gehabt«, so Wladimir Barsukow gegenüber der Zeitung: »Unter anderem fragte man mich, ob ich der Anführer der Tambowskaja-Verbrecherorganisation sei und ob mein Spitzname Wowa sei. Ich antwortete, dass ich diejenigen, die mich so nennen, vor Gericht verklage, und zeigte ihnen einige von mir gewonnene Klagen. Und in Sachen des Spitznamens erklärte ich, dass mich als Kind meine Mama so genannt hätte.«

Darüber hinaus seien Barsukow zahlreiche Fragen zu seinem Besitz und Privatleben gestellt worden. »Ich hatte den Eindruck, man ermittelt hier nicht, sondern sammelt Material für das nächste Buch von Jürgen Roth«, so der öffentlichkeitsscheue Geschäftsmann. ... Der Vorwurf der Wäsche von russischen Mafiageldern beruhe überhaupt auf einem deutschen Fehlverständnis der russischen Geschäftsrealität, meint Wladimir Barsukow, alias Wladimir Kumarin: »Wozu soll man irgendwas waschen, wenn man bei uns Bargeld im Koffer anschleppen kann und niemand fragt, woher das ist?«[28]

Ende Mai 2003 war Sankt Petersburg Mittelpunkt der Welt. Die Stadt feierte ihr 300-jähriges Bestehen. Aus dem Sumpf entstand die prächtige Stadt, und im Sumpf der Korruption ist sie wieder versunken. Letzteres interessierte die Feiernden allenfalls als folkloristisches Aperçu.

Im renovierten Konstantin-Palast empfing der russische Präsident Wladimir Putin alle Regierungschefs der G-8-, EU- und GUS-Staaten. Nachdem der russische Präsident und der deutsche Bundeskanzler Gerhard Schröder das rekonstruierte Bernsteinzimmer eröffnet hatten, wurde am Abend auf der Newa der Geburtstag von Sankt Petersburg von allen anwesenden Staatsoberhäuptern gefeiert.

Übrigens, sowohl Diplomaten als auch Geschäftsleute in Sankt Petersburg wussten es: »Es war Wladimir Kumarin, der sowohl die Feierlichkeiten anlässlich der Dreihundertjahrfeiern wie die Vorbereitungsarbeiten für das G-8-Treffen gesponsert hat.«[29] Der Moskauer Journalist Wiktor Kalaschnikow weiß darüber hinaus zu berichten: »Unterstützung deutscher Interessen in Russland wurde die privilegierte Hauptbeschäftigung von Kumarin.«

Man könnte es auch als Komplizenschaft auf allen politischen und wirtschaftlichen Ebenen umschreiben.

Die deutschen Banken und Wladimir Putin

Und damit ist man auch bei einem anderen Vorgang, der im Zusammenhang mit Putins Zeit in Sankt Petersburg stehen dürfte. Es geht um einen Milliardenskandal, bei dem die Frankfurter Staatsanwaltschaft zu ermitteln versucht.

Bereits im Sommer 2005 meldete das *Wall Street Journal* eine Hausdurchsuchung in der Zentrale der Frankfurter Commerzbank.[30] Wenig später räumte der Personalvorstand der Commerzbank, Andreas de Maizière, der lange Jahre Chef der Osteuropaabteilung der Bank war, seinen Posten. Bei seinem Rücktritt sprach die Commerzbank von »persönlichen Gründen«, ohne eine mögliche Pflichtverletzung zu erwähnen oder gar das Wort Geldwäsche zu benutzen. Dass sich bereits am 13. Juli der Präsidialausschuss des Aufsichtsrates und am 15. Juli der Aufsichtsrat selbst in einer Sondersitzung mit der möglichen Verstrickung de Maizières in die Geldwäscheaffäre befasste, hatte die Commerzbank nicht erwähnt.

Da gab es zwar im Jahr 2002 schon einmal den Verdacht, und zwar im Zusammenhang mit Ermittlungen der Offenbacher Polizei über einen Menschenhändlerring. Bei der Telefonüberwachung des Bruders des Hauptverdächtigen, der in der Commerzbank arbeitete, soll es, so Erkenntnisse aus der Telefonüberwachung, um Millionenbeträge für Putin gegangen sein; Anfang 2003 seien 230 Millionen US-Dollar auf einem Konto bei der Commerzbank in Frankfurt gestrandet. Das Geld überwies ein Moskauer Anwalt, dem eine Firma, beheimatet in einem Hotelzimmer im Hotel Kosmos in Moskau, und ein Unternehmen im sibirischen Tjumen gehört.

Diese vielversprechenden Spuren wurden – aus welchen Gründen auch immer – nicht weiterverfolgt. Vielleicht hing das auch mit genau dem Vorgang zusammen, den die Frankfurter Staatsanwaltschaft seit dem Sommer 2005 untersucht.

Auf jeden Fall zeigt der Vorgang das ganze Ausmaß der Verstrickung seriöser deutscher Banken in Russlands dubiose Privatisierungsgeschäfte Mitte der Neunzigerjahre. Nach Angaben des *Wall Street Journal* wurde im Jahr 1994 die Telecominvest in Sankt Petersburg gegründet. Bei einer der damals üblichen Versteigerungen (Verkauf der Aktien an private Anbieter) gingen zwei Jahre später 51 Prozent der Aktien an eine Luxemburger Firma. Dabei soll der russische Staat um zirka 210 Millionen Euro betrogen worden sein.

Wer letztendlich das Geld für die Versteigerung gab, ist unklar. Zwar besaß die Commerzbank offiziell zu dem Zeitpunkt die Mehrheit an der Luxemburger Firma. Doch das Finanzinstitut war lediglich Treuhänder für einen Kunden, das jedoch mit Wissen der Commerzbank. Bei dem Kunden soll es sich um einen dänischen Anwalt handeln. Der hatte zwar nicht das Geld, um Telecominvest zu kaufen, dafür beste Beziehungen ins Sankt Petersburger Bürgermeisteramt, ins Smolny. Von dort soll er als Strohmann eingesetzt worden sein. Leonid Reiman soll heute Anteile an dem russischen Unternehmen im Wert von einer Milliarde Dollar kontrollieren, was bedeutet, dass ihm de facto das Unternehmen gehört.

Im Bürgermeisteramt saßen zu dem Zeitpunkt der jetzige Minister für Telekommunikation Leonid Reiman und der heutige Präsident Wladimir Putin. Reiman war für die Privatisierung des Telekommunikationssektors zuständig und Mitglied im Vorstand des staatseigenen Unternehmens. Er trat zurück, als er im Jahr 2000 zum Minister für Telekommunikation ernannt wurde. Doch Schmiergeld, so ließ er erklären, habe er weder empfangen noch verteilt. Er dementierte auch, dass er persönlich an diesen Beteiligungsgeschäften verdient habe.

Die sind jedoch öffentlich, würde man sich der Mühe unterziehen, sich in Gerichtsakten einzuarbeiten, die bei einem Gericht auf den Bermudas der Allgemeinheit zugänglich sind. Und Ivo Hoppler, Züricher Staatsanwalt, spricht davon, dass ein »Netzwerk von Fonds über Scheinfirmen, geheime Abkommen und Aktienbeteiligungen« eingerichtet wurde, um die wahren Besitzverhältnisse zu verschleiern. Reiman selbst wurde in einem Prozess auf den Bermudas (der von der russischen Alpha-Finanzgruppe des Oligarchen Michail Fridman gegen Telecominvest angestrengt wurde) von seinen eigenen Anwälten als der tatsächliche Besitzer der Firma auf den Bermudas genannt.[31]

Und sicher ist auch, dass sich der Commerzbank-Chef Klaus-Peter Müller mindestens ein Mal mit Leonid Reiman und dem Anwalt aus Dänemark getroffen hatte. Dass die Commerzbank nichts über den wahren Eigentümer weiß, ist eher unwahrscheinlich. Auf jeden Fall verdächtigt die Frankfurter Staatsanwaltschaft den jetzigen Telekommunikationsminister Reiman möglicherweise als den Verantwortlichen für die Vortat der Geldwäsche. »Doch das ist Sache der russischen

Justiz«, meinte Doris Möller-Scheu, die Pressesprecherin der Frankfurter Staatsanwaltschaft, auf meine Anfrage. »Deshalb ist er nicht Gegenstand des Ermittlungsverfahrens.«

Dass die russische Justiz Wladimir Putins Freunde nicht in die Bredouille bringt, ist auch sicher. Wie bereits das Beispiel der SPAG bestens demonstrierte.

Immerhin gibt es ja Hinweise, die zu Präsident Putin führen. Dass er von den Aktivitäten der Telecominvest nichts wusste, wäre ein Wunder. Er war in dieser Zeit für die Außenhandelsbeziehungen verantwortlich. Und wenn ein ausländisches Unternehmen sich in eine einheimische Telefongesellschaft einkaufte, ging das, so russische Medien, über seinen Schreibtisch. »Ob er von Betrügereien und Geldwäsche bei deren Privatisierung wusste, hat bislang niemand gefragt.«[32]

Schlecht dürften Putins Beziehungen zu dem Unternehmen Telecominvest ganz sicher nicht gewesen sein. Seine Frau Ludmilla arbeitete später selbst im Unternehmen. Nur als kleine Büroangestellte in Moskau, behauptete Reiman. Ob sie wirklich nur als eine kleine Büroangestellte arbeitete, sie, die Frau des mächtigen Wladimir Putin?

Mangels jeglicher unabhängigen Justiz lassen sich die Indizien nicht verifizieren, dass Familie Putin an diesem profitablen Telekommunikationskonzern doch erheblich mehr partizipierte, als auf einem kargen Lohnstreifen ausgewiesen ist. Auf jeden Fall ist die Geschichte um den Telekommunikationsminister Leonid Reiman von hoher politischer Brisanz. Und die Ermittlungen der Frankfurter Staatsanwaltschaft sind da störend.

Könnte es sein, dass die kritische *Deutsche Welle* in Moskau deshalb kurz vor Weihnachten 2005 abgeschaltet wurde? Zuständig für die Lizenzvergabe ist Telekommunikationsminister Leonid Reiman. »Dahinter könnte die Absicht stehen, kritische Stimmen zum Schweigen zu bringen«, sagte Elke Schäfter von »Reporter ohne Grenzen«. Vielleicht könnte aber auch das Verfahren in Frankfurt damit zusammenhängen.

Der undurchsichtige Energieriese Gasprom

So wie Wladimir Putins politischer Aufstieg ohne seine Zeit in Sankt Petersburg nicht zu verstehen ist, gilt das Gleiche auch für das staatliche Konglomerat namens Gasprom, ein gigantisches und unüberschaubares Labyrinth, und das bezieht sich nicht nur auf die rund 150 000 Kilometer Pipeline, Bau- und Montageunternehmen, Fernsehstationen und Zeitungen, Banken im In- und Ausland und eine unüberschaubare Anzahl von Firmen aus nahezu allen Branchen. Für fast alle zentralasiatischen Regierungschefs, alle ehemaligen kommunistischen Parteiführer aus den Zeiten der Sowjetunion, die über jeweilige nationale Firmen mit Gasprom Verträge abgeschlossen haben, ist Gasprom bis heute eine gigantische Geldmaschine, die ihnen Millionen, wenn nicht Milliarden Dollar auf private Bankkonten, zum Beispiel nach Deutschland oder in die Schweiz, spült.

Entgegen den Behauptungen des Energiekonzerns, dass auch die heimische Bevölkerung von den Pipelines profitiere, verarmte sie stattdessen. Umwelt- und Menschenrechtsaktivisten in dieser Region sprechen davon, »dass die Gas- und Ölpipelines häufig mehr Armut und Umweltzerstörung als Wohlstand gebracht haben«.[33]

Das Gasunternehmen war die ganzen Neunzigerjahre hindurch mit seinem korrupten Management und seiner sinkenden Produktion eine Schwachstelle der russischen Volkswirtschaft. Boris Jelzin hatte bei den Dumawahlen und seiner erfolgreichen Wahlkampagne im Jahr 1996 erhebliche Geldbeträge über Gasprom-Pipelines erhalten, und nachdem Premierminister Wiktor Tschernomyrdin Vorsitzender von Gasprom geworden war, versuchte Wladimir Putin, als er im August 1999 an die Regierung kam, den Energieriesen durch die Einsetzung eines neuen Vorstandes wieder mehr durch den Staat kontrollieren zu lassen.

Gasproms erster Chef, der ehemalige Ministerpräsident Russlands, Wiktor Tschernomyrdin, hat allerdings dafür gesorgt, dass Milliarden von Gasprom in Firmen fließen, die von ihm und seinen Kindern kontrolliert werden. Bis zum heutigen Tag. Und er erhielt außerdem noch den Posten des Botschafters der russischen Föderation in der Ukraine.

Neuer Vorstandschef nach Tschernomyrdin wurde Alexej Miller – der einst als Putins Stellvertreter fungiert hatte, als dieser für die lukrativen Außenwirtschaftsbeziehungen der Stadt Sankt Petersburg verantwortlich war.

Seit 2001 wurden auch die unteren Ebenen des alten Managements ausgewechselt und gestohlene Vermögenswerte in Höhe von Milliarden US-Dollar wieder zurückgeholt. Es wurden größere Lieferaufträge nach Europa unterzeichnet, und man erwog den Verkauf von Unternehmen, die nicht zum Kerngeschäft von Gasprom gehören (von Banken und Medienunternehmen bis hin zu Molkereien und Tourismusfirmen).

Von diesen durchaus positiven Schritten abgesehen, ist die schwierigste Aufgabe nicht abgeschlossen, nämlich Gasprom – das auch die Beziehungen zwischen Moskau und den Regionen und die Russlands zu den ehemaligen Republiken der UdSSR organisiert – in ein rentables Unternehmen zu verwandeln, dem auch westliche Investoren zunehmend etwas abgewinnen können. Westliche Analysten weisen darauf hin, dass die Umstrukturierung von Gasprom kaum Fortschritte gemacht habe. Aber Sergej Chelpanow, Direktor von Gasproms mächtigem Exportkonzern Gasexport, nannte Gasprom »das transparenteste Unternehmen in der Welt«. Einige Zweifel sind angebracht.

In den Jahren 2001 bis 2003 war Alexander Krasnenkow ein wichtiger Abteilungsleiter und Vorstandsmitglied bei Gasprom. Im Juli 2003 wurde er Generaldirektor von Sowkomflot, einer Gesellschaft, die für den Bau von Tankschiffen für Erdgas verantwortlich zeichnet. Zu Zeiten der UdSSR arbeitete er als Übersetzer für das sowjetische Verteidigungsministerium in Afrika. Dann kam er im Jahr 1989 nach Sankt Petersburg zurück und wurde nach der Privatisierung des dortigen prächtigen Astoria-Hotels dessen Generaldirektor. Für die Privatisierung des Astoria war damals Wladimir Putin mitverantwortlich.

Alexander Krasnenkows Name taucht dann wieder im Zusammenhang mit dem Skandal um die Nortgas auf. Das Unternehmen war einst unabhängig und wurde nach drei Jahren, in denen massiv Druck ausgeübt wurde, im September 2005 Gasprom einverleibt. Und zwar indem 51 Prozent Aktien durch ausländische Aktienbesitzer der Gasprom-Tochterfirma Urengoy-Gasprom ohne irgendeine Bezahlung übergeben wurden. Alexander Krasnenkow persönlich hatte mit den Aktienbesitzern gesprochen. Und wurde danach Vorsitzender von Nortgas.[34]

Das Erste, was Urengoy-Gasprom nach der Übernahme der Aktienanteile tat, war, eine fürstliche Bezahlung der neuen Vorstandsmitglieder zu veranlassen. Alexander Krasnenkow zum Beispiel soll 2,7 Millionen Dollar erhalten haben. Andere Vorstandsmitglieder erhielten zusammen 4,05 Millionen Dollar, unter ihnen der neue Generaldirektor von Nortgas. Die russischen Medien berichteten, dass dieser Generaldirektor zusammen mit Alexander Krasnenkow in Afrika gedient habe. Ersterer wiederum erklärte gegenüber russischen Zeitungen, dass hinter Alexander Krasnenkow die wichtigsten Personen des Kremls stünden.

Eng verbunden mit Alexander Krasnenkow war Alexej Miller, der Vorstandsvorsitzende des Gasprom-Imperiums. Der schob Krasnenkow zahlreiche »Verträge« im Wert von über 20 Millionen Dollar zu. Zum Beispiel flossen 7,8 Millionen Dollar über das Unternehmen Rosinterfirst, das Konzerte für ausländische Musiker organisiert; 3,1 Millionen Dollar über einen Sportservice; 3 Millionen Dollar über die Triol Produktion.

Kritiker behaupten nun, diese Geldströme seien verdeckte Spenden, also Schmiergelder, denn zum Geschäftsprofil von

Gasprom gehörten alle diese Aktivitäten nicht. Am 17. August 2002 beispielsweise schrieb Alexander Krasnenkow einen Brief an Alexej Miller, in dem er ihn darum bat, einen »Vertrag« abzuschließen, ohne dass die zuständigen Abteilungen von Gasprom eingeschaltet würden. Das war sicher eine gute Idee. Niemand würde die Gelegenheit ausschlagen, nach seinem eigenen Anteil bei solch prominenten Werbegeschäften zu fragen. So gibt es einen Vertrag und Untervertrag zwischen Gasprom und einer unbekannten Fernsehgesellschaft namens TATA. Darin ging es um die Produktionskosten für die Erstellung eines Werbefilms. Der Betrag belief sich auf 2 Millionen Dollar. Wenig später schrieb Krasnenkow einen Brief an die Finanzabteilung von Gasprom, um die Überweisung für die Herstellung von 20 Werbefilmen über Gasprom an die TATA zu veranlassen.

Dabei muss man wissen, dass Gasprom ein absolutes Monopolunternehmen in Russland ist, das jeder Russe kennt, und dass das Unternehmen zuvor niemals Werbung für sich gemacht hatte. Das ist der Grund, warum die russischen Fernsehzuschauer immer lachen, wenn sie ihren Fernseher einschalten und die Werbung von Gasprom zur Primetime sehen: »Gasprom – das nationale Eigentum«. Und dann erscheint das Firmenzeichen von Gasprom, den Bildschirm füllend. Das ist in etwa so, als würde man in Frankfurt/Main den Main bewerben und es sich durch die Bundesregierung bezahlen lassen. Also ziemlicher Unsinn, wenn es nicht anderen Zwecken dienen würde.

Viel verdienen anscheinend auch diejenigen, die vorgeben, im Namen von Gasprom in der Welt herumzureisen. Manchmal fallen sie bei Grenzkontrollen auf dem Weg ins Bankenparadies Zürich wachsamen Zollbeamten auf, wenn sie von Deutschland in die Schweiz fahren und die Grenze passieren. Wie am 1. Februar 2001, als ein Peter K. neugierig befragt wurde, nachdem die Beamten bei ihm eine »Promissory Note« über 100 Millionen Dollar und einen »Letter of Commitment« zwischen einem deutschen Unternehmer und Wiktor Tschernomyrdin beziehungsweise einer Züricher Anwaltskanzlei fanden. Letztere ist bekannt dafür, dass sie für russische »bisnesmeny« häufig tätig ist. Auf Befragen erklärte Peter K., der seinen Wohnsitz in Prag hatte, dass er »Manager von Gasprom ist und für den Konzern in die Schweiz gefahren ist«.

In seinem Auto entdeckten die Beamten mehrere Aktenordner und Unterlagen von Gasprom und seiner eigenen Firma. Darauf angesprochen erklärte er, dass das »sozusagen die ganze Buchhaltung von Gasprom ist«, da »diese Firma sein Leben ist«. Weiter sagte er, dass er »gute Beziehungen in höchste Regierungskreise von Russland, den USA, Tschechien, der Schweiz, Österreich, Belgien, Italien und Deutschland« habe.

Natürlich bewegen sich in diesem Dunstkreis von Geld, Gas und Ölgeschäften auch viele Betrüger, die vorgeben, für Gasprom zu arbeiten. Vielleicht gehört eine Tamara R. dazu. Sie fiel ebenfalls den Grenzbeamten auf. Zum einen weil sie Unterlagen und Verträge im Wert von über fünf Milliarden Dollar bei sich hatte sowie außerdem einen Vertrag, auf dem der Name Putin stand. Die entsprechende Geldwäsche-Verdachtsmitteilung der Zollbeamten wurde beim Stuttgarter Landeskriminalamt als »Aprilscherz« abgetan – weil die Verdachtsmeldung vom 1. April 2001 datierte. Dabei wäre es der Mühe wert gewesen, die Verdachtsmeldung etwas genauer zu untersuchen.

Dann hätte sich herausgestellt, was Moskauer Journalisten wie Roman Schlejnow ermittelten, dass es sich nicht um einen Aprilscherz gehandelt haben muss. Demnach arbeitete Tamara R. zur damaligen Zeit mit einer russischen Ölgesellschaft zusammen, deren Generaldirektor ein Nikolaj Tokarew ist. In einem seiner letzten Interviews bestätigte dieser, dass er ein enger Freund von Wladimir Putin sei. Was wahrscheinlich ist. Außerdem gibt es eine Quelle, wonach der ehemalige KGB-General Tokarew Wladimir Putin bereits in Dresden kennengelernt habe, auf jeden Fall mit ihm zusammen in der Moskauer Präsidentenverwaltung Ende der Neunzigerjahre gearbeitet hatte.

Anfang Dezember 2005 flogen Staatsanwälte aus Palermo nach Bukarest. Sie untersuchten verdächtige Geldtransfers des Cosa-Nostra-Clans Ciancimino aus Palermo, es ging um Mafiafirmen, die im Gasgeschäft aktiv waren. Ihre Ermittlungen führten zu dem rumänischen Unternehmer Giovanni Lapis. Er ist Besitzer zahlreicher Unternehmen, die im Gasgeschäft tätig sind. Lapis wiederum arbeitete nicht nur mit Strohmännern von Bernardo Provenzano, dem Boss der Bosse der sizilianischen Cosa-Nostra und dem Clan Ciancimino aus Palermo zusammen, sondern anscheinend auch mit einem Repräsentanten von Gasprom. Zumindest war Lapis dabei, im Auftrag des Cosa-Nostra-Clans Ciancimino, einen Vertrag mit Gasprom abzuschließen. Der Vertrag über sechs Millionen Kubikmeter Gas für den europäischen Markt im Wert von knapp 700 Millionen Euro war bereits aufgesetzt. »Alle Vertragsbedingungen mit Giovanni Lapis«, fanden die rumänischen Journalisten Stefan Candea und Sorin Ozon vom Romanian Center for Investigative Journalism in Bukarest heraus, »wurden mit dem ehemaligen KGB-Major Alexander Medwedew besprochen. Die italienische Polizei fand eine Art Protokoll zwischen einem von Ciancimino kontrollierten Unternehmen und Gasprom.« Alexander Medwedew ist Generaldirektor von Gasexport und Vizechef von Gasprom. Zuvor war er Repräsentant der Donau-Bank in Wien, gilt als Mann mit besten Beziehungen zum russischen Auslandsnachrichtendienst. Sowohl er als auch die Gasprom-Zentrale dementierten jegliche Beziehungen zu dem Mafioso Massimo Ciancimino wie zu dessen Geschäftspartner Lapis. Der Staatsanwaltschaft in Palermo liegt jedoch die Kopie eines Briefes von Lapis an den Gasprom-Chef Alexej Miller vom 13. Oktober 2003 vor. Lapis wollte die Genehmigung zum Kauf von über zehn Milliarden Kubikmeter Erdgas. Und wie kam Alexander Medwedews Visitenkarte zusammen mit einem Vertragsentwurf für geplante Gasgeschäfte in eine Garage, die Massimo Ciancimino gehört? Darüber hinaus entdeckte die Polizei den Dankesbrief einer Putin-Foundation in Rom, adressiert an den Top-Mafioso Massimo Ciancimino. Die Putin-Foundation bedankte sich beim Capo der Cosa Nostra für die Finanzierung einer russischen Ballettvorführung. Aufgrund der Ermittlungen der Staatsanwälte aus Palermo wurde nichts aus dem Gasgeschäft. Doch die Staatsanwaltschaft fand heraus, dass die Cosa Nostra, unter der Führung des inzwischen verhafteten Mafiabosses Bernardo Provenzano, seit einigen Jahren erfolgreich in das Geschäft mit Erdgas eingestiegen war. Bereits im Jahr 2004 lieferte ein Strohmann der Cosa Nostra Gas aus Kasachstan an die spanischen Gasunternehmen für 116 Millionen Euro. Ins Zentrum der Ermittlungen geriet nun auch das sizilianische Gasunternehmen GAS S.p.A. (Gasdotti Azienda Siciliana), das mächtigste private Gasvertriebsunternehmen in Sizilien. Die GAS S.p.A. wurde von dem Mafiaboss Bernardo Provenzano aus seinem Versteck bei Corleone mitgesteuert, behauptete gegenüber der Staatsanwaltschaft Antonino Giuffri. Der ehemalige Unterboss von Provenzano ist inzwischen ein Kronzeuge der Staatsanwaltschaft. Bemerkenswert in diesem Zusammenhang ist ein Bericht des Bundesnachrichtendienstes vom Frühjahr 2006: »Jüngsten Erkenntnissen zufolge sollen einige Großclans der 'Ndrangheta sowie der Cosa Nostra größere Aktienpakete auf dem Energiesektor, unter anderem des russischen Energiemultis Gasprom, erworben haben.«

Der turkmenische Despot und die deutschen Freunde

Im März 2005 berichteten einige westliche Medien, dass der Präsident von Turkmenistan, Saparmurat Nijasow, entschieden hatte, dass alle Krankenhäuser im Land geschlossen werden sollten. Ausgenommen davon blieb nur ein einziges, das in der Hauptstadt Ashgabat. Außerdem wurde entschieden, alle Büchereien mit Ausnahme der Zentralbibliothek in Ashgabat zu schließen. Seit zwanzig Jahren herrscht der Despot und profitiert insbesondere vom Öl und von den reichen Gasvorkommen, den viertgrößten der Welt.

Da tummeln sich entsprechend gern auch deutsche Konzerne. Denen ist es ziemlich gleichgültig, dass die Menschenrechte in Turkmenistan mit Füßen getreten werden. Der turkmenische Diktator Saparmurat Nijasow, der sich gern als Turkmenbashi, als Führer aller Turkmenen, bezeichnet, hat sich seine eigene verschrobene Welt geschaffen. Den Monat Januar zum Beispiel hat er nach sich selbst und den April nach seiner Mutter benannt. Nijasow, dessen Land Mitglied der »Partnership for Peace« der NATO ist, hat außerdem den Befehl gegeben, dass in den vollkommen heruntergekommenen Schulen nur nach seinen »Bibeln« (Büchern) unterrichtet werden darf. Denn es reichte ihm nicht, seinen Personenkult, vergleichbar mit dem Josef Stalins und Nicolae Ceaușescus, lediglich mit zirka 700 Millionen Dollar zu finanzieren. In diesen beiden Büchern beschreibt er die Geschichte und Kultur des turkmenischen Volkes und verbreitet gleichzeitig spirituelle Anleitungen für sein Volk.

Die Bibel heißt *Ruchnama* oder *Das Buch der Seele*. Im letzten Drittel der *Ruchnama* ergeht sich Turkmenbashi in Blut-und-Boden-Theorien, die die Überlegenheit der turkmenischen Rasse über die ethnischen Minderheiten im Land begründen sollen.

Amnesty International veröffentlichte darüber bereits 2003 einen alarmierenden Report: »Das Buch wird in Liedern gepriesen, und Auszüge daraus werden täglich in den Medien des Landes veröffentlicht. Alle öffentlich Bediensteten müssen Passagen daraus auswendig können. Studenten werden nicht zur Universität zugelassen, wenn sie nicht einen Test zu *Ruchnama* bestanden haben. Weigern sich Häftlinge, einen Eid auf *Ruchnama* abzulegen, werden sie geschlagen, und in vielen Fällen wird ihnen die Entlassung trotz Verbüßung der Strafe verweigert.«[35]

Und wie verhalten sich deutsche Unternehmer in diesem totalitären System, das für Energiekonzerne so attraktiv ist? Um Turkmenbashi Saparmurat Nijasow zu ehren, wurden Band 1 und 2 des Propagandawerks *Ruchnama* ins Deutsche übersetzt. Bezahlt wurde die Übersetzung von zwei noblen deutschen Unternehmen: DaimlerChrysler und einem Baukonzern, so erzählte es mir ein Vertreter der angesehenen Eurasian Transition Group.[36]

Dabei ist der Despot ja kein armer Mann. In einem Bericht des Conflict Studies Research Center, einer Abteilung der britischen Verteidigungsakademie, heißt es: »Der größte Teil des persönlichen Vermögens des Präsidenten befindet sich auf europäischen Banken. Eine Summe von drei Milliarden Dollar.«[37] Erwähnung findet dabei die Deutsche Bank, die anscheinend besonders viel Kapital des Despoten verwaltet. Die Studie der britischen Verteidigungsakademie zitiert zudem Medienberichte, wonach Nijasow einen Teil seines Einkommens auch durch den Drogenhandel anfütterte.

Und damit ist man wieder bei Gasprom, Gerhard Schröder und Wladimir Putin. Im Frühjahr 2003 schlossen Putin und der turkmenische Diktator ein Geschäft ab: Turkmenistan, das die viertgrößten Gasreserven der Welt besitzt, wird nun in den nächsten 25 Jahren zwei Trillionen Kubikmeter Erdgas an Gasprom liefern. »Russland wird dafür in den ersten drei Jahren einen Preis von 44 Dollar je 1000 Kubikmeter zahlen, 22 Dollar in bar, die andere Hälfte in Waren, unter anderem Waffen, um die demokratische Opposition zu unterdrücken.

Gasprom wiederum verkauft das turkmenische Gas für 90 bis 120 Dollar je 1000 Kubikmeter nach Europa.«[38]

So hat jeder etwas von dem Deal. Der Despot kann ungehindert weiter agieren – dank Putin und Gasprom. Und Gasprom kann das Erdgas teuer weiterverkaufen, was den Aktionären, also auch den deutschen Konzernen und deren Vorstands- und Aufsichtsratsmitgliedern, das Herz höher schlagen lässt. Es lässt sich auch so sehen, wie es mir ein turkmenischer Oppositioneller von seinem Exil in Ungarn aus beschrieben hatte: »Hier vermischen sich Blut und Öl zu einer Betonplatte, die keine Demokratie wachsen lässt.«

Im Alter von 66 Jahren erlag am 21. Dezember 2006 der von einem Marionettenparlament auf Ewigkeit gewählte Diktator Saparmut Nijasow einem Herzinfarkt. Einige der wenigen, die getrauert haben, dürften Banker gewesen sein, und zwar die der Deutschen Bank in Frankfurt am Main. Die Deutsche Bank hatte in den letzten Jahren für den Außenhandel Turkmenistans die Funktion einer Ersatzzentralbank übernommen und sicherte damit, dass der Diktator überhaupt so lange selbstherrlich regieren konnte. Mit einem Teil dieser Regierungsgelder wurden zum Beispiel Turkmenbashis neue Paläste und vergoldete Denkmäler bezahlt. Ihm wurde in der Deutsche Bank in Frankfurt ein Tresor zur Verfügung gestellt. In dem hat er, so eingeweihte Banker, mindestens drei bis fünf Milliarden Euro in Geld, Gold und Schmuck deponiert. Wer hätte denn auch mit einem banalen Herzinfarkt gerechnet?

Wenige Tage nach seinem Tod wurde vom politischen Zentralkomitee Turkmenistans bestimmt, dass am 11. Februar 2007 sein Nachfolger zu wählen sei. Trotz des Todes des großen Führers wurden die wenigen Oppositionellen, die noch nicht im Gefängnis sitzen, weiterhin unterdrückt, bedroht und misshandelt, die Presse und das Internet kontrolliert. Um den Anschein der Legalität zu wahren, durften neben dem Favoriten Gurbanguli Berdimuchamedow fünf weitere Kandidaten zur Wahl antreten. Doch keiner gehörte der Opposition an. Die Kandidaten hatten von Berdimuchamedow genaue Anweisungen erhalten, was sie bei ihren »Wahlkampfveranstaltungen« sagen dürfen und wo diese stattzufinden haben. Die Chance demokratischer Veränderungen stand demnach überhaupt nicht zur Diskussion. Und das, obwohl eine von der Menschenrechtsorganisation The Eurasian Transition Group in Turkmenistan durchgeführte Umfrage ergeben hatte, dass 81 Prozent der Bevölkerung demokratische Reformen wünschten. Die vermeintlich freien Wahlen, die am 11. Februar 2007 durchgeführt wurden, hatten jedoch nur ein Ziel – eine Diktatur abzusegnen. Und so wurde Turkmenbashis Nachfolger der bisherige Vizepremier und Gesundheitsminister Gurbanguli Berdimuchamedow, wie von Anfang an geplant.

Ein anderer noch lebender Diktator aus den zentralasiatischen Republiken wurde Ende Januar 2007 in Berlin mit militärischen Ehren empfangen. Es war Nursultan Nasarbajew aus dem mit Erdgas und Erdöl reich gesegneten Kasachstan. Natürlich redete in Berlin niemand über seine geheimen Konten in der Schweiz und über die Menschenrechtsverletzungen allenfalls vornehm zurückhaltend. Dafür lud ihn die Deutsche Gesellschaft für Auswärtige Politik zu einem Vortrag ins noble Berliner Hotel Adlon ein. Als der Diktator den Raum betrat, mussten ihm zu Ehren alle Besucher aufstehen. Jeder beugte sich dieser Anordnung. Den Journalisten wurde zugesagt, dass sie nach dem Vortrag von Nursultan Nasarbajew Fragen stellen dürften. Doch in Wirklichkeit waren dann nur zuvor abgesprochene Fragen erlaubt. Unterdessen versuchte vor dem Hotel ein Oppositionsmitglied aus Kasachstan, Informationsmaterial über die wirkliche Situation in seiner Heimat zu verteilen. Er wurde von Angehörigen des kasachischen Geheimdienstes und von Verantwortlichen des Hotels daran gehindert und fühlte sich fast so wie in Kasachstan selbst.

Gasprom und der Einfluss von kriminellen Banden

Ein Aspekt im Zusammenhang mit Gasprom wurde bisher noch nicht beleuchtet, ob nämlich auch traditionelle kriminelle Vereinigungen versucht haben, am großen Kuchen Gasprom ihren Anteil abzuzweigen. Immerhin scheint es seit langem Versuche dieser kriminellen russischen Gruppen gegeben zu haben, sich bei Gasprom beziehungsweise in ihren Tochterfirmen breitzumachen.

Bereits 1996 war der russische Unternehmer Sergej Michajlow, der als mutmaßlicher Pate der kriminellen Organisation Solnzewskaja von internationalen Medien gebrandmarkt wurde, in Genf dabei, Investoren für ein riesiges Gasgeschäft zu suchen. Es sollte ein Unternehmen gegründet werden, an dem sich eine Gruppe von Unternehmen aus dem Metall- und Energiebereich der Ukraine beteiligen sollte. Die neu zu gründende Gesellschaft wollte als Zwischenhändler für Gasprom exklusiv Gas aus Turkmenistan nach Europa liefern.

Zu diesem Zweck führte Sergej Michajlow die Schweizer Investoren bei Gasprom ein. Da Michajlow von der Genfer Staatsanwaltschaft jedoch verhaftet und wegen Mitgliedschaft in einer kriminellen Vereinigung und anderer Delikte vor ein Gericht in Genf gezerrt wurde, zerplatzten zunächst einmal die Träume von einem Riesendeal. Die Pläne blieben fürs Erste auf Eis liegen, weil Michajlow erst nach zwei Jahren aus dem Gefängnis wieder freikam. Er wurde zwar von allen Vorwürfen freigesprochen, allerdings nur deshalb, weil die russischen Behörden jegliche Kooperation mit der Genfer Staatsanwaltschaft blockierten, und nicht, weil die Staatsanwaltschaft und die Polizei in Genf schlampig gearbeitet hatten.

Die damaligen Versuche, ins Gasgeschäft einzusteigen, könnten in Ungarn ihre Fortsetzung gefunden haben. Da fällt zum Beispiel der Name eines Unternehmens, das offiziell als Zwischenhändler für den russischen Energiekonzern Gasprom

Erdgas von Turkmenistan über die Ukraine nach Westeuropa transportiert. Das neue Unternehmen »Eural Trans Gas« (ETG) wurde am 6. Dezember 2002 beim Bezirksgericht Feijer in Budapest im Handelsregister unter der Nr. 0709009069 eingetragen. Gründungsgesellschafter waren drei bislang vollkommen unbekannte Einzelpersonen aus Rumänien und ein Anwalt aus Israel. Die drei Rumänen waren ein junges Studentenehepaar und eine über achtzigjährige alte Dame. Der Anwalt Zeev Gordon war hingegen bekannt, unter anderem vertrat er nach eigenen Angaben auch den Topmafioso Semjon Mogiljewitsch, der einst mit Sergej Michajlow in Europa eng zusammengearbeitet hatte.

Und vielleicht wurde deshalb in den europäischen Medien behauptet, im Hintergrund des milliardenschweren Erdgasdeals würde Semjon Mogiljewitsch irgendwie die Drähte ziehen. Eural Trans Gas (ETG) hat das immer dementiert. Gegenüber Journalisten erklärte der Anwalt aus Israel, zu dessen Mandanten auch Mogiljewitsch gehört: »Ich habe einige Monate lang als Treuhänder für die Aktionäre von Eural Trans Gas gedient. Ich war aber in keiner Art und Weise mit geschäftlichen Aktivitäten betraut. Und Semjon Mogiljewitsch hat mir versichert, dass er mit der ETG absolut nichts zu tun hat.«[39]

Im Zusammenhang mit der ETG hatte sich jedenfalls der US-Botschafter in der Ukraine, Carlos Pascual, besorgt darüber geäußert, dass »russische Banditen Einfluss auf die ukrainische Gasversorgung« nehmen könnten, und er bezog sich auf Medienberichte über die vermuteten Hintermänner bei der ETG.[40] Massive Kritik an dem neuen Unternehmen kam von der »Hermitage Capital Management«, einem Investmentfonds in Russland, der sich für die Rechte von kleinen Aktienbesitzern einsetzt. Sie forderte Gasprom auf, sich von der ETG zu trennen, obwohl Gasprom das Unternehmen mitinitiiert hatte.[41] Ein Jahr nach diesem Bericht beklagte sich die Hermitage Capital Management erneut über Gasprom und ETG. Demnach seien Gasproms Elektrizitätskosten im Jahr 2003 um 60 Prozent gestiegen, während die anderer industrieller Unternehmen nur um 17 Prozent gestiegen wären. Ob da falsch abgerechnet wurde, fragte sich der Investmentfonds.

Nachdem im Jahr 2003 und 2004 das undurchsichtige Unternehmen ETG wegen der seltsamen Beteiligungsverhältnisse negativ in die Schlagzeilen geraten war, wurde am 22. Juli 2004 in Zug (Schweiz) eine neue Firma gegründet. Es war die Gesellschaft RosUkrEnergo (RUE), die am 1. Januar 2005 mit ihren geschäftlichen Aktivitäten begann. Sie handelt jährlich mit bis zu 60 Millionen Kubikmeter Erdgas, das von Turkmenistan via Russland in die Ukraine geliefert wird.

Mittelfristig ist sogar ein Börsengang an der London Stock Exchange geplant. Der Gewinn soll jährlich etwa 2,5 Milliarden Euro betragen. Gleichzeitig wurden in Wien über die Raiffeisen Investment AG zwei Gesellschaften ins Handelsregister eingetragen. Beide sind zu jeweils 50 Prozent an der im Schweizer Kanton Zug domizilierten RosUkrEnergo beteiligt. Hinter dem einen Unternehmen steht Gasprom, hinter dem anderen eine diskrete Gruppe von Aktionären, die von der Raiffeisen Investment AG in Wien vertreten wird.

In einem Interview mit der ukrainischen Zeitung *Kyiv-Post* vom 16. Juni 2005 erklärte der Sprecher der Raiffeisen Investment AG, Wolfgang Putschek, dass seine Gesellschaft nur das Portfolio »einer Gruppe von ukrainischen Unternehmern hält, die in der Gasindustrie arbeiten«.

Als er gefragt wurde, wer die ukrainischen Geschäftsleute seien, weigerte er sich, darüber Auskunft zu geben, und berief sich auf geheime Abkommen. Gegenüber der österreichischen Zeitschrift *Profil* sagte er: »Sollten wir irgendwelche Bedenken haben, etwa dass es kriminelle Verbindungen geben könnte, würden wir uns sofort zurückziehen. Das ist auch vertraglich vereinbart.«

Dann kam der große Knall in der Ukraine. Am 18. Juni 2005 verkündete Oleksandr Turchynow, der Chef des ukrainischen Sicherheitsdienstes SBU, dass er Ermittlungen gegen zwei Firmen eröffnet habe, die Gas von Turkmenistan in die Ukraine lieferten, denn dabei sei dem ukrainischen Staat ein Schaden von über einer Milliarde US-Dollar entstanden. SBU-Chef Turchynow, der als enger Vertrauter von Julia Timoschenko galt, behauptete jedenfalls – das meldeten ukrainische Zeitungen –, dass die in Verdacht geratenen Firmen, die das Gas lieferten, dieses von dem staatlichen (ukrainischen) Unternehmen Naftogaz an der turkmenischen Grenze für 50 Dollar gekauft und in Europa für 200 Dollar weiterverkauft hätten. »Turkmenistan hat das Gas. Gasprom das Transportsystem. Ukraine ist der Konsument. Warum wird ein Vermittler in diesem System benötigt? Was ist deren Funktion? Warum können wir das Geld nicht ohne einen Vermittler zahlen? Der Vermittler ist lediglich ein Konto in einer Bank.«[42] Der SBU-Chef Turchynow nannte auch die Namen der beiden in Verdacht geratenen Firmen: RosUkrEnergo und Eural Trans Gas.

Ins Blickfeld geriet wieder der Mann, der vom FBI (Federal Bureau of Investigation/US-amerikanischer Inlandsgeheimdienst) per Haftbefehl gesucht wird: Semjon Mogiljewitsch. In der Vergangenheit hatte das Unternehmen Eural Trans Gas heftig bestritten, dass dieser Mann bei dem Milliardendeal irgendeine Rolle gespielt habe. Nun sagte der SBU-Chef laut ukrainischen Zeitungen: »Der Name Mogiljewitsch wurde in keinen Dokumenten erwähnt, es gibt keine schriftlichen Beweise. Aber so weit wir übersehen, waren es seine Leute, die in diesem Schema gearbeitet haben.«[43] Der ukrainische Staat verlor dadurch seit 2003 Einnahmen in Höhe von 1,2 Milliarden Dollar.

Die Reaktionen auf die Vorwürfe sind aufschlussreich. Sofort nachdem der Sicherheitschef Turchynow den Gasdeal verurteilt hatte, erklärte der russische Gasmonopolist Gasprom, der mit dem beschuldigten Unternehmen Eural Trans Gas eng liiert war, dass die Preise für das Gas, das in die Ukraine geliefert wird, auf den Weltmarktpreis angehoben würden. Das war Erpressung auf oberster politischer Ebene.

Gleichzeitig verkündete der russische Generalstaatsanwalt, dass immer noch Ermittlungen gegen die damalige amtierende ukrainische Premierministerin Julia Timoschenko wegen Bestechung und Betruges laufen würden. Und über das Präsidentenbüro in Kiew wurde bekannt, dass der russische Präsident Putin persönlich interveniert habe, damit es keine Untersuchungen über die obskuren Gasgeschäfte gebe.

Für Roman Kupchinsky von *Radio Free Europe* in Prag, einen der besten Kenner der Ex-UdSSR, ist klar: »Putin wollte diese Untersuchungen nicht, weil sie demonstrieren würden, dass er ebenfalls von diesen Deals profitiert hatte.«[44]

Der SBU-Chef Turchynow – nach seinen Vorwürfen wurde er abgesetzt – informierte sogar den Nachrichtendienst Turkmenistans darüber, dass führende Regierungsvertreter an Geldwäscheoperationen der mit Gasprom verbundenen Unternehmen beteiligt waren, und bat um Informationsaustausch. Wenig später ordnete der turkmenische Präsident die Verhaftung von Yolli Gurbanmuradow an, dem stellvertretenden Premierminister, zuständig für Energie und Gas. Dabei war er derjenige, der seit Monaten versuchte, die anscheinend undurchsichtigen Gasgeschäfte zu verfolgen.

Vermutet wurde daher, dass er deshalb verhaftet wurde, damit er nicht darüber auspackt, wer in der Regierung Geld erhalten habe. »Khudaiberdy Orazow, der ehemalige Chef der turkmenischen Zentralbank, der nun als Führer der Opposition im Exil lebt, behauptete gegenüber dem turkmenischen Service von *Radio Free Europe*, dass Gurbanmuradows Probleme Teil von Nijasows Versuch seien, seine eigenen Geschäftsaktivitäten zu verschleiern.«[45]

Sicher ist jedenfalls, dass der ukrainische Präsident Wiktor Juschtschenko die Untersuchungen gegen die beiden in die Schlagzeilen geratenen Firmen RosUkrEnergo und Eural Trans Gas aufgrund der Intervention aus Moskau stoppte. Das zeigt, wie tief höchste Regierungsvertreter, ob in der Ukraine, Russland oder in Turkmenistan, in dubiose Gasgeschäfte verstrickt sind, bei denen es um Milliarden US-Dollar Profite geht und gleichzeitig um ein gewaltiges Erpressungspotenzial. Das ging so weit, dass Ende November 2005 Gasprom erklärte, dass die Ukraine schuld sei, wenn im Januar in Westeuropa die Gasthermen ausfielen. Der Hintergrund war, dass die Ukraine sich weigerte, den von Gasprom plötzlich geforderten Weltmarktpreis zu bezahlen. »Die Ukraine gefährdet mit ihrem Verhalten die stabile Gasversorgung Europas in 2006.«[46]

Und tatsächlich kam es einige Wochen später zu dem erbitterten Streit zwischen Gasprom, also Wladimir Putin, und der ukrainischen Regierung. Gasprom erhöhte den Gaspreis von bislang 50 Dollar auf 230 Dollar für seine jährlich gelieferten 17 Milliarden m^3 rein russischen Gases. Da jedoch vor allem das weitaus günstigere Gas aus Turkmenistan, Usbekistan und Kasachstan mitgeliefert wird, ergab sich dadurch für die Ukraine ein Preis von 90 Dollar pro m^3. Gasprom und Putin sind als Sieger hervorgegangen. Aber nicht nur sie. »Der große Sieger des Gaskrieges ist jedenfalls das Schweizer Transportkonsortium RosUkrEnergo. Wickelte es bisher nur einen Teil der turkmenischen Gaslieferungen in die Ukraine ab, bekam es nun auch den Transport des gesamten zentralasiatischen und russischen Gases übertragen.«[47]

Verfahren eingestellt – Verfahren blockiert

Bereits seit 2002 versuchten in Moskau couragierte Polizeibeamte einen Fall zu verfolgen, der nach Deutschland und direkt in den Kreml führen soll. Es geht dabei um Lieferungen von Möbeln aus einem Unternehmen in Mainstockheim bei Kitzingen. Dabei fiel Zollbeamten auf, dass über diese Firma ungewöhnlich hohe Summen gelaufen waren und es Verbindungen zu einer New Yorker Firma gab, deren Repräsentanten inzwischen wegen Geldwäsche in Milliardenhöhe von der US-Justiz verfolgt werden. Das Bundeskriminalamt lieferte über seinen Verbindungsbeamten in Moskau am 21. März 2003 sogar entsprechende Informationen an die zuständige Abteilung im Moskauer Innenministerium. Demnach seien von der Möbelfirma aus Mainstockheim über Konten des Finanzunternehmens Benex International in den USA hohe Geldsummen geflossen, die kaum mit Möbeleinkäufen für den Kreml in Verbindung stehen können.

Um was ging es bei den Konten der Benex International, die auch in Verbindung zu dem hinlänglich bekannten Topmafioso Semjon Mogiljewitsch stand? Benex gehörte dem gebürtigen Russen Peter Berlin, dem Ehemann der ehemaligen Vizepräsidentin der Bank of New York. Von Oktober 1998 bis März 1999 flossen 4,2 Milliarden US-Dollar verdächtiger Herkunft über die Benex-Konten bei der Bank of New York. Geschätzt wird allerdings, dass allein in diesem kurzen Zeitraum tatsächlich bis zu 10 Milliarden US-Dollar auf diesem Weg gewaschen wurden. Das wären nicht weniger als sechs Prozent des russischen Bruttosozialprodukts beziehungsweise 40 Prozent des Haushaltsvolumens.

Die *Financial Times* zitierte einen Bericht der internationalen Rating-Agentur Fitch IBCA, der davon ausgeht, dass 1993 bis 1998 insgesamt 136 Milliarden Dollar aus Russland abgeflossen sind. Der Journalist Kolja Rudzi kommentierte den Vorgang in der *Zeit*: »Moskau erweist sich erneut als Sumpf, in dem sich korrupte Politiker und einfache Kriminelle zu einer Art Staatsmafia verbündet haben. Das Wort von der Kleptokratie macht die Runde, von einem Staatswesen, das die hemmungslose Selbstbedienung zur Raison d'état erhoben hat.«[48]

Besonders profitierten davon in der Regierungszeit von Boris Jelzin (der von Wladimir Putin das Versprechen bekommen hat, dass nie gegen ihn ermittelt werde) nicht nur Gangster und Politiker in Russland, sondern auch internationale Banken. Doch weder die Deutsche Bank noch die Dresdner Bank ließen etwas verlauten, als die russische Mafiafirma Benex International zum Beispiel einen großen Teil der Milliarden des Internationalen Währungsfonds (IMF) für den Wirtschaftsaufbau Russlands über die zwei Frankfurter Banken zurück in den Westen fließen ließ. Zum Beispiel die Dresdner Bank. »Erst als der Deal durch Ermittlungen und Anzeigen in den USA aufgeflogen war, meldeten sich auch die deutschen Banken bei der Staatsanwaltschaft. Nach Einschätzung des Bundesaufsichtsamts für das Kreditwesen ist Deutschland eine Drehscheibe für die russischen Mafiamilliarden.«[49]

Als bei der Moskauer Polizei die Erkenntnisse des Bundeskriminalamtes bekannt wurden – wir sprechen vom Jahr 2004 –, wollten die Moskauer Ermittler ein Gerichtsverfahren gegen hochrangige Beschuldigte in Moskau anstrengen. Doch sie wurden gestoppt, durften nicht weiter ermitteln. Und so bleibt im Dunkeln, wer alles von den Milliarden Dollar profitierte und noch profitiert, die nicht nur über deutsche Banken, sondern auch über deutsche Firmen gewaschen wurden.

Derweil verzweifelt ein deutscher Unternehmer an der deutschen Politik und Justiz. Seit Jahren versucht er vergeblich, Recht zu bekommen. Er stieß auf eine Mauer des Unverständnisses auch bei den von ihm um Hilfe gebetenen Politikern. Und die Justiz machte sich dabei sogar zum Helfershelfer eines Mannes, der im Verdacht steht, engste Beziehungen zur organisierten Kriminalität zu haben.

Der Geschädigte ist Werner Borutta, Inhaber der Firma Hasko in Bielefeld. Lange Jahre belieferte er das Hotel Radisson in Moskau mit Lebensmitteln und Hotelzubehör. Das Radisson in Moskau war ein amerikanisch-russisches Joint Venture. Mitbesitzer des Hotels war die Stadt Moskau. 1996 wurde der amerikanische Geschäftsmann Paul Tatum vor seinem Hotel erschossen. Daraufhin ernannte die Stadt Moskau den Tschetschenen Umar D. zum stellvertretenden Direktor. Der wurde immerhin als einer der ersten Verdächtigen für den Mord an Paul Tatum genannt. Doch die Vorwürfe konnten nie belegt werden, und der Mörder ist bis heute nicht gefasst.

Drei Wochen nach dem Mord zog allerdings die US-Regierung das bislang gültige Visum für Umar D. zurück. Die Begründung war, dass die USA darüber besorgt seien, dass er in die USA kommen könnte, um »sich in ungesetzlichen Aktivitäten« zu betätigen.

Nun war der Tschetschene der Herr über das Hotel. Und für den biederen Unternehmer Borutta aus Bielefeld sollten sich die bisher so harmonisch verlaufenen Geschäftsbeziehungen radikal verändern. Er musste nun dem Alleinherrscher über das Hotel regelmäßig hohe Geldbeträge zahlen. Ansonsten würde er keine Aufträge mehr erhalten. Wäre dieser Großkunde tatsächlich von seinen Verträgen zurückgetreten, wäre für den Bielefelder Unternehmer ein gewinnbringendes Geschäft nicht mehr möglich gewesen. Doch dann wurden die geforderten Summen so hoch, dass er aufgeben musste.

Von Deutschland aus versuchte Borutta nun zu erreichen, dass der erlittene Millionenschaden, der ihm durch die Erpressung und die zwangsweise Geschäftsaufgabe entstanden war und der ihn wirtschaftlich ruiniert hatte, wieder ersetzt werde. Weil er den Erpresser aus Moskau einen Mafioso nannte, klagte dieser wiederum auf Unterlassung, und zwar vor einem deutschen Gericht, und erhielt vom Landgericht Traunstein seltsamerweise Recht.

Es ist schon kurios, dass ein Traunsteiner Richter eher einem Mann traut, der im Zusammenhang mit organisierter Kriminalität genannt wird, und nicht einem bislang unbescholtenen Geschäftsmann. Eine Anregung der Kripo Bielefeld vom 18. August 2004, einen Haftbefehl gegen diesen Umar D. auszustellen, wurde von der zuständigen Staatsanwaltschaft abgelehnt. »Es wird angeregt, gegen die tatverdächtigen Umar D. und (...) (ein Vertrauter von Umar D. und Besitzer einer Import-Export-Firma) Haftbefehle beim zuständigen Amtsgericht in Bielefeld zu erwirken, da sie dringend verdächtig sind, gemeinsam von Mai 1999 bis Januar 2000 die Firma Hasko um insgesamt über 200 000 D-Mark erpresst zu haben. Beide sind nach letzten Erkenntnissen im Bereich der Stadt Moskau aufhältig. Auch heute bestehen Beziehungen nach Westeuropa und in die Bundesrepublik Deutschland. Es ist davon auszugehen, dass sie sich einem Strafverfahren in Deutschland nicht freiwillig stellen werden. Eine Übersendung der Akten an die russische Justiz dürfte aufgrund nachvollziehbarer Gründe wohl nicht infrage kommen, da mit einer Aburteilung und objektiven Ermittlungen nicht zu rechnen ist.«

Dabei hätte dem Gericht in Traunstein ein Artikel aus der US-Zeitschrift *Forbes* weiterhelfen können. Dort wurde behauptet, dass dieser Umar D. »nach Angaben des russischen Innenministeriums ein bekannter Auftragskiller ist und einer der Handvoll tschetschenischer Mafiabosse, die in Moskau operieren«.[50]

Nicht berücksichtigt wurde vom Landgericht Traunstein, dass ein Zeuge ausgesagt hatte, dass er dem Hasko-Firmenbesitzer Borutta ausrichten musste, »dass die wöchentlichen Bestellungen des Hotels eingestellt würden, wenn Hasko weiterhin Schwierigkeiten macht«. Eine andere Zeugin war zunächst bereit, vor Gericht gegen Umar D. auszusagen. Danach erklärte sie jedoch, sie kenne keinen Borutta, was angesichts der zuvor geäußerten Bereitschaft zur Aussage und der jahrelangen geschäftlichen Beziehungen selbst einen Traunsteiner Richter hätte stutzig machen müssen. Das Gericht meinte vielmehr, dass der Unternehmer Borutta freiwillig auf die Zeugin verzichtet hätte.

Doch der Richter hielt alle belastenden Beweise für »unerheblich«. Deshalb meint Thomas Wrede, der Anwalt von Werner Borutta: »Das Gericht beurteilt den gesamten Sachverhalt offensichtlich einseitig aus Sicht des Klägers.« Vielleicht kann man sich im tiefen Bayern auch nicht vorstellen, wie in Moskau kriminelle Strukturen agieren. Zwar wollte der Besitzer von Hasko gegen das vollkommen unverständliche Urteil in Berufung gehen, aber dafür fehlte ihm das Geld. Wer ist nun dieser Umar D.? In einem Report des »Conflict Studies Research Centre« der britischen Defence Academy ist Folgendes zu lesen: »Der Geschäftsmann Umar D. ist ein Vertrauter des Moskauer Bürgermeisters Juri Luschkow, der den Bürgermeister häufig bei dessen Auslandsreisen begleitet. Er wird vom FBI, von Interpol und anderen Strafverfolgungsbehörden der Involvierung in organisierte Kriminalität verdächtigt. Umar D. wurde niemals verurteilt. Er selbst sagt, seine Kontakte zu Figuren der organisierten Kriminalität hatten nur gesellschaftliche Gründe.«[51]

Der Bericht ist übrigens im Internet öffentlich zugänglich. Werner Borutta, dem Besitzer von Hasko, haben diese Erkenntnisse nichts genutzt. Er schrieb mir: »Unsere Erfahrungen mit der hiesigen Justiz sind durchweg schlecht. Wir kämpfen an gegen Spekulation, Pauschalierung, Voreingenommenheit, falsche Darstellung der Sachlage, unterlassene Zeugenvernehmung und Missachtung von Beweismitteln.«

Um zu seinem Recht zu kommen, wollte sich der Unternehmer auch an den Verband der deutschen Wirtschaft in der russischen Föderation wenden, damit dieser sich bei dem Moskauer Oberbürgermeister Juri Luschkow, dem engen Freund von Umar D., für ihn einsetze. Als Mitglied der Industrie- und Handelskammer glaubte der Unternehmer, das hätte Sinn. Dumm nur, dass die verantwortliche Delegierte im Verband große Stücke auf Luschkow hält. Was ein Beweis dafür ist, wie eng Repräsentanten der deutschen Wirtschaft mit dubiosen Gruppierungen kooperieren.

Und auch ansonsten dürfte die Hilfe der deutschen Wirtschaft für Werner Borutta nicht überaus groß sein. Das sieht er selbst so, wie er mir gegenüber zugab: »In Deutschland koordiniert der Sicherheitschef von Siemens den Vorstoß. Siemens hat gerade ein Großgeschäft mit den Städten Moskau und St. Petersburg (Hochleistungsbahn) abgeschlossen. Möglicherweise bestehen Interessenkonflikte, oder die Sache kommt ungelegen.«

Und so wurde nicht nur ein Unternehmer, sondern auch sein Glaube an den Rechtsstaat ruiniert. Und zwar deshalb, weil sich niemand mit den Mächtigen in Moskau anlegen will, vielleicht deshalb, weil das von vornherein aussichtslos wäre. Von einem deutschen Richter könnte man hingegen erwarten, dass er sich ein wenig mit der Situation in Russland beschäftigt, bevor er beschämende Urteile fällt.

Nachwort

Wenn der Energiekonzern E.ON Ruhrgas AG Bürgermeistern, Stadtverordneten und Mitarbeitern der Stadtwerke gleich von 28 Kommunen in Nordrhein-Westfalen vielfältige attraktive Reisen bezahlt, kann man sicher sein, dass er damit etwas bewirken will. Der Verdacht steht im Raum, dass die so großzügig Beschenkten für Lieferverträge zu den Konditionen der E.ON AG gefügig gemacht werden sollten. Ob sich der Verdacht erhärten lässt, wird sich zeigen; gegenwärtig laufen die Ermittlungen und noch gibt es keine Hinweise auf Gegenleistungen der Begünstigten. Sollten diese gefunden werden, wäre das ein weiteres Indiz für die unbeschreibliche Verwahrlosung der politischen Landschaft auf allen Ebenen. Wenn sich darüber hinaus die Betroffenen – ob Bürgermeister, Stadtverordnete oder das Energieunternehmen selbst – nicht einmal irgendeines Fehlverhaltens bewusst sind und nicht das geringste Unrechtsbewusstsein zeigen, demonstriert ein solches Verhalten den höchsten Grad an Naivität.

Öffentlich wurde der Skandal Ende Januar 2006 nicht etwa durch irgendeinen von Zweifel geplagten Amtsträger, sondern durch einen kleinen Zeitungsartikel und die daraufhin konsequent durchgeführten Ermittlungen der Kölner Staatsanwaltschaft. Und E.ON ist mit Sicherheit nicht das einzige deutsche Energieunternehmen, das sich politische Entscheidungsträger – auf welcher Ebene auch immer – wohlgesinnt machte. Das Energieunternehmen E.ON jedenfalls, das ist offenkundig, hat von seiner langjährigen Zusammenarbeit mit dem russischen Energiekonzern Gasprom schnell gelernt und inzwischen auch die russischen Methoden übernommen, wie man Kunden und Geschäftspartner freundlich stimmt.

Bei den Repräsentanten des Deutschland-Clans ist Käuflichkeit nur eine Frage der Höhe des Preises geworden. Dazu passt exakt der folgende Vorgang. Es geht um den Wechsel des ehemaligen Staatssekretärs im Finanzministerium, Caio Koch-Weser, zur Deutschen Bank. »Er ist eine enorme Bereicherung für die Bank und ihre Kunden«, lobte ihn der Chef der Deutschen Bank Josef Ackermann.[1] Von London aus soll der Exstaatssekretär in Zukunft als stellvertretender Vorsitzender (Vice Chairman) das Management der Bank beraten und den Bankkunden in strategischen sowie wirtschaftlichen Fragen zur Verfügung stehen. Caio Koch-Weser war seit 2002 als Staatssekretär unter anderem Vorsitzender der Bundesanstalt für Finanzdienstleistungsaufsicht (BaFin). Die BaFin, die auch für die Bankenaufsicht zuständig ist, wird von Kritikern seit langem als zahnloser Tiger beschrieben. Und nicht nur das, sie hatte sogar der Staatsanwaltschaft Frankfurt »im Rahmen eines Ermittlungsverfahrens gegen den Aufsichtsratschef der Deutschen Bank, Rolf Breuer, belastende Unterlagen vorenthalten«.[2] Inzwischen wurde das gewünschte Dokument der Staatsanwaltschaft ausgehändigt.

Auch ansonsten hat sich der Exstaatssekretär in der Vergangenheit für die Deutsche Bank stark gemacht, worüber sich die Aktionäre der Deutschen Bank sicher riesig gefreut haben. Immerhin kritisierte selbst der Deutsche Sparkassen- und Giroverband (DSGV) den Wechsel des Exstaatssekretärs zur Deutschen Bank. »Für die Sparkassen-Finanzgruppe wird nun klar, warum Koch-Weser bei wesentlichen Fragen des Finanzplatzes Deutschland einseitig agiert hat.«[3] Vielleicht hat sich Koch-Weser aber auch nur seinen ehemaligen Chef, Ex-Bundeskanzler Gerhard Schröder, zum Vorbild genommen. Beide gehören zu den förderlichsten Repräsentanten des Deutschland-Clans. Bedenkenlos wechseln sie die Seiten – in dem Wissen, dass sie in der Vergangenheit die besten Voraussetzungen dafür geschaffen haben, dass es keine Alternativen zur neoliberalen Politik gibt und diese auch nicht entwickelt werden.

Und was macht die Justiz? Welche Kontakte pflegt sie zu diesem Deutschland-Clan? Der Frankfurter Exstaatsanwalt Erich Schöndorf bringt es auf den Punkt: »Die Justiz eignet sich besser, kleine Leute fertigzumachen. Jeder Kleingewerbetreibende, der Öl auf der Wiese ablässt, wird vor den Kadi gezerrt. An Konzerne, deren Produkte Menschen vergiften, trauen sich die obrigkeitshörigen Juristen nicht heran. Bei dieser modernen Kriminalität, die mit einem scharfen Produkthaftungsrecht verfolgt gehört, bekommt die Justiz kalte Füße.«[4] So viel hat sich offenbar nicht verändert, wenn man sich die Aussage Friedrichs des Großen aus dem Jahr 1779 vergegenwärtigt: »Dass ein Justizcollegium, das Ungerechtigkeiten ausübt, weit gefährlicher und schlimmer ist, wie eine Diebesbande, vor die kann man sich schützen, aber vor Schelme, die den Mantel der Justiz gebrauchen, um ihre üblen Passiones auszuführen, vor diese kann sich kein Mensch hüten, die sind ärger wie die größten Spitzbuben, die in der Welt sind.«[5]

Die bisher beschriebenen Vorgänge wären für sich alleine betrachtet Skandale – nicht mehr und nicht weniger. Doch erst in der Gesamtschau zeigt sich, dass es sich nicht um Einzelfälle handelt, sondern dass sich dahinter eine Struktur, ein System erkennen lässt. Und zwar ein gesellschaftliches System, in dem an die Stelle von sozialer Verantwortung der politischen und wirtschaftlichen Eliten gegenüber großen Teilen der Bevölkerung eine dubiose Verherrlichung von Globalisierung und Neoliberalismus getreten ist – diese Ideologie verbindet und eint die Mitglieder des Deutschland-Clans. Das führt zwangsläufig zu flächendeckender Korruption, zur organisierten Wirtschaftskriminalität und zu mafiosen Strukturen: zu Kapitalismus pur. Alternativlos wird der globalisierte entfesselte Kapitalismus in der politischen Praxis umgesetzt. Globalisierung und Neoliberalismus werden geradezu heiliggesprochen, und zwar genauso bedingungslos, wie die herrschenden Eliten einst dem Nationalsozialismus oder später in der DDR dem Kommunismus gehuldigt hatten.

Die politischen und wirtschaftlichen Repräsentanten des Deutschland-Clans haben natürlich überhaupt kein Interesse daran, dass sich an dieser Situation etwas ändert. Denn sie – und nur sie – sind die Profiteure dieser Verhältnisse. Armutsgesetze wie Hartz IV oder eine Zweiklassenmedizin, über die Ärzte hinter vorgehaltener Hand erzählen, dass durch die »Gesundheitsreform« bereits Tausende Menschen aufgrund fehlender medizinischer Versorgung gestorben sind, interessieren den Deutschland-Clan nicht.

Angesichts dieser Situation könnte man schier verzweifeln. Trotzdem ist die Lage nicht völlig hoffnungslos. Es gibt glücklicherweise auch noch jene Politiker, Banker, Unternehmer, Journalisten, Gewerkschafter, Polizei- und Justizbeamte sowie Richter, die das Lügenspiel, das ihnen der Deutschland-Clan vorführt, nicht mitmachen, die sich einem demokratischen und sozialen Rechtsstaat verpflichtet fühlen und für ihn kämpfen. Allerdings müssten sie zahlreicher werden, wenn sie die bestehenden Verhältnisse aufbrechen und Veränderungen erreichen wollen. Sonst sind sie irgendwann quasi die Dinosaurier oder spielen die Hofnarren eines verselbstständigten korrupten Systems.

Der Deutschland-Clan ist nur zu Fall zu bringen, wenn sich die Bürger, die in der Demokratie ja alle Möglichkeiten der Partizipation haben, endlich gegen den Wahn des Neoliberalismus und gegen den damit verbundenen Amtsmissbrauch, die Korruption und kriminelle Machenschaften wehren. Aber wie sollen sie das tun? Sich in den Parteien engagieren? Das wäre sicher kein besonders guter Ratschlag. Auf die Barrikaden gehen? Das wäre zumindest ein Anfang. Immer mehr Menschen engagieren sich ja bereits für ein soziales und ökologisches Europa und kämpfen dafür, wie die europäischen Hafenarbeiter oder auch die Arbeiter von AEG in Nürnberg. Sie wehren sich gegen Lohndumping und die weitere Absenkung der Sozial-, Verbraucher- und Umweltstandards. Das geht halt nicht im stillen Kämmerlein.

Gleichzeitig haben sich die verschiedensten Bürgerinitiativen und Interessenvertretungen gegen Justizwillkür, Korruption, Banken- und Wirtschaftsmacht gebildet, die durchaus an Einfluss gewinnen können. Es muss und darf nicht sein, dass hinter verschlossenen Amtszimmern in den Rathäusern Verträge abgeschlossen werden, für die letztlich die Bürger mit ihren Steuergeldern aufkommen müssen. Warum gibt es keine Öffentlichkeit? Hat man Angst vor Querulanten? Die gibt es sicher, aber eine kritische Öffentlichkeit, die über ihr politisches Schicksal mitbestimmen will, darf dadurch nicht blockiert werden.

Es verwundert, dass die kritische Beschäftigung mit der Justiz immer noch ein Tabuthema ist. Schließlich wird im Namen des »Volkes« Recht gesprochen. Da darf schon mal hinterfragt werden, welche Intentionen wohl hinter der Urteilsfindung mancher Richter stehen. Und so kämpfen die unterschiedlichsten Gruppen und Organisationen nicht nur für Recht, sondern auch für Gerechtigkeit.

Von zentraler Bedeutung ist in diesem Zusammenhang, dass eine gesellschaftliche Kultur der Zivilcourage, die im Deutschland der Mitläufer sowieso nicht besonders ausgeprägt ist, gefördert und gepflegt wird. Diejenigen, die Zivilcourage zeigen, sind unter anderem die Whistleblower (whistleblowing: die Pfeife blasen, Alarm schlagen) – also jene Beamten und Angestellten, ob in Regierungsbehörden, der Justiz oder den Stadtverwaltungen genauso wie in Unternehmen, die von Unrecht, Betrug, Straftaten et cetera erfahren und sich nicht hinter dem Dienst- oder Amtsgeheimnis verstecken, sondern im Zweifelsfall auch als geheim klassifizierte Dokumente der Öffentlichkeit übergeben. Im Gegensatz zu anderen Ländern wie den USA, wo Whistleblower inzwischen einen juristischen Schutz genießen, droht ihnen hierzulande – abgesehen von illegal ausgeübtem Druck und Schikanen – eine juristisch abgesegnete arbeitsrechtliche Maßregelung wegen des Verrats von Betriebs- oder Dienstgeheimnissen.

Die OECD (Organisation für wirtschaftliche Zusammenarbeit und Entwicklung) fordert Deutschland seit längerem auf, für einen verbesserten Schutz der Whistleblower zu sorgen. Immerhin gibt es inzwischen sogar große Konzerne, die den Whistleblowern durchaus positiv gegenüberstehen. Sie betrachten Whistleblowing als ein wichtiges Instrument bei der Durchsetzung ethischer Standards in Unternehmen. So wird zum Beispiel Hartmut Paulsen, der Generalbevollmächtigte der HOCHTIEF AG, zitiert: »Whistleblower sind ethische Dissidenten, Personen mit Zivilcourage, die aus gemeinnützigen Motiven die Alarmglocke läuten, um auf bedenkliche Ereignisse oder Vorgänge in ihrem Arbeits- oder Wirkungsbereich hinzuweisen und auf Abhilfe zu dringen.«[6]

Denn eines ist sicher, trotz aller großen existenziellen Risiken für Whistleblower in Deutschland: »Wegsehen heißt, dass man sich zum Komplizen macht. Wer aber aufdeckt, stört die Kreise derer, die aus den dunklen Geschäften ihren Vorteil ziehen. Schnell erfährt man, dass man gegen mächtige Interessen ankämpft und die eigene Existenz aufs Spiel setzt.«[7] Mehr zu diesem Thema finden Interessierte bei der Fairness-Stiftung und der Ethikschutz-Initiative.

Und es gibt noch andere wichtige Institutionen, Bürger- und Menschenrechtsorganisationen wie die bereits erwähnte »Business Crime Control«, die gegen Wirtschaftskriminalität kämpft, oder die »Neue Richtervereinigung«, in der sich Richter und Staatsanwälte zusammengeschlossen haben, um den weiteren Abbau von Sozial- und Rechtsstaatlichkeit abzuwehren, oder das »Forum Justizgeschichte e. V.«, das für eine transparente Justiz eintritt. Des Weiteren gibt es die globalisierungskritische Organisation ATTAC; den Bund für Umwelt und Naturschutz in Deutschland (BUND), die Umweltschutzorganisation Greenpeace, die Menschenrechtsorganisation Humanistische Union; die Antikorruptionsorganisation »Transparency International«, das »Netzwerk Recherche« (für kritische Journalisten), die »Coalition against BAYER-Dangers« (CBG, Koalition gegen BAYER-Gefahren), die »Initiative Berliner Bankenskandal«, Germanwatch, eine Organisation, die sich für Klimaschutz und die soziale und ökologische Gestaltung des Welthandels einsetzt. Und damit ist die Liste noch nicht zu Ende. Besonders wichtig ist die Organisation LobbyControl. Sie untersucht die Aktivitäten der Lobbyisten, die erfolgreich darum bemüht sind, die politischen Rahmenbedingungen in ihrem Sinne zu verändern. LobbyControl ist ein gemeinnütziger Verein, der zudem über Machtstrukturen und Einflussstrategien in Deutschland und der EU aufklären will. Die Webadresse lautet: www.lobbycontrol.de

So gesehen gibt es viele bessere Alternativen als in tiefe Depression zu verfallen oder der völligen Entpolitisierung das Wort zu reden. Das genau wünscht sich nämlich der Deutschland-Clan. Und diesen Gefallen sollten ihm zumindest die kritischen Bürger nicht tun.

Dank

Ich bedanke mich bei Renate, meiner Frau, die maßgeblich daran beteiligt war, dass ich dieses Buch überhaupt schreiben konnte, indem sie mich unter anderem davon abgehalten hat, in grenzenlosen Zynismus zu verfallen, und stoische Ruhe bewahrte, wenn es manchmal etwas bedrohlich wurde. Ich danke meiner Tochter Leyla, dass sie als Anwältin immer noch an ein so altmodisches Wort wie Gerechtigkeit glaubt und dass sie den ungeheuren Mut besaß, einem neuen Erdenkind das Leben zu schenken.

Besonders bedanke ich mich bei den außerordentlich kritischen Lektorinnen Beate Koglin und Carmen Kölz, die manche Polemik und analytische Unschärfe aus dem Manuskript entfernt und mir dafür viele wichtige Anregungen gegeben haben. Ich bewundere den Mut des Programmleiters Matthias Bischoff, der weiß, dass er sich mit diesem Buch wieder einmal Ärger einfangen wird, und es trotzdem verlegt. Mutige Verleger wie er sind leider rar geworden.

Und natürlich sage ich meiner Münchner Agentin Sigrid Bubolz-Friesenhahn herzlichen Dank, die mich seit Jahren betreut und den Glauben an meine Arbeit trotz mancher Probleme nicht verloren hat. Es wären noch viele andere zu nennen, insbesondere Professor Hans See, der sich seinen kämpferischen Mut seltsamerweise immer noch bewahrt hat, oder Dr. Wolfgang Hetzer, dem ich immer wieder, nicht nur durch »hetzerische« Gedanken, viel verdanke. Zum Beispiel wie man trotz allem Schmutz, in dem man wühlt, nicht auf die Freuden des Lebens verzichtet.

Kontakt für Fragen und Informationen: www.juergen-roth.com

Anmerkungen

Vorwort

1 *Frankfurter Allgemeine Zeitung*, 19. September 2006
2 Wolfgang Hetzer, Organisierte Kriminalität: »Unfassbare« Kriminalität und ihre wirksame Bekämpfung, Katholische Akademie Trier, Studientagung für Polizeibeamte, Richter, Staatsanwälte und Interessierte, 2. Mai 2007
3 Wulf Schmiese, »Enttäuschungen«, *Frankfurter Allgemeine Sonntagszeitung*, 29. Oktober 2006
4 *Spiegel*-Online, 18. Januar 2007
5 Gerhard Schröder, *Entscheidungen*, Hamburg 2006, S. 467
6 Sonia Mikich, in: Anna Politkovskaja, *Russisches Tagebuch*, Köln 2007, S. 7
7 Ebd., S. 458
8 Holger Liebs, »Gerhard der Große«, *Süddeutsche Zeitung*, 19. Januar 2007
9 Ulrike Posche, »Der gute Russe von Berlin«, *Stern*, Nr. 51, 2006
10 Hermann Zoller, »Das Milliardenspiel«, Zeitschrift *Ver.di Publik*, Oktober 2006, S. 11
11 Ebd.
12 *Süddeutsche Zeitung*, 9. März 2007

1

1 Hans See, www.wirtschaftsverbrechen.de
2 Mehr dazu auf: www.wirtschaftsverbrechen.de

[3] Hans Jürgen Krysmanski, »Privatisierung der Macht stabilisiert sich«, *Utopie kreativ*, September 2004, S. 775

[4] Guido Heinen, »Experten warnen vor Aushöhlung der Pressefreiheit«, *Die Welt*, 25. November 2005

[5] Christine Hohmann-Dennhardt, »Soziale Rechte sind kein Almosen«, *Frankfurter Rundschau*, 12. Juli 2004

[6] Zit. n. Beninga Daubenmerkl, Rudolf Schröck, »Allein gegen Strauß und die Millionen«, *NDR*-Fernsehen, 10. Oktober 2005

[7] Ebd.

[8] Ebd.

[9] Klaus Wiendl, Rudolf Lambrecht, *Report München*, 12. Dezember 2005

[10] http://humanistische-union.de/suedbayern/hupreisver.htm

[11] *Süddeutsche Zeitung*, 22. Dezember 2004

[12] *Fakt*, Warschau, zit. n. *Spiegel*-Online, 12. Dezember 2005

[13] Die Körber-Stiftung wurde 1959 von dem Unternehmer Kurt A. Körber in Hamburg-Bergedorf gegründet und engagiert sich unter anderem im Ost-West-Dialog.

[14] Human Rights Watch, 7. Juni 2005

[15] Andijan, »A Policeman's Account«, Institut for War & Peace Reporting, 1. Juli 2005

[16] *FAZ.NET*, 3. September 2004

[17] *Süddeutsche Zeitung*, 4. August 2004

[18] Ulrich Schäfer, »Sinneswandel über Nacht«, *Süddeutsche Zeitung*, 10. September 2004

[19] *Die LinksZeitung*, 11. Februr 2006

[20] www.gsa-essen.de/gsa/analysen/analysen1999/analysen_99-34_hombach.htm

[21] Zit. n. DGB-Zeitschrift *Einblick*, Nr. 13, 1999

[22] *Jungle World*, 10. Februar 1999

[23] *Wirtschaftsblatt*, Sofia, Februar 2007

[24] Juliette Terzieff, *San Francisco Chronicle*, 12. September 2004

[25] *Wirtschaftsblatt*, Sofia, Februar 2007

[26] Bettina Sengling, *Stern*, 27. Oktober 2005

[27] Alexander Andreev, *Die Spionenverschwörung*, Sofia 1998

[28] Hristo Hristov, Tageszeitung *Dnevnik*, Sofia, 17. Oktober 2005

[29] *Frankfurter Allgemeine Zeitung*, 16. Juli 2004

[30] *Spiegel*-Online, 24. Oktober 2004
[31] Ebd.
[32] Georg Bönisch, Thomas Darnstädt, Stefan Berg, Barbara Schmid, »Die rote Kasse der Genossen«, *Spiegel*, Nr. 7/2000
[33] *Stern*, Nr. 5, 1998, S. 182
[34] *Süddeutsche Zeitung*, 14. März 2005
[35] Martin Hesse, »Neue Heimat für große Fische«, *Süddeutsche Zeitung*, 17. Dezember 2005
[36] »Käferstündchen bei VW«, *Die Zeit*, 27/2005
[37] *Frankfurter Rundschau*, 7. Dezember 2005
[38] www.religio.de/dialog/298/13_23-25.htm
[39] Thomas Öchsner, »Das System AWD«, *Süddeutsche Zeitung*, 11. Mai 2005
[40] *Die Welt*, 19. Januar 2006
[41] Zit. n. *Süddeutsche Zeitung*, 11. Mai 2005
[42] *Frankfurter Rundschau*, 19. Januar 2006
[43] Der Bund der Versicherten e. V. ist eine Verbraucherschutzorganisation, Henstedt-Ulzburg, 29. November 2001
[44] Beninga Daubenmerkl, Rudolf Schröck, »Allein gegen Strauß und die Millionen«, *NDR*-Fernsehen, 10. Oktober 2005
[45] Das »Umsatzsteuerkarussell« ist eine Form des Umsatzsteuerbetrugs. Ein Händler kauft beispielsweise Waren im Wert von einer Million Euro zuzüglich 160 000 Euro Umsatzsteuer, die er vom Finanzamt zurückbekommt. Dann verkauft er die Ware an einen zweiten Händler, ebenfalls zum Preis von einer Million Euro. Der erste stellt 16 Prozent Umsatzsteuer in Rechnung und führt sie ab. Der zweite Händler bekommt diese wiederum als Vorsteuer erstattet. Der verkauft nun an einen Dritten, den sogenannten Missing Trader, berechnet die Umsatzsteuer, die nun der Missing Trader erstattet bekommt. Der nun verkauft wieder an den ersten Händler. Der Missing Trader hat ebenfalls Umsatzsteuer berechnet, führt sie aber nicht an das Finanzamt ab. Der erste Händler kann eine Rechnung vorweisen und bekommt deshalb vom Finanzamt die Umsatzsteuer von 160 000 Euro erstattet. Die Ware lag natürlich die ganze Zeit bei ihm im Lager. Insgesamt haben die Beteiligten nun einen »Gewinn« von 160 000 Euro erzielt. Der dritte Händler heißt nicht zuletzt deshalb Missing

Trader, weil man ihn in der Regel nicht mehr ausfindig machen kann.
46 Klaus Ott, »Leichtes Spiel für Wirtschaftskriminelle«, *Süddeutsche Zeitung*, 12. Dezember 2005

2

1 Interview mit Karl H. Smarsch am 26. Mai 2005
2 Jürgen Roth, *Ermitteln verboten*, Frankfurt 2004
3 Schreiben von Detlev Göllner an die Mitglieder des CDU-Kreisverbandes Rostock, 6. Juli 2005
4 Ebd.
5 *Nordkurier*, 31. August 2005
6 Schreiben vom 7. Oktober 2005 an Sylvia Bretschneider, Präsidentin des Landtags Mecklenburg-Vorpommern
7 *Ostsee-Zeitung*, 3. Januar 2003
8 Bastian Schlüter, »Koks, Kohle, Knast«, *Die Piste*, Juli 2004
9 *Ostsee-Zeitung*, 3. Januar 2003
10 *Ostsee-Zeitung*, 18. Februar 2005
11 Anke Jahns, *NDR*-Fernsehen, Nordmagazin, 6. Februar 2006
12 Mathilde Stanglmayr, Die wirtschaftlichen Zusammenhänge des Projektes Warnemünde, Rostock, 28.–30. Dezember 2004
13 Presseerklärung vom 1. Dezember 2004
14 *Ostsee-Zeitung*, 21. Dezember 2005
15 *Ostsee-Zeitung*, 13. Januar 2006
16 *Süddeutsche Zeitung*, 13. Juli 2005
17 Strafanzeige der Anwälte Husmann, Nix, Henski, Kischkel, Aktenzeichen NI-03/00480, vom 28. August 2003
18 Schreiben des Oberbürgermeisters Rostock vom 5. September 2005
19 Volker Müller, »Ein Haus auf Sand«, *Berliner Zeitung*, 5. März 2005

3

1. *Frankfurter Allgemeine Zeitung*, 7. Januar 2006
2. Uwe Dolata, Presseerklärung des Bundes Deutscher Kriminalbeamter, Landesverband Bayern, zit. n. *Business Crime*, Nr. 3, 2005, S. 18
3. Stefan Willecke, »Der König von Hof«, *Die Zeit*, 21/2004
4. Ebd.
5. Tina Kaiser, *Welt am Sonntag*, 2. November 2003
6. Wertberichtigung: »Posten, die der Korrektur von zu hoch ausgewiesenen Aktiv- oder Passivposten der Bilanz dienen, zum Beispiel beim Eigenkapital, beim Sach- und Finanzanlagevermögen und bei Forderungen. Humboldt Wirtschaftslexikon, München 1990, S. 407
7. *Financial Times*, 11. November 2001
8. Jörg Eigendorf, »Bankenkonsortium übernimmt SchmidtBank«, *Die Welt*, 19. November 2001
9. *Main-Post*, Würzburg, 2. August 2003
10. Frank Wolfgang Sonntag, »Beihilfen gegen Millionenspende«, *MDR*, Fakt, 29. November 2002
11. www.wmp-ag.de
12. Ausführlich dazu: Mathew D. Rose, *Eine ehrenwerte Gesellschaft, Die Bankgesellschaft Berlin*, Berlin, Juli 2003
13. Bündnis 90/Die Grünen im Abgeordnetenhaus, Berlin, Zusammenfassung der 17. Sitzung
14. Till Meyer, »Zensur! Boykott«, *Junge Welt*, 27. Februar 2004
15. *Bild*, 16. März 2005
16. Wolfgang Hetzer, »Gemeinsinn oder Geldgier«, *Business Crime*, Maintal, September 2004
17. *Fonds professionell*, 12. Juli 2006

4

1. www.badenia-opfer.de
2. Ulrich Neumann, »Lügen vor Gericht? Die seltsamen Methoden einer Bausparkasse«, *Report Mainz*, 9. Februar 2004
3. Manfred Schweidler, *Main-Post*, 27. Oktober 2005

4   Reimar Paul, »Göttinger Finanzamt gab Steuerakten nach Telefonanruf weiter«, *Junge Welt*, Berlin, 15. Januar 2001
5   Torsten Körner, »Nebulös«, *Berliner Zeitung*, 30. Juni 1999
6   BGH zum Az. VI ZR 130/00, 10. Oktober 2000
7   *ARD*-Sendung *plus/minus*, 24. Februar 2004
8   Günter Hirsch, »Zwischenruf«, *Zeitschrift für Rechtspolitik*, Frankfurt am Main, Oktober 2006
9   Bernd Rüthers, *Frankfurter Allgemeine Zeitung*, 27. Dezember 2006

5

1   Landtag von Baden-Württemberg, Plenarprotokoll 13/15, 12. Dezember 2001
2   *Manager Magazin*, 1. Juni 2003
3   Vgl.: *Die Welt*, 29. Oktober 2001; www.netzeitung.de, 27. Oktober 2001
4   § 263 des Strafgesetzbuches sagt: »Wer in der Absicht, sich oder einem Dritten einen rechtswidrigen Vermögensvorteil zu verschaffen, das Vermögen eines anderen dadurch beschädigt, dass er durch Vorspiegelung falscher oder durch Entstellung oder Unterdrückung wahrer Tatsachen einen Irrtum erregt oder unterhält, wird mit Freiheitsstrafen bis zu fünf Jahren oder mit Geldstrafe bestraft. Der Versuch ist strafbar.« Zehn Jahre Gefängnis drohen, wenn es sich um besonders schwere Fälle handelt, wenn der Täter »gewerbsmäßig oder als Mitglied einer Bande handelt, die sich zur fortgesetzten Begehung von Urkundenfälschung oder Betrug verbunden hat«.
5   Abschlussbericht des Untersuchungsausschusses, Drucksache 13/4850
6   Gespräch mit Helmut Görling am 13. Januar 2006
7   Sabine Tesche, »Der Goldfinger«, *Hamburger Abendblatt*, 18. Dezember 1999
8   *Die Zeit*, Hamburg, 27. Juni 1986
9   Vgl. Minderheitenbericht der Fraktionen von SPD, Grünen und FDP zum Untersuchungsausschuss »Gauweiler«, *Süddeutsche Zeitung*, 9. Juli 1994

[10] Hans-Jürgen Leersch, »Der Freigeist als Volkstribun«, *Die Welt*, 25. April 2005
[11] Vgl. www.katosk.no/nyheter/2002/08/12-0012.htm
[12] *Message*, Nr. 3/2001
[13] *SchwäbischesTagblatt*, 9. Januar 2006
[14] »Kein Luxusurlaub mehr für Schmider«, *SWR* Stuttgart, 12. Januar 2006

6

[1] Der Kanun hat eine besondere Bedeutung für den albanischen Staat und das Recht sowie für die albanische nationale Kultur. Lange Zeit wurde er als »Gesetz über den Gesetzen« verstanden. Der Kanun enthält Statutenregelungen, familienrechtliche, zivilrechtliche und strafrechtliche Bestimmungen, Überlegungen zur Position der Kirche, zur Gastfreundschaft, Treue und Blutrache. Er erklärt, wie man sich in der Gesellschaft sowie in der Familie benehmen muss, und definiert Respekt, Ehrlichkeit, Huldigung, Stillschweigen bzw. Omertà. Die zwei Prinzipien, die der Kanun regelt, sind der Respekt des Versprochenen und die Ehre, die sich in der »Besa« konzentrieren, das Ehrenwort. Wenn man die »Besa« nicht respektiert, dann wird der Verräter sanktioniert. Er muss sterben oder wird für ewig im Haus der Familie eingesperrt. Das Urteil wird vom Ältestengericht, Brüderschaftsrat oder Stammesrat gefällt.
[2] CIU, Bericht vom 29. Oktober 2003, S. 10
[3] BND-Analyse vom 22. Februar 2005
[4] Ebd.
[5] Hans Leyendecker, *Süddeutsche Zeitung*, 14. April 1999
[6] Die UN-Resolution 1244 vom 10. Juni 1999 bildete die völkerrechtliche Grundlage für die Einrichtung der UN-Mission UNMIK (United Nations Interim Administration Mission in Kosovo) und formulierte die Grundsätze zur politischen Lösung der Kosovo-Krise.
[7] *Die Presse*, Wien, 20. Januar 2006
[8] Zum *Figaro* vgl.: *taz*, 21. Juni 1999; *Frankfurter Allgemeine Zeitung*, 17. Juni 1999

9   *Frankfurter Allgemeine Zeitung*, 17. Juni 1999
10 BND-Analyse vom 22. Februar 2005

7

1. Michael Fredholm, »The Russian Energy Strategy & Energy Policy: Pipeline Diplomacy or Mutual Dependence?«, Conflict Studies Research Centre, Defence Academy of the United Kingdom, September 2005, S. 26
2. *Spiegel*-Online, 21. Dezember 2005
3. *Frankfurter Allgemeine Sonntagszeitung*, 18. Dezember 2005
4. Ulrich Schäfer, »Hoch auf dem gelben Mähdrescher«, *Süddeutsche Zeitung*, 12. April 2005
5. *Russland-Aktuell*, www.aktuell.ru, April 2005
6. *Focus*, Nr. 51, 2005
7. Markus Wehner, »Putins West-Erweiterung«, *Frankfurter Allgemeine Sonntagszeitung*, 18. Dezember 2005
8. *Russland-Aktuell*, www.aktuell.ru, 10. Oktober 2005
9. *Stern*, 11. Oktober 2005
10. *Spiegel*-Online, 25. Oktober 2005
11. Severin Weiland, *Spiegel*-Online, 15. November 2005
12. www.nachdenkseiten.de
13. *Handelsblatt*, 15. Dezember 2005
14. dpa-AFX, 15. Dezember 2005
15. *Wall Street Journal*, 15. Dezember 2005
16. *Der Spiegel*, 9. Januar 2006
17. *Der Spiegel*, 10. April 2006
18. *Handelsblatt*, 2. April 2006
19. vgl. »Kanzleramt wusste Bescheid«, *Süddeutsche Zeitung*, 29./30. April 2006
20. *Der Spiegel*, 15. Juli 2006
21. Dominic Midgley, Chris Hutchins, *Der Milliardär aus dem Nichts*, München 2005, S. 234
22. SPAG-Geschäftsbericht 2003, Darmstadt, 2004, S. 4
23. Mark Hosenball, Christian Caryls, »A Stain on Mr. Clean«, *Newsweek*, 3. September 2001

[24] Tanja Treser, SPAG-Geschäftsbericht, S. 3, www.sp-ag.com/ SPAG_2003.pdf
[25] *Newsday*, 20. Januar 2000
[26] PTK = Petersburgskaja Tobliwnaja Kampanija, ein von der Petersburger Stadtregierung gegründetes Unternehmen mit Exklusivrecht zum Handel mit Brennstoffen in der Stadt
[27] Monitor Jamestown Foundation, 9. August 2001
[28] *Kommersant*, 5. April 2004, zit. n. *Russland-Aktuell*, 5. April 2004
[29] Wiktor Kalaschnikow, *Russian Courier*, Moskau, zit. n. Johnson's Russia List, 11. Mai 2003
[30] *Wall Street Journal*, 22. Juli 2005
[31] David Crawford, *The Wall Street Journal*, 19. Januar 2006
[32] *Russland-Aktuell*, 28. Juli 2005
[33] Pratap Chatterjee, CorpWatch, www.corpwatch.org
[34] Gespräch des Autors mit Roman Schlejnow, *Nowajagaseta*, Moskau
[35] www.linksnet.de/artikel.php?id=1924
[36] Die Eurasian Transition Group ist eine Nichtregierungsorganisation (NGO), die sich für die demokratischen Veränderungen, Bürgerrechte und Pressefreiheit in den zentralasiatischen Ländern einsetzt; www.eurasiantransition.org
[37] »Turkmenistan: People!Motherland!Leader?«, Defence Academy of the United Kingdom, Conflict Studies Research Center, Central Asian Series, 0516, April 2005
[38] Markus Werner, *Frankfurter Allgemeine Zeitung*, 6. Mai 2003
[39] Cathrine Belton, »Ukraine Probes Turkmen Gas Trade«, *The Moscow Times*, 28. Juli 2005
[40] Roman Olearchyk, »SBU probing colossal theft in gas business«, *Kyiv-Post*, 21. Juni 2005
[41] William Browder, Hermitage Capital Management, »Analysis of Gazprom«, Juli 2003
[42] *Kyiv-Post*, Kiew, 23. Juni 2005
[43] www.pravda.com.ua/news/2005/10/31/35108.htm
[44] Gespräch mit Roman Kupchinsky am 18. Juni 2005
[45] Organized Crime and Terrorism Watch, RFL/RL, Prag, September 2005
[46] »Gastransit: Wenn Europa friert, hat Ukraine Schuld«, www.aktuell.ru, 28. November 2005

⁴⁷ *Der Standard*, Wien, 12. Januar 2006
⁴⁸ *Die Zeit*, Nr. 36, 1999
⁴⁹ *Der Spiegel*, 37/99
⁵⁰ *Forbes Magazine*, »Murder in Moscow«, Electronic Version, 3. März 1997
⁵¹ Donald N. Jensen, »The Boss: How Yury Luzhkov Runs Moscow«, Conflict Studies Research Centre, in: http://www.da.mod.uk/CSRC/documents/Russian/E105

Nachwort

1 *Spiegel*-Online, 23. Januar 2006
2 *Der Spiegel*, 30. Januar 2006, S. 15
3 *Handelsblatt*, 25. Januar 2006
4 *Greenpeace Magazin*, Nr. 6, 1998
5 Zit. n. Aufruf zu einem Volksbegehren von Rechtsanwalt Rolf Bossi, v. 6. Juni 2005. In dem Volksbegehren geht es darum, dass die Verbrechen des Mordes, die durch Nazi-Juristen begangen wurden, strafrechtlich verfolgt werden.
6 www.fairness-stiftung.de
7 www.ethikschutz.de

Literatur

Altvater, Elmar: *Das Ende des Kapitalismus, wie wir ihn kennen*, Münster 2006

Andreev, Alexander: *Die Spionenverschwörung*, Sofia 1998

Arnim, Hans H. von: *Das System. Die Machenschaften der Macht*, München 2004

Bannenberg, Britta, Wolfgang Schaupensteiner: *Korruption in Deutschland. Portrait einer Wachstumsbranche*, München 2004

Gammelin, Cerstin, Götz Hamann: *Die Strippenzieher – wie Deutschland regiert wird*, Berlin 2005

Gerstenberger, Heide: *Die subjektlose Gewalt. Theorie der Entstehung bürgerlicher Staatsgewalt*, Münster 2006

Heck, Meinrad: *Der Flowtex-Skandal*, Frankfurt 2006

Hetzer, Wolfgang: *Tatort Finanzmarkt, Geldwäsche zwischen Kriminalität, Wirtschaft und Politik*, Hamburg 2003

Horn, A. Gustav: *Die deutsche Krankheit: Sparwut und Sozialabbau*, München 2005

Klebnikow, Paul: *Der Pate des Kreml. Boris Beresowski und die Macht der Oligarchen*, München 2001

König, Johann-Günther: *Finanzkriminalität. Geldwäsche, Insidergeschäfte, Spekulation*, Frankfurt 2002

Kramer, Helmut; Wolfram Wette (Hrsg.): *Recht ist, was den Waffen nützt*, Berlin 2004

Leyendecker, Hans: *Die Korruptionsfalle. Wie unser Land im Filz versinkt*, Reinbek 2004

Müller, Albrecht: *Die Reformlüge*, München 2004

Politkovskaja, Anna: *Russisches Tagebuch*, Köln 2007

Prantl, Heribert: *Kein schöner Land. Die Zerstörung der sozialen Gerechtigkeit*, München 2005

Roth, Jürgen: *Ermitteln verboten. Warum die Polizei den Kampf gegen die Kriminalität aufgegeben hat*, Frankfurt 2004

Rügemer, Werner: *Colonia Corrupta*, Münster 2002

Rügemer, Werner: *Cross Border Leasing. Ein Lehrstück zur globalen Enteignung der Städte*, Münster 2005

Schöndorf, Erich: *Feine Würze Dioxin*, Bad Vilbel 2003

Schöndorf, Erich: *Von Menschen und Ratten. Über das Scheitern der Justiz im Holzschutzmittelskandal*, Göttingen 1998

Volkov, Vadim: *Violent Entrepreneurs. The Use of Force in the Making of Russian Capitalism*, New York 2002

Personenregister

Abbasi, Nasser 187
Abramowitsch, Roman 240
Ackermann, Josef 292
Adamkus, Valdas 241
Afrimi 224
Al-Kassar, Monzer 183, 186 f., 189
Almatow, Sakir 40 f.
Anda, Béla 76 f., 239 f.
Andreev, Alexander 48
Arentz, Hermann-Josef 76
Arkan 220
Arnim, Hans-Herbert von 239

Barsukow, Wladimir 262 f.
Baum, Gerhart 19, 157
Bäumel, Jochen 43
Bechtel, Thomas 153
Beck, Kurt 236
Beitz, Berthold 67
Bekimi 224
Belajew, Sergej 255
Benneter, Uwe 241
Berdimuchamedow, Gurbanguli 277 f.
Berger, Roland 17, 143
Berisha, Sali 232

Berlin, Peter 285
Bilges, Hans-Erich 143
bin Laden, Usama 180
Bischof, Martin 124
Bohl, Friedrich 77 f.
Born, Ulrich 104
Borodin, Pawel 261
Borutta, Werner 286–289
Boschkov, Wasil 47
Bötsch, Wolfgang 69
Brandt, Willy 243
Branoner, Wolfgang 148
Bree, Artur 83, 95 f., 98 f., 101–105
Breitkreuz, Dieter 151 ff.
Breuer, Michael 55
Breuer, Rolf 292
Bruchner, Helmut 166
Bruns, Christian 112
Busch, Ernst 130 f.
Busch, Michael 86
Busch, Ulrich 65

Candea, Stefan 273
Caryls, Christian 254
Ceauflescu, Nicolae 275
Chelpanow, Sergej 269

Chodorkowski, Michail 18 f., 250
Christiansen, Sabine 17 f.
Ciancimino, Massimo 273 f.
Clark, Wesley 223
Clement, Wolfgang 22, 44, 55 f., 63, 65, 69, 246
Clinton, Bill 216

Del Ponte, Carla 216, 233 f.
Derleder, Peter 167
Diepgen, Eberhard 148 f.
Dimitrov, Konstantin 47
Dogmoch, Yassin 177–190, 192–198
Dolata, Uwe 79, 134 f.
Döring, Walter 199, 201–204
Dregger, Alfred 78
Dürr, Heinz 148

Eichel, Hans 21
Erler, Gernot 222
Ermisch, Ralph Henry 63–66

Fabel, Wilfried 67
Fabio, Udo di 28 f.
Faltlhauser, Kurt 137
Feddersen, Dieter 148
Feuchtwanger, Lion 131
Fischer, Joschka 14, 220 f.
Fischer, Thomas 54
Fitzner, Thorsten 116–122
Franck, Peter 238
Frenzel, Michael 58 f.
Fridman, Michail 266
Froschauer, Hermann 32, 35

Fuellmich, Reiner 133, 155, 159–162, 164, 166 f., 170 f., 173

Gabriel, Sigmar 75
Ganeva, Betty 47
Gauweiler, Peter 177, 182, 190 ff.
Geißler, Heiner 69
Genscher, Hans-Dietrich 139, 143 f.
Gerhardt, Wolfgang 78
Gerster, Florian 69–72
Giuffri, Antonino 274
Glogowski, Gerhard 59
Göhner, Reinhard 42
Goll, Ulrich 177 f.
Göllner, Detlev 90, 92, 94
Gordon, Zeev 280
Görling, Helmut 184, 189, 192, 197 f.
Gottschalk-Solger, Leonore 96, 104
Grabicki, Michael 244
Gründert, Rainer 141
Grüttner, Peter 109
Gryslow, Boris 262
Güller, Harald 34
Gurbanmuradow, Yolli 283
Gyurcsány, Ferenc 11

Hames, Hanno 183
Hanning, August 220, 256
Haradinaj, Ramush 215 ff., 222, 226, 233 f.
Harms, Monika 132
Hartz, Peter 72–75

Heck, Meinrad 199
Heinichen, Hans-Georg 131
Hempel, Jürgen 126
Hengsbach, Friedhelm 21
Hetzer, Wolfgang 13, 26, 28, 31
Hillinger, Jörg 32 f.
Hirsch, Günter 173 f.
Hofer, Jürgen 204
Hofmeister, Maximilian 32 f., 35
Höhler, Gertrud 14
Hohmann-Dennhardt, Christine 29
Hombach, Bodo 43–46
Hoppler, Ivo 266
Horten, Helmut 184 f.
Hosenball, Mark 254
Huber, Erwin 68
Hunzinger, Moritz 202 f.
Hussein, Saddam 175 f.

Iliev, Ilija 51

Jackson, Mike 223
Jahns, Anke 84, 86
Jelzin, Boris 14, 251, 285
Jolly, Eva 79
Jost, Bruno 180, 182
Juschtschenko, Wiktor 283

Kadyrow, Achmed 238
Kadyrow, Ramsan 238
Kahrs, Johannes 23
Kalaschnikow, Wiktor 264
Kamenov, Ivo 50
Kanther, Manfred 27, 78

Karimow, Islam 40
Kasparow, Garri 18
Kauder, Volker 42
Kersten, Ulrich 256
Kiep, Walther Leisler 33
Kießling, Wolfgang 142
Kinkel, Klaus 219
Kirch, Leo 68
Kirkpatrick, David 257
Klatt, Helmut 111
Kleiser, Klaus 178
Klepsch, Egon 78
Klimmt, Reinhard 76
Koch-Weser, Caio 247, 292
Kohl, Helmut 13, 69, 77 f., 256
Kopp, Gudrun 246
Körner, Klaus-Dieter 124 f.
Kotenew, Wladimir 17
Kotzev, Boyko 53
Kouchner, Bernard 223
Krasnenkow, Alexander 269 ff.
Krasniqi, Muhamed 224
Krysmanski, Hans Jürgen 27
Kühn, Heinz 54
Kumarin, Wladimir 252, 262 ff.
Kumpf, Ute 71
Künast, Renate 158
Küntzel, Matthias 225
Kupchinsky, Roman 283

Lafontaine, Oskar 62, 67
Lakies, Otto 154
Lambrecht, Rudolf 33
Landowsky, Klaus-Rüdiger 146 ff., 150
Lang, Sigrun 199
Lange, Rudolf 183

Lapis, Giovanni 273
Leyendecker, Hans 221
Lückemann, Peter 104
Luschkow, Juri 289
Lutz, Hans-Jürgen 122–125

Mackenroth, Geert 146
Macovei, Monica 46
Maget, Franz 68
Maier, Winfried 32, 35
Maizière, Andreas de 264
Maschemeyer, Carsten 77
Medwedew, Alexander 273 f.
Mehdorn, Hartmut 153
Meisner, Joachim Kardinal 67
Merkel, Angela 16, 91 f., 127, 131
Merz, Friedrich 42
Methling, Roland 98, 110, 121
Meyer, Hartmut 76
Meyer, Laurenz 76, 172
Michajlow, Sergej 279 f.
Mikich, Sonia 15
Miller, Alexej 244 f., 269 ff., 273
Mitev, Marin 50
Mitev, Tihomir 50
Mogiljewitsch, Semjon 280, 282, 285
Möller-Scheu, Doris 267
Morlok, Bettina 203
Morlok, Jürgen 203
Müller, Albrecht 243
Müller, Klaus-Peter 137, 266
Müller, Volker 130
Müller, Werner 41 ff., 76, 241
Müntefering, Franz 20 ff., 37 f., 70, 236, 243

Nano, Fatos 230 ff.
Nasarbajew, Dariga 39
Nasarbajew, Nursultan 39, 278
Nastase, Adrian 46
Naumann, Michael 22
Nelles, Ursula 28
Neuber, Friedel 54–58, 60 f., 67
Nieding, Klaus 155
Nijasow, Saparmurat 275 ff.
Nikolaev, Nikolaj 51
Nix, Oliver 119 ff., 124
Nobbe, Gerd 163 ff., 167, 170, 172 f.
Nolle, Karl 143, 145

Orazow, Khudaiberdy 283
Ost, Friedhelm 78
Ozon, Sorin 273

Pascual, Carlos 280
Paul, Reimar 160
Paulsen, Hartmut 296
Pawelczyk, Alfons 183
Petrov, Valentin 51
Pfaffenbach, Bernd 246
Pfahls, Holger 32–35
Pierer, Heinrich von 23
Piper, Paul 123 f.
Platzeck, Matthias 17
Pöker, Arno 84, 95, 106 ff., 115
Polenz, Ruprecht 18
Politkovskaja, Anna 15
Ponidelko, Anatolij 261
Poullain, Ludwig 54
Prantl, Heribert 28
Provenzano, Bernardo 273 f.

Putin, Ludmilla 248, 267
Putin, Wladimir 14–17, 37 f.,
    237 ff., 245, 248–262, 264,
    266 ff., 273, 276, 283 f.
Putschek, Wolfgang 281

Rahr, Alexander 39
Rau, Johannes 55, 57, 61, 65,
    67
Raulin, Norbert 86
Rehberg, Eckhardt 90 ff.
Reiman, Leonid 237, 266 f.
Reinhardt, Klaus 226
Reitschuster, Boris 238 f.
Resch, Jochen 113
Reuter, Edzard 148
Rexrodt, Günter 143
Rittinghaus, Ernst Wilhelm
    144
Rittinghaus, Ulf 142 ff.
Roels, Harry 54
Roth, Kenneth 40
Rothschild, David 16
Rücker, Joachim 233
Rudzi, Kolja 285
Rüthers, Bernd 173 f.

Safronow, Iwan 15
Sakellariou, Nikolaos 177,
    199, 201, 205
Salie, Marina 258, 260
Sauer, Klaus-Peter 254 ff.
Schäfter, Elke 267
Schalck-Golodkowski,
    Alexander 82
Scharping, Rudolf 226
Schäuble, Thomas 199

Schaul, Friedbert 160 ff.
Schaul, Hans-Jürgen 160 ff.
Schaupensteiner, Wolfgang 80
Scheffelmeier, Samuel 30
Scheffelmeier, Wolfgang 30
Scherp, Dirk 185
Schillen, Ida 94 f., 107 ff., 114 f.
Schily, Otto 27, 232
Schindler, Jörg 76
Schlejnow, Roman 272
Schleußer, Heinz 56
Schmider, Manfred 177 ff., 187,
    189, 194 ff., 199 ff., 203, 205 f.
Schmider, Matthias 177
Schmidt, Helmut 54, 183
Schmidt, Karl Gerhard
    135–138
Schmidt, Klaus 231
Schmidt, Ulla 71
Schmidt-Eenboom, Erich
    220 f.
Schneider, Egon 165
Scholz, Rupert 145
Schommer, Kajo 142 f.
Schöndorf, Erich 293
Schreiber, Karlheinz 32 ff.
Schröder, Gerhard 13–16, 19 f.,
    22, 36 ff., 42–45, 55, 59–62,
    67, 69, 77, 133, 231 f., 235 f.,
    238 f., 241–247, 264, 292
Schüler, Anja 19, 156 f.
Schüller, Klaus 19 f.
Schwab, Friedrich 139 f.
Schweidler, Manfred 140
Schwochow, Heide 21
Schwochow, Rainer 21
See, Hans 25

Selenz, Hans-Joachim 57 f., 60, 62 f.
Smarsch, Karl H. 87 f.
Smirnow, Wladimir 252, 254 ff.
Sobtschak, Anatolij 248, 255 f.
Späth, Lothar 161, 199
Springer, Friede 148
Staender, Ludwig 45
Stalin, Josef 275
Stiller, Michael 35
Stoiber, Edmund 134
Stolte, Dieter 78
Stoltenberg, Gerhard 78
Strauß, Franz Josef 191
Strauß, Max 32 ff.
Struck, Peter 243

Tacke, Alfred 41 f., 60
Tandler, Gerold 36
Tatum, Paul 286 f.
Teltschik, Horst 78
Teufel, Erwin 199, 202
Thaci, Hashim 222 ff., 226
Thomas, Helmut 183
Thomas, Reinhardt 84, 90
Tiedje, Hans Hermann 143
Timoschenko, Julia 282 f.
Tokarew, Nikolai 272 f.
Toschke, Horst 129
Treser, Tanja 256 f.
Tschernomyrdin, Wiktor 240, 268 f., 272
Turchynow, Olexander 282 f.

Vogel, Bernhard 78
Voigt, Barbara 130 f.
Voigt, Wolfgang 130 f.
Volmer, Ludger 21
Voscherau, Henning 38
Vranitzky, Franz 61

Waigel, Theo 68
Wallmann, Walter 78
Warnig, Matthias 248 f.
Warnke, Andre 97
Wassermann, Zbigniew 242
Wedemeier, Klaus 76
Wehner, Karl-Heinz 139 ff.
Wehner, Markus 239
Weitemeier, Ingmar 100
Wendt, Ulrich 199 f.
Wenediktow, Alexej 239 f.
Werwigk-Hertneck, Corinna 201, 204
Westerwelle, Guido 42
Wiedeking, Wendelin 17
Wiendl, Klaus 33
Wiesheu, Otto 75, 136 ff.
Wilder, Billy 131
Willecke, Stefan 135
Wolf, Markus 17
Wowereit, Klaus 149
Wrede, Thomas 288

Ziegler, Fritz 45
Zimmermann, Gerd 160
Zumpfort, Wolf Dieter 62
Zwick, Eduard 36
Zypries, Brigitte 133

Ist der Kampf der Kulturen längst entschieden?

Udo Ulfkotte
Heiliger Krieg in Europa
Wie die radikale Muslimbruderschaft
unsere Gesellschaft bedroht
304 Seiten · gebunden mit Schutzumschlag
€ 19,90 (D) · sFr 33,90
ISBN 978-3-8218-5577-6

Der Plan, unsere westliche Kultur zu zerstören, ist nicht neu – wohl aber, dass die Muslimbruderschaft dabei nicht allein auf Gewalt und Terrorismus setzt. Udo Ulfkotte, einer der fundiertesten Kenner militanter islamistischer Netzwerke in Deutschland, enthüllt die Methoden der Muslimbruderschaft und zeigt, wie die »natürliche« Islamisierung Europas auch durch die mangelnde Integration hier lebender Muslime und eine falsch verstandene Toleranz des Multikulti-Denkens zur Schicksalsfrage wird.

»Ulfkotte hat eine beeindruckende, bisweilen auch beängstigende Darstellung über das Phänomen der Muslimbruderschaft, ihre Strategien und Ziele in Deutschland und Europa geschrieben.«
Südwest Presse

Kaiserstraße 66
60329 Frankfurt/Main
Tel. 069/25 50 03-0
Fax 069/25 60 03-30
www.eichborn.de

Wir schicken Ihnen gern ein Verlagsverzeichnis.